Das große Eugen Roth Buch

Verlag
Volk und Welt
Berlin

ISBN 3-353-00171-9

2. Auflage
Lizenzausgabe des Verlages Volk und Welt, Berlin 1989
für die Deutsche Demokratische Republik
L. N. 302,410/200/89

(unter dem Titel *Das Eugen Roth Buch*)
Printed in the German Democratic Republic
Einbandentwurf: Gerhard Bunke
Satz, Druck und Einband: Offizin Andersen Nexö
LSV 7309
Bestell-Nr. 6487651

01680

Mensch, Unmensch und letzter Mensch

Ein Mensch erblickt das Licht der Welt –
Doch oft hat sich herausgestellt
Nach manchem trüb verbrachten Jahr,
Daß dies der einzige Lichtblick war.

Mensch und Zeit

Ein Mensch west, vorerst nur ein Traum,
Im All, noch ohne Zeit und Raum.
Doch sieh, schon drängt's ihn in die Furt
Des Stroms ans Ufer der Geburt,
Und eh er noch ein Erdengast,
Hat ihn die *Zeit* bereits erfaßt.
Der erste Blick, der erste Schrei –
Schon ist ein Quentchen Zeit vorbei,
Und was von nun an kommt, das ist
Nur Ablauf mehr der Lebensfrist,
Von deren Dauer er nichts weiß:
Ob er als Kind stirbt, ob als Greis,
Geboren ist er jedenfalls,
Entrückt der Ewigkeit des Alls.
Geburtsjahr, Tag und Stunde wird
Vom Standesamte registriert;
Der Mensch, merkt er's auch erst nur wenig,
Er ist der Zeit jetzt untertänig.

Noch haben – später geht's geschwinder –
Ja noch viel Zeit die kleinen Kinder.
Wie ist ein solcher Tag noch lang,
Von Sonnenauf- bis Untergang!
Denn Zeit beginnt ja erst zu eilen,
Zwingt uns die *Pflicht*, sie einzuteilen.
Dem Kind, das glücklich doch im Grunde,
Schlägt, nach dem Sprichwort, keine Stunde
Als die, wo's heißt: »Für heut ist Schluß!«
Und wo es schlafen gehen muß.

Doch schau, schon steht dem Zeitverschwender
Der erste Schultag im Kalender!
Der sanfte Fluß wird jäh zerbrochen

Zu Stunden, Tagen und zu Wochen,
Es geht der Ernst des Lebens an,
Die Kette klirrt: der *Stundenplan*!
Das Kind, noch arglos von Natur,
Lernt bald zu rechnen nach der Uhr
Und freut sich an dem Tick-Tack-Tick.
Und doch ist das der Augenblick,
Wo es verfällt der schnöden Welt
Und ihrer Lüge, Zeit sei Geld.
Die Frist der Unschuld ist verträumt,
Schon gilt es: »Keine Pflicht versäumt!«

Zeit – heißt's im Faust – geht schnell von hinnen,
Doch Ordnung lehrt Euch Zeit gewinnen.
Die Zeit, der Reichtum junger Jahre,
Wird ausgesprochne Mangelware –
Es müßt denn sein, daß einer bliebe
Bei jener Zunft der Tagediebe,
Die unserm Herrgott einfach stehlen
Die Stunden, die dann doppelt fehlen
Dem Bürger, der drum wenig Sinn
Besitzt für solchen Zeitgewinn.

Die Fleißigen (das sind die meisten!),
Die können derlei sich nicht leisten,
Weil mit der Zeit, der sie ergeben,
Sie um die Wette vorwärts streben.
Die freilich läuft auf flinken Sohlen,
Und sie ist nie mehr einzuholen.
An unzerreißbar feinen Fädchen
Zieht sie die Knaben und die Mädchen
Von Ziel zu Ziel – die Schul' ist aus! –
Ins Leben, endlich, geht's hinaus,
Das trügerisch so viel verspricht:
Erst sagt es: »Nur Geduld – *noch* nicht!«
Und plötzlich höhnt es uns: »Nicht *mehr*!«

Das Alter kommt ganz leis daher
Und, ewig hoffend, bald würd's schöner,
War'n wir nur arme Tagelöhner,
Geknechtet ständig von Terminen
Und von der Pflicht zum Geldverdienen.

Was waren unsre kleinen Freuden?
Nichts als ein wenig Zeit – vergeuden.
Tut *uns* die Uhr den letzten Schlag,
Sind wieder tausend Jahr ein Tag,
Und aus der Zeit sind wir entlassen –
Wohin? Kein Sterblicher wird's fassen.

Man wird es in der Zeitung lesen,
Im besten Fall, daß wir – gewesen.
Die Menschen ungerührt, ja heiter,
Sie leben, ohne uns, dann weiter.
Sie lieben, hassen, hoffen, raufen,
Bis ihre Zeit *auch* abgelaufen.
So gehn wir, wärn wir noch so munter,
Im Strom der Zeiten alle unter.

Wie traurig wäre dies Ergebnis,
Gäb's nicht die Zeit als Glückserlebnis
Und gält's nicht, sich zu rühren wacker:
Die Zeit, sie ist auch *unser* Acker,
Darein noch der geringste Mann
Sein Körnlein Gutes streuen kann.
So, wie wir selbst von den entfernten
Vorahnen Fluch und Segen ernten,
Im Maß, wie diese einst das Feld
Der Zeit bald gut, bald schlecht bestellt
Durch die Jahrtausende hindurch,
So müssen wir auch Furch' um Furch'
Der Jahre, der vermeintlich schnellen
Und doch so dauernden, bestellen.

Nur wenn wir, statt für uns zu raffen,
Gemeinsam echte Werte schaffen,
Verwandeln wir die flüchtge Zeit
In eine *irdische Ewigkeit*,
Der ganzen Menschheit zum Gewinn.
Daß diesen hohen Lebenssinn
Der Mensch sich in der Zeit bewahre,
Sei unser Wunsch zum neuen Jahre.

Besorgungen

Ein Mensch geht eines Vormittages,
Gewärtig keines Schicksalsschlages,
Geschäftig durch die große Stadt,
Wo viel er zu besorgen hat.
Doch schon trifft ihn der erste Streich:
Ein Türschild tröstet: »Komme gleich!«
Gleich ist ein sehr verschwommnes Wort,
Der Mensch geht deshalb wieder fort,
Zum zweiten Ziele zu gelangen:
»Vor fünf Minuten weggegangen...«
Beim dritten hat er auch kein Glück:
»Kommt in acht Tagen erst zurück!«
Beim vierten heißts, nach langem Lauern:
»Der Herr Direktor läßt bedauern...«
Ein überfülltes Wartezimmer
Beim fünften raubt den Hoffnungsschimmer.
Beim sechsten stellt es sich heraus:
Er ließ ein Dokument zu Haus.
Nun kommt der siebte an die Reih:
»Geschlossen zwischen zwölf und zwei!«
Der Mensch, von Wut erfüllt zum Bersten,
Beginnt nun noch einmal beim ersten.
Da werden ihm die Kniee weich:
Dort steht noch immer: »Komme gleich!«

Falscher Verdacht

Ein Mensch hat meist den übermächtigen
Naturdrang, andre zu verdächtigen.
Die Aktenmappe ist verlegt.
Er sucht sie, kopflos und erregt,
Und schwört bereits, sie sei gestohlen,
Und will die Polizei schon holen
Und weiß von nun an überhaupt,
Daß alle Welt nur stiehlt und raubt.
Und sicher ists der Herr gewesen,
Der, während scheinbar er gelesen –
Er ahnt genau, wie es geschah...
Die Mappe? Ei, da liegt sie ja!
Der ganze Aufwand war entbehrlich
Und alle Welt wird wieder ehrlich.
Doch den vermeintlich frechen Dieb
Gewinnt der Mensch nie mehr ganz lieb,
Weil der die Mappe, angenommen,
Sie wäre wirklich weggekommen –
Und darauf wagt er jede Wette –
Gestohlen würde haben hätte!

Nutzlose Qual

Ein Mensch hat eines Nachts geträumt,
Er habe seinen Zug versäumt,
Und er wacht auf mit irrem Schrei –
Jedoch, es ist erst Viertel zwei.
Der Schlaf löst die verschreckten Glieder.
Doch sieh, da plötzlich träumts ihm wieder,
Und er wacht auf mit irrem Schrei –
Jedoch, es ist erst Viertel drei.

Er schmiegt sich wieder in die Kissen,
Da wird aufs neu sein Schlaf zerrissen.
Der Schrei ertönt, der Mensch erwacht –
Und diesmal ist es Viertel acht.
Der Zug jedoch pflegt abzugehn
Tagtäglich, pünktlich sieben Uhr zehn.
Moral: Was nützt der schönste Schrecken,
Kann er zur rechten Zeit nicht wecken ...?

Das Schnitzel

Ein Mensch, der sich ein Schnitzel briet,
Bemerkte, daß ihm das mißriet.
Jedoch, da er es selbst gebraten,
Tut er, als wär es ihm geraten,
Und, um sich nicht zu strafen Lügen,
Ißt ers mit herzlichem Vergnügen.

Verwickelte Geschichte

Ein Mensch wähnt manchmal ohne Grund,
Der andre sei ein Schweinehund,
Und hält für seinen Lebensrest
An dieser falschen Meinung fest.
Wogegen, gleichfalls unbegründet,
Er einen Dritten reizend findet.
Und da kein Gegenteil erwiesen,
Zeitlebens ehrt und liebt der diesen.
Derselbe Mensch wird seinerseits –
Und das erst gibt der Sache Reiz –
Durch eines blinden Zufalls Walten
Für einen Schweinehund gehalten,
Wie immer er auch darauf zielte,

Daß man ihn nicht für einen hielte.
Und einzig jener auf der Welt,
Den selber er für einen hält,
Hält ihn hinwiederum für keinen.
Moral: Das Ganze ist zum Weinen.

Theaterbilletts

Ein Mensch besitzt zwei Festspielkarten,
Auf die vielleicht zehntausend warten,
Die, würden sie beschenkt mit diesen,
Sich ungeheuer glücklich priesen.
Der Mensch, von diesen schroff getrennt
Dadurch, daß er sie gar nicht kennt,
Denkt vorerst seiner beiden Schwestern:
»Nein, danke«, heißts, »wir waren gestern.«
Dann fällt ihm noch Herr Müller ein,
Der wird vermutlich selig sein.
Doch selig ist der keinesfalls,
Ihm stehn die Opern schon zum Hals.
Wie konnt ich Fräulein Schulz vergessen?
Die ist auf so was ganz versessen!
»Wie, heute abend, Lohengrin?
Da geh ich sowieso schon hin!«
Herr Meier hätte sicher Lust:
»Hätt vor drei Tagen ichs gewußt!«
Frau Huber lehnt es ab, empört:
»Vor zwanzig Jahren schon gehört!«
Herr Lieblich meint, begeistert ging er,
Wär es für morgen, Meistersinger,
Doch heute abend, leider nein.
Der Mensch läßt es von nun an sein.
Zwei Plätze, keine Sitzer habend,
Genießen still den freien Abend.

Das Sprungbrett

Ein Mensch, den es nach Ruhm gelüstet,
Besteigt, mit großem Mut gerüstet,
Ein Sprungbrett – und man denkt, er liefe
Nun vor und spränge in die Tiefe,
Mit Doppelsalto und dergleichen
Der Menge Beifall zu erreichen.
Doch läßt er, angestaunt von vielen,
Zuerst einmal die Muskeln spielen,
Um dann erhaben vorzutreten,
Als gälts, die Sonne anzubeten.
Ergriffen schweigt das Publikum –
Doch er dreht sich gelassen um
Und steigt, fast möcht man sagen, heiter
Und vollbefriedigt von der Leiter.
Denn, wenn auch scheinbar nur entschlossen,
Hat er doch sehr viel Ruhm genossen,
Genaugenommen schon den meisten –
Was sollt er da erst noch was leisten?

Verkannte Kunst

Ein Mensch, der sonst kein Instrument,
Ja, überhaupt Musik kaum kennt,
Bläst Trübsal – denn ein jeder glaubt,
Dies sei auch ungelernt erlaubt.
Der unglückselige Mensch jedoch
Bläst bald auch auf dem letzten Loch.
Dann ists mit seiner Puste aus
Und niemand macht sich was daraus.
Moral: Ein Trübsalbläser sei
Ein Meister, wie auf der Schalmei.

Die guten Bekannten

Ein Mensch begegnet einem zweiten.
Sie wechseln Förm- und Herzlichkeiten,
Sie zeigen Wiedersehensglück
Und gehn zusammen gar ein Stück.
Und während sie die Stadt durchwandern,
Sucht einer heimlich von dem andern
Mit ungeheurer Hinterlist
Herauszubringen, wer er ist.
Daß sie sich kennen, das steht fest,
Doch äußerst dunkel bleibt der Rest.
Das Wo und Wann, das Wie und Wer,
Das wissen alle zwei nicht mehr,
Doch sind sie, als sie nun sich trennen,
Zu feig, die Wahrheit zu bekennen.
Sie freun sich, daß sie sich getroffen;
Jedoch im Herzen beide hoffen,
Indes sie ihren Abschied segnen,
Einander nie mehr zu begegnen.

Bücher

Ein Mensch, von Büchern hart bedrängt,
An die er lang sein Herz gehängt,
Beschließt voll Tatkraft, sich zu wehren,
Eh sie kaninchenhaft sich mehren.
Sogleich, aufs äußerste ergrimmt,
Er ganze Reihn von Schmökern nimmt
Und wirft sie wüst auf einen Haufen,
Sie unbarmherzig zu verkaufen.
Der Haufen liegt, so wie er lag,
Am ersten, zweiten, dritten Tag.

Der Mensch beäugt ihn ungerührt
Und ist dann plötzlich doch verführt,
Noch einmal hinzusehn genauer –
Sieh da, der schöne Schopenhauer...
Und schlägt ihn auf und liest und liest,
Und merkt nicht, wie die Zeit verfließt...
Beschämt hat er nach Mitternacht
Ihn auf den alten Platz gebracht.
Dorthin stellt er auch eigenhändig
Den Herder, achtundzwanzigbändig.
E. T. A. Hoffmanns Neu-Entdeckung
Schützt diesen auch vor Zwangs-Vollstreckung.
Kurzum, ein Schmöker nach dem andern
Darf wieder auf die Bretter wandern.
Der Mensch, der so mit halben Taten
Beinah schon hätt den Geist verraten,
Ist nun getröstet und erheitert,
Daß die Entrümpelung gescheitert.

Gezeiten der Liebe

Ein Mensch schreibt mitternächtig tief
An die Geliebte einen Brief,
Der schwül und voller Nachtgefühl.
Sie aber kriegt ihn morgenkühl,
Liest gähnend ihn und wirft ihn weg.
Man sieht, der Brief verfehlt den Zweck.
Der Mensch, der nichts mehr von ihr hört,
Ist seinerseits mit Recht empört
Und schreibt am hellen Tag, gekränkt
Und saugrob, was er von ihr denkt.
Die Liebste kriegt den Brief am Abend,
Soeben sich entschlossen habend,
Den Menschen dennoch zu erhören –
Der Brief muß diesen Vorsatz stören.

Nun schreibt, die Grobheit abzubitten,
Der Mensch noch einen zarten dritten
Und vierten, fünften, sechsten, siebten
Der herzlos schweigenden Geliebten.
Doch bleibt vergeblich alle Schrift,
Wenn man zuerst daneben trifft.

Hereinfall

Ein Mensch, gewillt, sich zu erholen,
Kriegt Paradiese gern empfohlen.
Er liest in manchem Werbeblatt
An Bergen sich und Bädern satt,
Um, qualvoll hin- und hergerissen,
Erst recht nicht mehr: wohin? zu wissen.
Entschluß hängt oft an einem Fädchen:
In diesem Fall entschied ein Mädchen,
Das aus dem schönsten der Prospekte
Die Arme sehnend nach ihm streckte.
Der Mensch, schon jetzt in es verliebt
Und überzeugt, daß es es gibt,
Fährt, nicht mehr länger überlegend,
In die dortselbst verheißne Gegend
Und sieht inmitten sich von Leuten,
Die auch sich auf das Mädchen freuten,
Doch keinesfalles ihrerseits
Ersetzen den versprochnen Reiz.
Im Kurhaus, im Familienbad
Ist ohne es es äußerst fad;
Der Mensch, vom Mädchenbild bestochen,
Hat sich im voraus für vier Wochen
Vertrauensselig schon verpflichtet.
Nun steht er einsam und vernichtet.

Verpfuschtes Abenteuer

Ein Mensch geht in der Stadt spazieren
Und muß gar oft sein Herz verlieren
An Frauen, die nicht daran denken,
Ihm auch nur einen Blick zu schenken.
Warum, so fragt er sich im Gehen,
Kann mirs nicht auch einmal geschehen,
Daß dank geheimer Liebeskraft
Ein Wesen, hold und engelhaft,
Mißachtend strenger Sitten Hürde
Sich unverhofft mir nähern würde?
Kaum hat er so zu sich gesprochen,
Fühlt er sein Herz gewaltig pochen.
Denn sieh, die reizendste der Frauen
Naht sich voll lächelndem Vertrauen
Und sagt zu ihm errötend dies:
»◡–◡–◡–◡ please?«
Der Mensch, der so was nicht gelernt,
Hat hilflos stotternd sich entfernt.
Was nützt – Moral von der Geschicht –
Ein Engel, wenn er englisch spricht!

Die Antwort

Ein Mensch, der einen herzlos kalten
Absagebrief von ihr erhalten,
Von ihr, die er mit Schmerzen liebt,
Erwägt, was er zur Antwort gibt.
Mit Hilfe von Gedankensäure
Füllt er sich Bomben, ungeheure,
Beginnt ein Schreiben aufzusetzen,
Das dieses Weib in tausend Fetzen

(So graunvoll nämlich ist sein Gift!)
Zerreißen muß, wenn es sie trifft.
Genau die Sätze er verschraubt,
Bis er die Zündung wirksam glaubt.
Zum Schlusse aber schreibt er ihr:
»Ich liebe Dich. Sei gut zu mir!«

Ein Lebenslauf

Ein Mensch verehrt, von Liebe blind,
Ein (leider unbarm-) herziges Kind.
Er opfert, nur daß er gefällt,
Ein (leider schauder-) bares Geld
Und wagt, daß er gewinn ihr Herz
Manch (leider aussichts-) losen Scherz.
Die Frau verlacht den Menschen oft,
Der (leider unan-) sehnlich hofft,
Und grade, weil sie abgeneigt,
Sich (leider unge-) hörig zeigt.
Doch wird sie – ach, die Zeit geht weiter –
Nun (leider unan-) ständig breiter
Und, fürchtend, daß sie sitzenbleib,
Sein (leider ange-) trautes Weib.
Der Mensch, zu spät mit ihr beschenkt,
Bald (leider nega-) tiefer denkt:
Er fiel, nur Narr der eignen Pein,
Hier (leider unab-) sichtlich rein.
Das Glück war zu der Stunde gar,
Wos (leider unwill-) kommen war.

Ungleicher Kampf

Ein Mensch von innerem Gewicht
Liebt eine Frau. Doch sie ihn nicht.
Doch daß sie ihn nicht ganz verlöre,
Tut sie, als ob sie ihn erhöre.
Der Mensch hofft deshalb unverdrossen,
Sie habe ihn ins Herz geschlossen,
Darin er, zwar noch unansehnlich,
Bald wachse, einer Perle ähnlich.
Doch sieh, da kommt schon einszweidrei
Ein eitler junger Fant herbei,
Erlaubt sich einen kleinen Scherz,
Gewinnt im Fluge Hand und Herz.
Ein Mensch, selbst als gereifte Perle,
Ist machtlos gegen solche Kerle.

Der Urlaub

Ein Mensch, vorm Urlaub, wahrt sein Haus,
Dreht überall die Lichter aus,
In Zimmern, Küche, Bad, Abort –
Dann sperrt er ab, fährt heiter fort.
Doch jäh, zuhinterst in Tirol,
Denkt er voll Schrecken: »Hab ich wohl?«
Und steigert wild sich in den Wahn,
Er habe dieses *nicht* getan.
Der Mensch sieht, schaudervoll, im Geiste,
Wie man gestohlen schon das meiste,
Sieht Türen offen, angelweit.
Das Licht entflammt die ganze Zeit!
Zu klären solchen Sinnentrug,
Fährt heim er mit dem nächsten Zug

Und ist schon dankbar, bloß zu sehn:
Das Haus blieb wenigstens noch stehn!
Wie er hinauf die Treppen keucht:
Kommt aus der Wohnung kein Geleucht?
Und plötzlich ists dem armen Manne,
Es plätschre aus der Badewanne!
Die Ängste werden unermessen:
Hat er nicht auch das Gas vergessen?
Doch nein! Er schnuppert, horcht und äugt
Und ist mit Freuden überzeugt,
Daß er – hat ers nicht gleich gedacht? –
Zu Unrecht Sorgen sich gemacht.
Er fährt zurück und ist nicht bang. –
Jetzt brennt das Licht vier Wochen lang.

Das Hilfsbuch

Ein Mensch, nichts wissend von »Mormone«
Schaut deshalb nach im Lexikone
Und hätt es dort auch rasch gefunden –
Jedoch er weiß, nach drei, vier Stunden
Von den Mormonen keine Silbe –
Dafür fast alles von der Milbe,
Von Mississippi, Mohr und Maus:
Im ganzen »M« kennt er sich aus.
Auch was ihn sonst gekümmert nie,
Physik zum Beispiel und Chemie,
Liest er jetzt nach, es fesselt ihn:
Was ist das: Monochloramin?
»Such unter Hydrazin«, steht da.
Schon greift der Mensch zum Bande »H«
Und schlägt so eine neue Brücke
Zu ungeahntem Wissensglücke.
Jäh fällt ihm ein bei den Hormonen

Er sucht ja eigentlich: Mormonen!
Er blättert müd und überwacht:
Mann, Morpheus, Mohn und Mitternacht...
Hätt weiter noch geschmökert gern,
Kam bloß noch bis zu Morgenstern
Und da verneigte er sich tief
Noch vor dem Dichter – und entschlief.

Die Postkarte

Ein Mensch vom Freund kriegt eine Karte,
Daß er sein Kommen froh erwarte;
Und zwar (die Schrift ist herzlich schlecht!)
Es sei ein jeder Tag ihm recht.
Der Kerl schreibt, wie mit einem Besen!
Zwei Worte noch, die nicht zum Lesen!
Der Mensch fährt unverzüglich ab –
Des Freundes Haus schweigt wie ein Grab.
Der Mensch weiß drauf sich keinen Reim,
Fährt zornig mit dem Nachtzug heim.
Und jetzt entdeckt er – welch ein Schlag!
Der Rest hieß: »Außer Donnerstag!«

So und So

Ein Mensch, der knausernd, ob ers sollte,
Ein magres Trinkgeld geben wollte,
Vergriff sich in der Finsternis
Und starb fast am Gewissensbiß.
Der andre, bis ans Lebensende,
Berichtet gläubig die Legende
Von jenem selten noblen Herrn –

Und alle Leute hörens gern.
Ein zweiter Mensch, großmütig, fein,
Schenkt einem einen größern Schein.
Und der, bis an sein Lebensende
Verbreitet höhnisch die Legende
Von jenem Tölpel, der gewiß
Getäuscht sich in der Finsternis. –

Einladungen

Ein Mensch, der einem, den er kennt,
Gerade in die Arme rennt,
Fragt: »Wann besuchen Sie uns endlich?!«
Der andre: »Gerne, selbstverständlich!«
»Wie wär es«, fragt der Mensch, »gleich morgen?«
»Unmöglich, Wichtiges zu besorgen!«
»Und wie wärs Mittwoch in acht Tagen?«
»Da müßt ich meine Frau erst fragen!«
»Und nächsten Sonntag?« – »Ach wie schade,
Da hab ich selbst schon Gäste grade!«
Nun schlägt der andre einen Flor
Von hübschen Möglichkeiten vor.
Jedoch der Mensch muß drauf verzichten,
Just da hat er halt andre Pflichten.
Die Menschen haben nun, ganz klar,
Getan, was menschenmöglich war
Und sagen drum: »Auf Wiedersehn,
Ein andermal wirds dann schon gehen!«
Der eine denkt, in Glück zerschwommen:
»Dem Trottel wär ich ausgekommen!«
Der andre, auch in siebten Himmeln:
»So gilts, die Wanzen abzuwimmeln!«

Vergeblicher Eifer

Ein Mensch, der nach Italien reiste,
Blieb doch verbunden stets im Geiste
Daheim mit seinen Lieben, zärtlich,
Was er auch kundtat, ansichtskärtlich:
Gleich bei der Ankunft in Neapel
Läßt dreißig Karten er vom Stapel
Und widmet ähnlichem Behufe
Sich auf dem Wege zum Vesuve.
Schreibt allen, die er irgend kennt
Aus Capri, Paestum und Sorrent,
Beschickt befreundete Familien
Mit Kartengrüßen aus Sizilien,
An Hand von Listen schießt der Gute
Aus Rom unendliche Salute,
An Vorgesetzte, Untergebne
Schreibt er aus der Campagna-Ebne
Und ist nun endlich, in Firenze
Beinah an der Verzweiflung Grenze.
Kaum kam er, bei dem Amt, dem wichtigen,
Dazu, auch selbst was zu besichtigen.
Jetzt erst, verlassend schon Venedig,
Hält er sich aller Pflicht für ledig:
Reist heim, damit er gleich, als Neffe,
Die, ach!, vergessne Tante treffe:
»Kein Mensch denkt an uns alte Leut –
Ein Kärtchen hätt mich auch gefreut!«

Gescheiterte Sammlung

Ein Mensch – er freut sich drauf, und wie! –
Geht in die fünfte Sinfonie.
Wie liebt er grad den ersten Satz!
Er setzt sich still auf seinen Platz,
Daß ganz er dem Genuß sich weihe...
Ein Herr grüßt aus der dritten Reihe.
Der Mensch, wohl wissend, daß ern kenn,
Denkt flüchtig bloß, wie heißt er denn?
Worauf er fromm die Augen schließt,
Damit Musik sich in ihn gießt.
Kaum hebt den Stab der Zappelmann,
Schon geht bei ihm der Rappel an:
Wie rast der Geigen Glanzgeschwirre –
Der Mann heißt Fuld, wenn ich nicht irre!
Trompeten holt des Meisters Wink
Zu wilder Pracht – der Mann heißt Fink!
Wie steigt der Melodien Wuchs
Aus Zaubertiefen – er heißt Fuchs!
Wie klagt so süß ein Flötenlauf –
Der Mensch, er kommt und kommt nicht drauf.
Posaunen strahlen des Gerichts –
Mit Fuchs ist es natürlich nichts.
Horch, des Finales stolzer Prunk –
Funk heißt er, selbstverständlich, Funk!
Des Menschen Kopf ist wieder frei:
Die Sinfonie ist auch vorbei...

Überraschungen

Ein Mensch dem Sprichwort Glauben schenkt:
'S kommt alles anders, als man denkt –
Bis er dann die Erfahrung macht:
Genau so kams, wie er gedacht.

Legendenbildung

Ein Mensch, vertrauend auf sein klares
Gedächtnis, sagt getrost »So war es!«.
Er ist ja selbst dabeigewesen –
Doch bald schon muß ers anders lesen.
Es wandeln sich, ihm untern Händen,
Wahrheiten langsam zu Legenden.
Des eignen Glaubens nicht mehr froh
Fragt er sich zweifelnd: »War es so?«
Bis schließlich überzeugt er spricht:
»Ich war dabei – so war es nicht!«

Ahnungslos

Ein Mensch hört staunend und empört,
Daß er, als Unmensch, alle stört:
Er nämlich bildet selbst sich ein,
Der angenehmste Mensch zu sein.
Ein Beispiel macht Euch solches klar:
Der Schnarcher selbst schläft wunderbar.

Ein Ehrenmann

Ein Mensch, der mit genauem Glücke
Geschlüpft durch des Gesetzes Lücke,
Bebt noch ein Weilchen angstbeklommen
Doch dann, als wäre er gekommen
Durchs Hauptor der Gerechtigkeit,
Stolziert er dreist und macht sich breit.
Und keiner wacht so streng wie er,
Daß niemand schlüpft durch Lücken mehr.

Allzu eifrig

Ein Mensch sagt – und ist stolz darauf –
Er geh in seinen Pflichten auf.
Bald aber, nicht mehr ganz so munter,
Geht er in seinen Pflichten unter.

Das Bessere

Ein Mensch denkt logisch, Schritt für Schritt.
Jedoch, er kommt nicht weit damit.
Ein andrer Mensch ist besser dran:
Er fängt ganz schlicht zu glauben an.
Im Staube bleibt Verstand oft liegen –
Der Glaube aber kann auch fliegen!

Zweierlei

Ein Mensch – man sieht, er ärgert sich –
Schreit wild: Das ist ja lächerlich!
Der andre, gar nicht aufgebracht,
Zieht draus die Folgerung und – lacht.

Bescheidenheit

Ein Mensch möcht erste Geige spielen –
Jedoch das ist der Wunsch von vielen,
So daß sie gar nicht jedermann,
Selbst wenn ers könnte, spielen kann:
Auch Bratsche ist für den, ders kennt,
Ein wunderschönes Instrument.

Durch die Blume

Ein Mensch pflegt seines Zimmers Zierde,
Ein Rosenstöckchen, mit Begierde.
Gießts täglich, ohne zu ermatten,
Stellts bald ins Licht, bald in den Schatten,
Erfrischt ihm unentwegt die Erde,
Vermischt mit nassem Obst der Pferde,
Beschneidet sorgsam jeden Trieb –
Doch schon ist hin, was ihm so lieb.
Leicht ist hier die Moral zu fassen:
Man muß die Dinge wachsen lassen!

Der Unentschlossene

Ein Mensch ist ernstlich zu beklagen,
Der nie die Kraft hat, nein zu sagen,
Obwohl ers weiß, bei sich ganz still:
Er will nicht, was man von ihm will!
Nur, daß er Aufschub noch erreicht,
Sagt er, er wolle sehn, vielleicht...
Gemahnt nach zweifelsbittern Wochen,
Daß ers doch halb und halb versprochen,
Verspricht ers, statt es abzuschütteln,
Aus lauter Feigheit zu zwei Dritteln,
Um endlich, ausweglos gestellt,
Als ein zur Unzeit tapfrer Held
In Wut und Grobheit sich zu steigern
Und das Versprochne zu verweigern.
Der Mensch gilt bald bei jedermann
Als hinterlistiger Grobian –
Und ist im Grund doch nur zu weich,
Um nein zu sagen – aber gleich!

Falsche Herausforderung

Ein Mensch, so grade in der Mitten,
Nicht just verehrt, doch wohlgelitten,
Zwingt, anstatt still sein Los zu leiden,
Schroff Freund und Frau, sich zu entscheiden.
Und jene, die viel lieber lögen,
Erklären, daß sie ihn wohl mögen,
Jedoch, sollt klar gesprochen sein,
Dann sagten sie doch lieber nein.
Der Mensch, sonst nach Gebühr geduldet,
Hat dieses Urteil selbst verschuldet:
Denn es gibt Dinge auf der Welt,
Die man nicht auf die Probe stellt,
Weil sie, wie, ach, so viel im Leben
Sich halten lassen nur im Schweben.

Ausnahme

Ein Mensch fällt jäh in eine Grube,
Die ihm gegraben so ein Bube.
Wie? denkt der Mensch, das kann nicht sein:
Wer Gruben gräbt, fällt selbst hinein! –
Das mag vielleicht als Regel gelten:
Ausnahmen aber sind nicht selten.

Nur Sprüche

Ein Mensch erklärt voll Edelsinn,
Er gebe notfalls alles *hin*.
Doch eilt es ihm damit nicht sehr –
Denn vorerst gibt er gar nichts *her*.

Wettlauf

Ein Mensch, erst zwanzig Jahre alt,
Beurteilt Greise ziemlich kalt
Und hält sie für verkalkte Deppen,
Die zwecklos sich durchs Dasein schleppen.
Der Mensch, der junge, wird nicht jünger:
Nun, was wuchs denn auf *seinem* Dünger?
Auch er sieht, daß trotz Sturm und Drang,
Was er erstrebt, zumeist mißlang,
Daß, auf der Welt als Mensch und Christ
Zu leben, nicht ganz einfach ist,
Hingegen leicht, an Herrn mit Titeln
Und Würden schnöd herumzukritteln.
Der Mensch, nunmehr bedeutend älter,
Beurteilt jetzt die Jugend kälter
Vergessend frühres Sich-Erdreisten:
»Die Rotzer sollen erst was leisten!«
Die neue Jugend wiedrum hält...
Genug – das ist der Lauf der Welt!

Märchen

Ein Mensch, der einen andern traf,
Geriet in Streit und sagte: »Schaf!«
Der andre sprach: »Es wär Ihr Glück,
Sie nähmen dieses Schaf zurück!«
Der Mensch jedoch erklärte: Nein,
Er säh dazu den Grund nicht ein.
Das Schaf, dem einen nicht willkommen,
Vom andern nicht zurückgenommen,
Steht seitdem, herrenlos und dumm
Unglücklich in der Welt herum.

Seltsam genug

Ein Mensch erlebt den krassen Fall,
Es menschelt deutlich, überall –
Und trotzdem merkt man, weit und breit
Oft nicht die Spur von Menschlichkeit.

Wandlung

Ein Mensch führt, jung, sich auf wie toll:
Er sieht die Welt, wie sie sein soll.
Doch lernt auch er nach kurzer Frist,
Die Welt zu sehen, wie sie ist.
Als Greis er noch den Traum sich gönnt.
Die Welt zu sehn, wie sie sein könnt.

Lebenslügen

Ein Mensch wird schon als Kind erzogen
Und, dementsprechend, angelogen.
Er hört die wunderlichsten Dinge,
Wie, daß der Storch die Kinder bringe,
Das Christkind Gaben schenk zur Feier,
Der Osterhase lege Eier.
Nun, er durchschaut nach ein paar Jährchen,
Daß all das nur ein Ammenmärchen.
Doch andre, weniger fromme Lügen
Glaubt bis zum Tod er mit Vergnügen.

Technik

Ein Mensch, zu schlafen im Begriffe,
Hört von der Straße laute Pfiffe.
Er reißt empört das Fenster auf:
Ein alter Freund ruft froh herauf,
Ob er – es sei doch grad erst zehn –
Nicht Lust hätt, mit ihm auszugehn.
Grob schmeißt der Mensch das Fenster zu:
»Ich schlaf schon halb! Laß mich in Ruh!«
Ein Unmensch greift – und zwar um elf –
Zum Telefon als Notbehelf
Und schrillt den Menschen aus dem Schlummer,
Wählt obendrein die falsche Nummer!
Der Mensch, so wüst herausgeschellt,
Bleibt höflich, als ein Mann von Welt.
So ists: das Pfeifen, das natürlich,
Empfinden wir als ungebührlich.
Doch schaltet wer die Technik ein,
Wagt keiner, ehrlich grob zu sein.

Lebensleiter

Ein Mensch gelangt, mit Müh und Not,
Vom Nichts zum ersten Stückchen Brot.
Vom Brot zur Wurst gehts dann schon besser;
Der Mensch entwickelt sich zum Fresser
Und sitzt nun, scheinbar ohne Kummer,
Als reicher Mann bei Sekt und Hummer.
Doch sieh, zu Ende ist die Leiter:
Vom Hummer aus gehts nicht mehr weiter.
Beim Brot, so meint er, war das Glück. –
Doch findet er nicht mehr zurück.

Der Termin

Ein Mensch, der sich, weils weit noch hin,
Festlegen ließ auf den Termin,
Sieht jetzt, indes die Wochen schmelzen,
Die schwere Last sich näher wälzen.
Er sucht nach Gründen, abzusagen,
Er träumt, noch in den letzten Tagen,
Wie einst als Schulbub, zu entwischen:
Ein schwerer Unfall käm dazwischen...
Umsonst – es bleibt ein leerer Wahn:
Der schicksalsvolle Tag bricht an! –
Und geht dann doch vorüber, gnädig.
Der Mensch ist froh, der Sorgen ledig.
Er schwört, er hab daraus gelernt –
Doch wie sich Tag um Tag entfernt,
Hat Angst und Qualen er vergessen –
Und läßt sich unversehens pressen
Zu noch viel scheußlicherm Termin –
Denn es ist weit und weit noch hin.

Briefwechsel

Ein Mensch, der weiß, wie lang und lieb
Die Welt sich voreinst Briefe schrieb,
Denkt lang darüber hin und her:
Warum tut sie das heut nicht mehr?
Er wähnt, die Gründe hab er schon:
Zeitmangel, Zeitung, Telefon.
Doch nein, wer ernstlich wollt, dem bliebe
Genügend Muße, daß er schriebe.
Ist er zu faul nur, zu bequem?
Gleich wird er schreiben – aber *wem*?

Wer teilt, so überlegt er kühl,
Mit mir noch meinen Rest Gefühl,
Daß sichs verlohnt, in längern Zeilen
Ihm dies Gefühl erst mitzuteilen?
Verschwend ich darum Herz und Geist,
Daß ers in den Papierkorb schmeißt?
Schon wird ihm, kaum daß ers bedacht,
Selbst von der Post ein Brief gebracht:
Voll Überschwang und Herzensdrang,
Vier handgeschriebne Seiten lang.
Er überfliegt sie; rückzuschreiben,
Läßt er, schon Unmensch, besser bleiben.
Es könnt sich, fruchtbar gleich Karnickeln,
Briefwechsel sonst daraus entwickeln.
Er weiß jetzt, wie die Dinge liegen:
Kein Mensch will auch noch Briefe *kriegen*!

Die Abmachung

Ein Mensch hat – »gut, es bleibt dabei:
Am Samstag nachmittag um drei« –
Fürs Wochenende einen faden
Bekannten endlich eingeladen,
Was er ihm schon seit einem Jahr
Aus höhrer Rücksicht schuldig war.
Als hätt der Teufel es gerochen,
Daß unser Mensch sich fest versprochen,
Läßt hageln er auf diesen Tag
Aufforderungen, Schlag auf Schlag.
Worauf der Mensch seit Wochen wartet,
Jetzt kommts daher, wie abgekartet.
Der Mensch, von Pflichtgefühl ummauert,
So schwer es ihm auch fällt, bedauert.
Die lauten Lockungen und leisern

An ihm zerschellen – er bleibt eisern.
Am Samstag früh kommt eine Karte,
Drin, daß der Mensch umsonst nicht warte,
Der Unmensch mitteilt, höflich-dreist,
Er sei heut ins Gebirg gereist.
Den Menschen zu besuchen, hätt er
Auch später Zeit, bei Regenwetter.

Trauriger Fall

Ein Mensch ist leider ziemlich schüchtern
Und ohne Schwung, solang er nüchtern.
Doch zündet kaum bei ihm der Funken,
Ists schon zu spät: er ist betrunken.
So muß er immer wieder scheitern:
Nie glückts ihm, sich nur anzuheitern.

Späte Einsicht

Ein Mensch macht sich, doch leider bloß
An seinem Stammtisch, damit groß,
Es gelt – wovon ja viele träumen! –
Den Saustall endlich auszuräumen.
Er gibt – nur dort! – geheime Winke,
Wie's überall zum Himmel stinke
Von Säuen, die an vollen Trögen
Verfräßen unser Volksvermögen.
Man müßt was tun – nur ist es schade,
Daß dummerweise *ihn* gerade,
Als einen Mann mit Weib und Kindern,
Rücksichten überall verhindern.
Der Mensch – was nützt verborgnes Lästern? –
Zählt auch mit zu den Schweinemästern!

Talent und Genie

Ein Mensch genießt zwar allgemein
Das Lob, ein heller Kopf zu sein.
Doch glänzt – merkt ein genauer Kenner –
Er mäßig nur, als Dauerbrenner.
Ein andrer Mensch ist oft verdunkelt;
Doch wenn er einmal plötzlich funkelt,
Dann leuchtet er auch weltenweit. –
Das macht: der Mensch ist blitzgescheit!

Wandlung

Ein Mensch ward wild von Heckenschützen,
Die gern die Zeit der Schrecken nützen
Und, ihn zu morden, stur entschlossen,
Auf üble Weise querbeschossen.
Da es mißlang, ihn ganz zu töten,
Entbieten, ohne zu erröten,
Die Schützen nun, Gewehr bei Fuß,
Dem Menschen höflichst ihren Gruß
Und scheinen ungemein vergeßlich,
Daß sie ihm nachgestellt, so häßlich.
Und auch der Mensch, allmählich müder,
Nimmt hin die üblen Schützenbrüder
Und, faulen Frieden selbst zu fördern,
Lebt brav er – unter seinen Mördern.

Abdankung

Ein Mensch, als junger Feuergeist,
Der Lügen warmes Kleid zerreißt
Und geht – welch herrlicher Charakter! –
Kühn durch die Welt nun als ein Nackter.
Der Mensch wird alt, die Welt wird kalt:
Die Zeit zeigt ihre Allgewalt.
Der Mensch hälts, frierend, nicht mehr aus –
Froh wär er um den alten Flaus.
Doch hat er den nicht nur zerrissen,
Nein, auch die Fetzen weggeschmissen.
Mit Müh erwirbt er, so im Zwange,
Sich Weltanschauung von der Stange
Und geht nun, bis zu seinem Tode,
Gleich all den andern, nach der Mode.

Vergeblicher Wunsch

Ein Mensch wird krank am Wunsch, dem einen:
Nur einmal laut *hinaus*zuweinen!
Das wär ihm eine rechte Lust –
Doch, ach, es fehlt dazu die Brust.
So bleibt es bei der alten Pein:
Er weint nur still in sich *hinein*.

Enttäuschung

Ein Mensch, der nicht mehr daran dachte,
Daß sich ein Weib was aus ihm machte,
Fand doch noch eins, verdächtig lieb:
Es rühmte ihn als Herzensdieb.
Doch bald hat er sich schlicht empfohlen:
Das Weib war völlig ausgestohlen.

Begräbnis

Ein Mensch, der, wie gelebt zu haben,
Man wünscht, gelebt hat, wird begraben. –
Und zwar bei zwanzig Grad, im Jänner:
Der Frost steigt in die Knie der Männer.
Der Pfarrer sagt, ein schlichter Greis,
Was er seit gestern flüchtig weiß.
Die Männer wissens lange schon –
Auch stehts in jedem Lexikon.
Ein alter Freund, ein beinah blinder,
Liest mühsam ab aus dem Zylinder
Samt den Verdiensten, den erworbnen,
Die nähern Daten des Verstorbnen.
Die Liebe höret nimmer auf:
Ein dritter gibt den Lebenslauf.
Ein völlig unbekannter Mann
Spricht lang, obwohl er es nicht kann.
Ihm folgt ein weitrer Wortewürger
Aus Tupfing, für den Ehrenbürger.
Ein Dichter, ohne Gnade, spricht
Ein lang nicht endendes Gedicht.
Noch länger spricht ein Mann, der klagt,
Vorredner hättens schon gesagt.
Und viele stehn noch da mit Kränzen,
Bereit, rhetorisch hier zu glänzen.
Sein Leben lang geliebt, wird fast
Der Mensch im Grabe jetzt gehaßt.

Überschätzung

Ein Mensch bewertet sich nicht schlecht:
Er hält sich durchaus für gerecht.
Nie merkt er, daß er nur, voll List,
Gerecht in allen Sätteln ist.

Umgekehrt

Ein Mensch wird »Pessimist« geschmäht,
Der düster in die Zukunft späht.
Doch scheint dies Urteil wohl zu hart:
Die Zukunft ists, die düster starrt!

Die lieben Nachbarn

Ein Mensch aus allen Wolken fällt:
Die Magd hat jahrlang ihn geprellt,
Ihn angelogen und bestohlen.
Er läßt drum einen Schutzmann holen,
Der dieses Mädchen nimmt in Haft.
Wie freut das rings die Nachbarschaft.
Vom sechsten Stock bis zum Parterr'
Wird hohn-beklagt der arme Herr,
Der – alle wußtens ja schon lange –
Genährt am Busen eine Schlange.
Es nimmt des Hauses Meisterin
Die Nachricht ganz begeistert hin,
Daß man das Miststück noch erwischt –
Sie hab sich bloß nicht eingemischt.
Die Milchfrau allen Kunden kündet,
Wie lang schon ihr Verdacht begründet
Und freudiglaut rühmt sich der Bäcker
Als frühesten Betrugs-Entdecker.
Gewarnt hat auch die Krämrin immer
Vor dem verdruckten Frauenzimmer,
Das sich so frech verlegt aufs Stehlen. –
Kurzum, es jauchzen alle Seelen.
Der Mensch, der magdlos, voll Verdruß,
Nun selbst sein Sach besorgen muß,
Ahnt nichts von solchen Wissens Macht:
»Kein Mensch«, heißts, »hätte das gedacht!«

Der Wunderdoktor

Vorwort

Klar steh am Anfang des Gedichts:
Von Medizin versteh ich nichts!
Der Leser sei vor dem gewarnt,
Was hier sich wissenschaftlich tarnt,
Denn es ist bestenfalls zum Lachen –
Nie, um davon Gebrauch zu machen.
Mein Blick ist leider gar nicht klinisch,
Ich geb mich hier nur medi-zynisch.
Erschien doch zu der Menschheit Fluch
Manch närrisch-ernstgemeintes Buch:
Da werd auch ich, statt tief zu schürfen,
Zum Spaß wohl Unsinn bringen dürfen.
Mit ihren Lesefrüchten treiben
Obsthandel viele, die da schreiben;
Nun – da erhofft von mir man kaum
Nur Früchte vom Erkenntnisbaum.
Und scheints euch oft, ich hätt kein Herz
Und triebe mit Entsetzen Scherz –
Besänftigt den Entrüstungssturm:
Auch ich hab oft mich wie ein Wurm
Gekrümmt vor Schmerzen, Tag und Nacht,
Und schließlich hab ich *doch* gelacht.
Die Welt, sie ist im Grunde roh,
Und trotzdem sind die Menschen froh.
Drum lest und lacht – denn, Gott sei Dank,
Es lacht so leicht sich keiner krank.
Doch freuen sollt michs, wenn durch Lesen
Und Lachen mancher wollt genesen!

Die Ärzte

1.

Die Ärzte sind verschiedner Art;
Ich schildre den zuerst, der zart:
Oft ist er wie ein Lämmlein sanft,
Noch spielend an des Todes Ranft,
Erzählt uns muntre Anekdötchen,
Macht Männchen oder gibt uns Pfötchen.
Er zwitschert fröhlich wie ein Schwälbchen
Und er verschreibt ein harmlos Sälbchen,
Tablettchen oder bittre Pillchen
Und funkelt schalkhaft durch sein Brillchen
Mit Äuglein, frömmer als ein Rehlein –
Selbst Darmkrebs nennt er noch Wehwehlein.
Froh ist am Schluß das arme Kränkchen,
Wenn er nun fortgeht, Gott sei Dänkchen.

2.

Wenn ich den Läppischen nicht lobe,
Ist doch auch unerwünscht der Grobe.
Er mustert streng uns, herzenskalt:
»Was, über Sechzig sind Sie alt?
Da wird es sich wohl nicht mehr geben –
Nun ja, wer will denn ewig leben?«
»Gelebt, geliebt, geraucht, gesoffen –
Und alles dann vom Doktor hoffen!«
So etwa spricht er, grimmig barsch:
»Nicht zimperlich jetzt. Ausziehn, marsch!«
»Im Kopf fehlts? Nun, das dacht ich gleich –
Da ist ja das Gehirn schon weich!«
Holt er den Nagel von der Zeh
Und man erklärt, das tue weh: –
»Wenns wohltät, wärt ihr da in Haufen,
Und ich käm gar nicht mehr zum Schnaufen.«

Er knurrt wohl auch, ein wüster Spaßer:
»Sie stehn ja bis zum Hals im Wasser!«
Auch sagt er, statt uns Trost zu gönnen:
»Viel wird man da nicht machen können!«
Scheint er als Mensch auch nicht vergnüglich,
Ist er doch meist als Arzt vorzüglich.

3.
Sag ich zu beiden Fällen nein –
Fragt ihr: »Wie soll der Arzt denn sein?«
Die Antwort hab ich da geschwind:
So, wie gottlob fast alle *sind*!
Der gute Arzt ist nicht zu zärtlich,
Doch ist er auch nicht eisenbärtlich.
Nicht zu besorgt und nicht zu flüchtig,
Er ist, mit einem Worte, tüchtig.
Er ist ein guter Mediziner,
Erst Menschheits-, dann erst Geldver-Diener.
Gesunde fühlen sich wie Götter
Und werden leicht am Arzt zum Spötter.
Doch bricht dann eine Krankheit aus,
Dann schellen sie ihn nachts heraus
Beim allerärgsten Sudelwetter
Und sind ganz klein vor ihrem Retter.
Der kommt – nicht wegen der paar Märker,
Die Nächstenliebe treibt ihn stärker,
(Schlief er auch noch so süß und fest)
Zu kriechen aus dem warmen Nest.
Behandelt drum den Doktor gut,
Damit er euch desgleichen tut!

Der Zahnarzt

Nicht immer sind bequeme Stühle
Ein Ruheplatz für die Gefühle.
Wir säßen lieber in den Nesseln,
Als auf den wohlbekannten Sesseln,
Vor denen, sauber und vernickelt,
Der Zahnarzt seine Kunst entwickelt.
Er lächelt ganz empörend herzlos
Und sagt, es sei fast beinah schmerzlos.
Doch leider, unterhalb der Plombe,
Stößt er auf eine Katakombe,
Die, wie er mit dem Häkchen spürt,
In unbekannte Tiefen führt.
Behaglich schnurrend mit dem Rädchen
Dringt vor er bis zum Nervenfädchen.
Jetzt zeige, Mensch, den Seelenadel!
Der Zahnarzt prüft die feine Nadel,
Mit der er alsbald dir beweist,
Daß du voll Schmerz im Inneren seist.
Du aber hast ihm zu beweisen,
Daß du im Äußern fest wie Eisen.
Nachdem ihr dieses euch bewiesen,
Geht er daran, den Zahn zu schließen.
Hat er sein Werk mit Gold bekrönt,
Sind mit der Welt wir neu versöhnt
Und zeigen, noch im Aug die Träne,
Ihr furchtlos wiederum die Zähne,
Die wir – ein Prahlhans, wers verschweigt –
Dem Zahnarzt zitternd nur gezeigt.

Der rechte Arzt

Fehlt dirs an Leber, Lunge, Magen,
Mußt du es den Bekannten sagen,
Damit sie, die dir Heilung gönnen,
Dir *ihren* Arzt verraten können.
Ist deine Krankheit eine schwierige,
Kann keiner helfen als der *ihrige*.
Sie möchtens schriftlich dir bescheinigen,
Daß du verratzt bist mit dem deinigen.
Herr Meier, der sich unterfing
Und nicht zu *ihrem* Doktor ging –
Es fehlte ihm wie dir das gleiche –
War nach sechs Wochen eine Leiche.
Herrn Schmidt, der auch es ausgeschlagen,
Den hat man bald hinausgetragen,
Den braven Mann, den unermüdlichen,
Er liegt im Friedhof jetzt, im südlichen.
Doch Schneckenbeck, für dessen Leben
Kein Mensch ein Fünferl mehr gegeben,
Dem gab *ihr* Doktor eine Salbe:
Jetzt trinkt er täglich siebzehn Halbe!
Drum, willst du sinken nicht ins Grab,
Dann laß von deinem Doktor ab
Und lasse nur noch einen holen,
Der von Bekannten dir empfohlen,
Weil du nur dann – wenn doch du stirbst –
Ein Recht auf Mitleid dir erwirbst.
Sonst sagen sie nur, tief empört:
Er hat ja nie auf uns gehört!

Apotheker

Ein Glück, daß wir der Medizinen
Nicht völlig gratis uns bedienen,
Nein, daß das Schicksal, mild und weise,
Schuf hohe Apothekerpreise.
Nicht immer ist ein Arzt dein Retter,
So er dein Schwager oder Vetter
Und ringsum an beherzte Huster
Umsonst verteilt die Ärztemuster.
Im Kostenlosen liegt ein Reiz:
Man frißts hinein aus purem Geiz.
Ja, würden nach gehabten Proben
Die Leute wenigstens noch loben!
Doch sagen sie, es sei ein Dreck
Und habe alles keinen Zweck!
Der hohe Preis als höherer Wille
Schlägt ab den Sturm auf die Pastille.
Denn noch ein jeder hat bedacht sich,
Wenns heißt: »Macht fünf Mark dreiundachtzig.«
Es lobt darum ein weiser Seher
Der Säftleinmischer, Pillendreher
Uraltes, heiliges Geschlecht,
Das zwar nicht billig – aber recht!

Klare Entscheidung

Ja, der Chirurg, der hat es fein:
Er macht dich auf und schaut hinein.
Er macht dich nachher wieder zu –
Auf jeden Fall hast du jetzt Ruh.
Wenn *mit* Erfolg, für längere Zeit,
Wenn *ohne* – für die Ewigkeit.

Gemütsleiden

Es können die Gemütskrankheiten
Nur, wo Gemüt ist, sich verbreiten;
Drum gehen auch, zu unserm Glück,
Gemütskrankheiten stark zurück.

Hausapotheke

Krank ist im Haus fast immer wer –
Mitunter muß der Doktor her.
Der Doktor geht dann wieder fort,
Die Medizinen bleiben dort
Und werden, daß den Arzt man spare,
Nun aufgehoben viele Jahre.
Unordnung ist ein böses Laster:
In einem Wust von Mull und Pflaster,
Von Thermometern, Watte, Binden
Liegt, oft nur schwer herauszufinden,
Inmitten all der Tüten, Röhren,
Die eigentlich nicht hergehören,
Das, wie wir hoffen, richtige Mittel
Mit leider höchst verzwicktem Titel:
Was von den ... in und ... an und ... ol
Tät unserem Wehweh wohl wohl?
Nur Mut! Was etwa gegen Husten
Im vorigen Jahr wir nehmen mußten,
Wir schluckens heut bei Druck im Bauch –
Und – welch ein Wunder! – da hilfts auch!
Wenn überhaupt nur was geschieht,
Daß uns der Schmerz nicht wehrlos sieht –
Er wird nicht alles sich erlauben,
Stößt er auf unsern festen Glauben!
Von dem bewahrt euch drum ein Restchen
In eurem Apothekerkästchen!

Schnupfen

Beim Schnupfen ist die Frage bloß:
Wie kriege ich ihn – wieder los?
Verdächtig ists: die Medizin
Sucht tausend Mittel gegen ihn,
Womit sie zugibt, zwar umwunden,
Daß sie nicht eines hat gefunden.
Doch Duden sei als Arzt gepriesen,
Der Nießen milderte zu Niesen.
Der bisher beste Heilversuch
Besteht aus einem saubern Tuch,
Zu wechseln un-ununterbrochen
Im Lauf von etwa zwei, drei Wochen.
Zu atemschöpferischer Pause
Bleibt man am besten still zu Hause,
Statt, wie so häufig, ungebeten
Mit bei Konzerten zu trompeten.
Rezept: Es hilft nichts bei Katarrhen
Als dies: geduldig auszuharren.
Der Doktor beut hier wenig Schutz –
Im besten Fall nießt er nur Nutz.

Besuche

Liegst du in deinem Krankenzimmer,
Dann freun Besuche dich fast immer.
Du harrst von Stund zu Stunde still,
Ob einer zu dir kommen will:
Just, wenn des Hemdes du ermangelst,
Nach der bewußten Flasche angelst,
In heißen Fieberträumen flatterst,
In einem kalten Wickel schnatterst,

Das Thermometer stumm bebrütest,
In jähem Schmerzensanfall wütest –
Dann, für Sekunden unerbeten,
Wird einer an dein Lager treten
Und gleich, errötend, wieder gehen
Ganz leise, taktvoll, auf den Zehen...
Ein andermal an deinem Lager
Stehn grade Bruder, Schwester, Schwager:
Nach leeren Wochen plötzlich drei –
Als vierter kommt der Freund vorbei.
Er kündet jedem, der erbötig:
»Besuche hat der gar nicht nötig!«
Und wieder liegst in dumpfer Pein
Du lange Tage ganz allein.

Herzenswunden

Die Medizin hats längst gefunden:
Reinhalten gilts bei allen Wunden.
Gern sieht ein braver Mensch das ein
Und hält sein Herz drum möglichst rein.
Er hat dazu auch allen Grund:
Ein gutes Herz ist immer wund!

Erste Hilfe

Man liest zwar deutlich überall:
Was tun bei einem Unglücksfall?
Doch ahnungslos ist meist die Welt,
Wie sie beim Glücksfall sich verhält.

Schütteln

Auf Flaschen steht bei flüssigen Mitteln,
Man müsse vor Gebrauch sie schütteln.
Und dies begreifen wir denn auch –
Denn zwecklos ist es *nach* Gebrauch.
Auch Menschen gibt es, ganz verstockte,
Wo es uns immer wieder lockte,
Sie herzhaft hin- und herzuschwenken,
In Fluß zu bringen so ihr Denken,
Ja, sie zu schütteln voller Wut –
Doch lohnt sich nicht, daß man das tut.
Man laß sie stehn an ihrem Platz
Samt ihrem trüben Bodensatz.

Wartezimmer

Der Hausarzt kommt nicht mehr wie früher.
Du bist ein Selbst-Dich-hin-Bemüher.
Im Wartezimmer – lang kanns dauern! –
Mußt Du auf den Herrn Doktor lauern,
Der, wie's der Reihe nach bestimmt,
Den einen nach dem andern nimmt –
(Soferne Du nicht wöhnest arg,
Daß er noch viele schlau verbarg
In Nebenräumen, Küch' und Keller,
Um sie dann vorzulassen, schneller.)
Dortselbst, in schweigend stumpfem Ernst,
Du warten kannst – wenn nicht, es lernst.
Dann endlich trifft Dich ein beseeltes:
»Der nächste, bitte! Na, wo fehlt es?«
Nun gibts von Leidenden zwei Sorten:
Den einen fehlts zuerst – an Worten.
Den andern fehlts gleich überall:

Sie reden wie ein Wasserfall.
Der Doktor, geistesgegenwärtig,
Wird leicht mit beiden Sorten fertig.
Maßgebend ist ihm ja im Grund –
Nicht Dein Befinden – sein Befund.

Kongressitis

Mißtrauisch sehn wir den verstärkten
Auftrieb zu Mediziner-Märkten:
Anstatt wie früher, still daheim
Der jüngsten Forschung süßen Seim
Zu saugen aus der Fachzeitschrift,
Die Ärzteschaft sich heute trifft
In Tokio und in Daxelburg,
Wo Internist sich und Chirurg
Bereden teils und teils belauschen,
Das neuste Wissen auszutauschen.
Kaum sind sie, wunderbar gespeist,
Nach Köln und Hamburg heimgereist,
Nach München, Tübingen und Gött-,
Schon ist das Neuste ein Gespött
Und wieder müssen Räder rollen,
Weil sie noch Neueres wissen wollen.
Der Arzt des Fortschritts sei gepriesen
Im Gegensatz zum Feld- Wald- Wiesen-,
Der, fern der jüngsten Wissenschaft,
Zu Hause Krankenscheine rafft.
Doch *einen* Vorteil hat auch *der*:
Er kann gleich kommen, ruft ihn wer.

Einsicht

Der Kranke traut nur widerwillig
Dem Arzt, ders schmerzlos macht und billig.
Laßt nie den alten Grundsatz rosten:
Es muß a) wehtun, b) was kosten.

Diener und Herr

Ist auch an sich der Mediziner,
Wie sonst kaum wer, der Menschen Diener,
So ist er doch der Herr zugleich;
Und willig beugen arm und reich,
Ablegend Hemd und Rang und Titel,
Sich vor dem Mann im weißen Kittel.

Undank

Ein guter Arzt weiß gleich oft, wo.
Statt daß man dankbar wär und froh,
Ist man so ungerecht und sagt:
»Der hat sich auch nicht arg geplagt!«
Ein andrer tappt ein Jahr daneben –
Mild heißts: »Müh hat er sich gegeben!«

Zum Trost

Leicht sieht ein jeder, der nicht blind,
Wie krank wir, trotz der Ärzte, sind.
Doch nie wird man die Frage klären,
Wie krank wir ohne Ärzte wären.

Zweifache Wirkung

Das ist der Krankenhäuser Sinn,
Daß man – wenns geht – gesund wird drin.
Doch wenn mans ist: dann schnell heraus!
Ansteckend ist das Krankenhaus.

Wandlung

Daß wir den Arzt nicht fürchten dürfen,
Ist klar – doch wenn wir tiefer schürfen,
So kommen wir auf den Gedanken:
Heut fürchtet mehr der Arzt die Kranken!

Aufschub

Der Tod hat es in unsern Tagen
Nicht mehr so leicht: er muß sich plagen!
Die Medizin, die meisterliche,
Kommt mehr und mehr ihm auf die Schliche.
Er kann, selbst wenn es Gott befohlen,
Uns nicht, so mir nichts, dir nichts, holen.
Der Mensch fuhr früher rasch dahin –
Jetzt bremst man mit Penicillin.
Und einer, der vor Gottes Stufen
Bereits so gut schien, wie gerufen:
Der Arzt, wer weiß, ob auch zum Glück,
Ruft in das Leben ihn zurück.
Und doch, mag man ihn manchmal stoppen,
Läßt sich der Tod am End nicht foppen;
Und mehr als einem tats schon leid,
Daß er nicht ging – zur rechten Zeit.

Zuversicht

Am Abend sieht man manchen Kranken
Gewaltig Medizinen tanken:
Für Herz und Magen, Kopf und Nerven
Füllt er sich an mit Heilkonserven;
Er hofft, daß morgen früh die Gaben
Gewirkt beim Aufstehn werden haben.
Und gläubig schließt er seinen Pakt
Schon jetzt mit dem Futur exakt.

Schlafmittel

Der süße Schlaf, naturgesteuert,
Wird, ach! jetzt barbiturgesäuert.
Das muß sich rächen auf die Dauer:
Das Aufstehn, morgens, fällt uns sauer!

Psychoanalyse

Ein kluger Seelen-Wurzelgraber
Weiß viel ans Licht zu bringen – aber
Vergeßt dabei das eine nicht:
Die Wurzeln sterben ab im Licht!

Röntgenbild

Ein Meister allen Jüngern riet,
Nur das zu glauben, was man sieht.
Und doch – der Einwand sei erlaubt,
Daß mancher das sieht, was er glaubt.

Vergebliche Warnung

Der Leib sagt es der Seele oft,
Daß er auf ihre Bessrung hofft;
Er fleht, das Rauchen einzudämmen,
Ihn nicht mit Bier zu überschwemmen,
Ihm etwas Ruhe doch zu gönnen –
Bald werd ers nicht mehr schaffen können.
Die Seele murrt: »Laß Dein Geplärr!
Du bist der Knecht – ich bin der Herr!«
Der Körper, tief beleidigt, schweigt –
Bis er dann eines Tages streikt:
Die Seele, hilflos und bedeppt,
Den kranken Leib zum Doktor schleppt.
Und was, meint Ihr, erfährt sie dort?
Genau dasselbe, Wort für Wort,
Womit der Leib ihr Jahr und Tag
Vergeblich in den Ohren lag.

Ärger

Es gilt, just bei nervösen Leiden,
Aufregung aller Art zu meiden;
Besonders, wie der Doktor rät,
Vorm Schlafengehen, abends spät.
Noch mehr fast, fleht er, gib Dir Müh,
Dich nicht zu ärgern in der Früh.
Und, bitte, ja nicht zu vergessen:
Niemals, vorm, beim und nach dem Essen.
Wer streng zu folgen ihm, bereit,
Hat, sich zu ärgern, kaum mehr Zeit.

Reiskur

Der Patient hat fest versprochen,
Nur Reis zu essen, sieben Wochen.
Erst tut ers streng: salzlos, gewässert,
Dann insgeheim schon leicht verbessert;
Dann in der Form des süßen Breis;
Dann Reis mit Huhn; dann Huhn mit Reis –
Um im Gefühle eines Helden
Beim Doktor wieder sich zu melden.
Und sieh! Der Patient hat Glück:
Der hohe Blutdruck ging zurück
Und beide singen Lob und Preis
Dem wundertätig-edlen Reis.

Kassenhaß

Ein Mann, der eine ganze Masse
Gezahlt hat in die Krankenkasse,
Schickt jetzt die nötigen Papiere,
Damit auch sie nun tu das Ihre.
Jedoch er kriegt nach längrer Zeit
Statt baren Gelds nur den Bescheid,
Nach Paragraphenziffer X
Bekomme vorerst er noch nix,
Weil, siehe Ziffer Y,
Man dies und das gestrichen schon,
So daß er nichts, laut Ziffer Z
Beanzuspruchen weiter hätt.
Hingegen heißts, nach Ziffer A,
Daß er vermutlich übersah,
Daß alle Kassen, selbst in Nöten,
Den Beitrag leider stark erhöhten

Und daß man sich, mit gleichem Schreiben,
Gezwungen seh, ihn einzutreiben.
Besagter Mann denkt, krankenkässlich,
In Zukunft ausgesprochen häßlich.

Angstträume

Wen hätt nicht schon der Traum gepackt,
Daß er dahinläuft, splitternackt,
Sich furchtbar schämt – und doch so tut,
Als liefe er recht frohgemut,
Ganz ohne Angst vor all den Leuten,
Die schon mit Fingern auf ihn deuten.
Wer reicht ihm einen Lendenschurz?
Wer gräbt ihm frei des Traumes Wurz?
Hats einen Sinn, nach dem Erwachen
Der Welt den Traum bekanntzumachen?
Wird seine Frau ihn recht verstehn?
Soll er zum Therapeuten gehn?
Soll er bei Freud und Adler schürfen,
Ob wir dergleichen träumen dürfen?
Vielleicht verrät der Mensch, als nackter,
Den baren Mangel an Charakter?
Eh dies entschieden, sinkt zum Glück
Der böse Traum ins Nichts zurück.
Beim ersten Blick auf Hemd und Hosen
Verschäumt er leicht im Wesenlosen.

Trübe Erfahrung

Als Kind schon wir zu hören kriegen,
Daß wir, wie wir uns betten, liegen.
Doch dann sehn anders wirs verkettet:
Wer richtig liegt, wird gut gebettet.

Letteritis

Ganz plötzlich wird es Dir bewußt:
Erkrankt ist Deine Leselust!
Nach welchem Buche Du auch faßt,
Keins, das zu Deiner Stimmung paßt!
Du gibst nichts hin – es gibt nichts her:
Bald ists zu leicht, bald ists zu schwer.
Mit leerem Herzen und Verstand
Starrst Du auf Deine Bücherwand:
Die altbewährte, edle Klassik
Ist Dir auf einmal viel zu massig
Und über die moderne Lyrik
Denkst Du schon beinah ehrenrührig.
Der Reißer selbst, in dessen Flut
Du sonst gestürzt voll Lesewut,
Wirft heut Dich an sein Ufer, flach;
Dein Drang zur Wissenschaft ist schwach;
Und das gar, was sich nennt Humor,
Kommt Dir gequält und albern vor.
Geduld! Laß ab von aller Letter!
Es wird sich ändern, wie das Wetter:
Schon morgen, unverhofft genesen,
Kannst Du dann lesen, lesen, lesen!

Guter Rat

Liegt wer im Bett, ist schlimm er dran –
Schon weil er nirgends hingehn kann;
Es sei denn – Leid macht innerlich –
Er ginge ausnahmsweis in sich.
Hier aber wurde viel versäumt:
Kalt ist es und nicht aufgeräumt.
Drum sorg, daß Du Dein Innres immer
Auch brauchen kannst als Krankenzimmer.

Konsultation

Wird ein Familienmitglied kränklich,
So zeigt sich jedermann bedenklich
Und – was auch ganz vernünftig – rät,
Zum Arzt zu gehen, ehs zu spät.
Man gibt so lange keine Ruhe,
Bis jener schwört, daß er es tue.
Man fragt ihn sanft, man fragt ihn grob,
Zum Schluß fragt man ihn nur noch: »ob?«
Er kann dann schon Gedanken lesen:
Ob nämlich er beim Arzt gewesen?
Je nun, er geht denn auch zum Schluß,
Weil er doch einmal gehen muß.
Fragt dann der Arzt schon in der Türe
Ihn höflich, was ihn zu ihm führe,
Kann er es sagen ganz genau:
»Nur der Befehl von meiner Frau!«

Schönheits-Chirurgie

Sei's, daß Du nur ein Wimmerl hast,
Sei's, daß Dir Deine Nas nicht paßt,
Daß Kinn und Wange Dir zu faltig,
Daß Dir Dein Busen zu gewaltig –
Kurz, daß Natur Dir was verweigert,
Beziehungsweise grob gesteigert,
Brauchst, in der Neuzeit, der bequemen,
Du das nicht einfach hinzunehmen.
Es bleiben schließlich nur die Affen
So häßlich, wie sie Gott erschaffen –
Die Ärzte so *uns* modeln sollen,
Wie Gott uns hätte schaffen *wollen*.

Gesunde Umwelt

Gewiß, wir haben allen Grund
Zu lachen, wenn wir selbst gesund.
Doch sei auch innig Gott gedankt,
Wenn niemand sonst im Haus erkrankt,
Wenn Weib und Kind und Ingesind
Wohlauf und ganz in Ordnung sind,
Verwandte, Freunde sich nicht legen –
Gar mit dem Anspruch, sie zu pflegen;
Wenn Milchmann, Krämer, Schneider, Schuster,
Nicht bettgefesselt sind als Huster,
Die Zeitungsträgrin jederzeit
Von Kraft erstrahlt und Rüstigkeit.
Nur eins: halt Deine frommen Triebe
Nicht gleich für reine Nächstenliebe:
Gesundheit wünschst Du allen ihnen,
Damit sie Deinem Wohlsein dienen!

Fünftagewoche

Wie wär geblieben alles gut,
Hätt Gott am sechsten Tag geruht!
Er wär nur kommen bis zum Affen –
Der Mensch wär blieben unerschaffen!

Einbildung

Wir sehn mit Grausen ringsherum:
Die Leute werden alt und dumm.
Nur wir allein im weiten Kreise,
Wir bleiben jung und werden weise.

Gute Reise

Die Welt ist voller Reisewut,
Indes zu Haus der Weise ruht
Und lächelnd – oft auch leicht verschroben –
In das Gewühl blickt: »Laßt sie toben!«
Schön ist das In-die-Ferne-Schweifen –
Doch wird auch mancher gerne greifen
Nach meinem heiteren Gereim
Wenn er gemütlich sitzt – *daheim*!

Welt auf Reisen

Die Sonne tönt nach alter Weise
Und ihre vorgeschriebne Reise
Vollendet sie mit Donnergang,
Bereits Milliarden Jahre lang.
Mal zwischendurch kommt ein Komet,
Der seine eignen Wege geht
Und doch, weil er nur scheinbar irrt,
Vom Menschen schlau berechnet wird.
Ja, überhaupt die Wissenschaft
Hat, sich entwickelnd fabelhaft,
Ein neues Weltbild uns gewonnen:
Es reisen Millionen Sonnen,
Und Sterne, die als fixe galten,
Sind wissenschaftlich nicht zu halten.
Das »πάντα ῥεῖ« ist letzter Schluß:
Das Weltall selbst ist stets im Fluß. –
Noch deutlicher als wie am Himmel
Sehn wir auf Erden das Gewimmel:
Kaum brauchts noch einzeln des Belegs
Dafür, daß alles unterwegs.
Die Gletscher wandern und die Dünen,
Von Wanderpreisen, Wanderbühnen,
Von Wanderlebern oder -nieren
Muß weiter man kein Wort verlieren.
Es reist der Lachs, es reist der Aal,
In ganzen Schulen zieht der Wal,
Der Hering wandert massenweise,
Man kennt des Thunfischs nasse Reise;
Die Wandervögel, Wanderratten –
Zu Hause bleiben nur die Satten –,
Die Wanderraupen und Ameisen:
Wohin wir blicken, – alle reisen –
Und oft zu ganz gemeinen Zwecken:
Der Heuschreck ist der ärgste Schrecken.

Zum Meere reist ein jeder Strom,
Die Glocken reisen selbst nach Rom –
So sagt der Volksmund – am Karfreitag.
Der Mensch reist etwa zum Parteitag,
Zu Sängerfesten, Fußballspielen,
Ausstellungen und Fachkonzilen,
Frankfurter oder andern Messen –
Und Zielen, die ich grad vergessen.
Kurzum, es reist die ganze Welt!
Besonders wandert auch das Geld –
Oft rasch zu unserm Überraschen
Fliegts gradezu aus unsern Taschen,
Ganz ohne daß wirs rausgeschmissen:
Wohin? Das mag der Teufel wissen!
Was brauchts noch weiterer Beweise?
Wir wünschen allen: gute Reise!

Auto-Mobilmachung

Kraftfahrer sind ein Teil der Kraft,
Die Gutes will und Böses schafft.
Der beste Vorsatz wird zum Pflaster
Der Straße, führend *doch* zum Laster.
Wir schwörn, zu fahren, jetzt und später,
Nie mehr als sechzig Kilometer,
Zu *schauen*, ja, gar auszusteigen,
Sollt unterwegs sich Schönes zeigen –
Doch, statt wie wirs uns vorgenommen,
Schaun wir nur, daß wir weiterkommen,
Und lernen alsbald, nolens – volens,
Die heikle Kunst des Überholens;
Rasch haben wir uns angewöhnt,
Was wir doch anfangs so verpönt.

Das Auto? Einfach unentbehrlich!
Zu leben »ohne«? Kaum erklärlich!
Wie ist es fein, zu sagen: »Ja!«
Wenns heißt: »Sind Sie im Wagen da?«
Wir sind dem Pöbel nicht mehr ähnlich,
Der arm sich frettet, straßenbähnlich.
Wer erst die Macht hat, Gas zu geben,
Hat auch natürlich mehr vom Leben:
Kunststätten kann, wer fix und fleißig,
An einem Tage an die dreißig
Mitsamt den Kilometern fressen
Und gleich an Ort und Stell – vergessen.

Überfälle

Wie liegt so friedsam treuer Sitten
Ein liebes Nest in Deutschlands Mitten:
Schon rücken von der Autobahn
Kunst-Überfallkommandos an:
Die Wagen halten, Hornruf gellt.
Schlagartig wird der Ort umstellt.
Der Kirche gilt der erste Stoß:
Ein Trupp stürmt lärmend auf sie los,
Und drängt durch die romanische Pforte.
Ein Tonband schnarrt Erklärungsworte,
Ein Bild, von Grünewald gemalt,
Wird scharf elektrisch angestrahlt
Und Kunstbegeistrung, ohne Zügel,
Schwenkt des Altares schwere Flügel.
Schon ist der ganze Ort beschlagnahmt:
Beim Zuckerbäcker wird geschlagrahmt
Und alles schreit – wie eine Waffe
Das Schlagwort schwingend – »Káffe, Káffe!«
Gefüllt sind alle Mördergruben:

Die Imbißhütten, Trachtenstuben,
Die Ansichtskartenausstoß-Stellen,
Die Bier- und Coca-Colaquellen.
Dann endets jäh, wie Zauberschlag:
Posaunen, wie am Jüngsten Tag,
Wie wilden Jägers Horridoh,
Zerreißen alle Freuden roh:
Signale schmettern, Rufe tönen,
Laut hört man die Motoren dröhnen.
Der Spuk zerstiebt, der Ort ist leer –
Papiere liegen weit umher ...
Doch siehe da, am Horizont
Entwickelt sich die neue Front:
Mit frischen Rundreisregimentern,
Bereit, das Kirchenschiff zu entern,
Kommt nicht beglückend, doch beglückt –
Die nächste Truppe angerückt,
Den Ort im Sturm zu überlaufen. –
Papier türmt sich bereits zu Haufen ...

Einst und heute

Hört Großpapa und Großmama,
Wir wärn gewesen da und da
Zum Wochenend – wo sie vor Jahren
Nur auf der Hochzeitsreise waren,
Dann sagen vorwurfsvoll die beiden:
»Mein Gott, was waren wir bescheiden!«
Gewiß! Jedoch, auch umgekehrt:
Wie waren sie beneidenswert!
Wo heute fährt die Straßenbahn,
Da krähte bunt der Bauernhahn,
Und dort, wo jetzt, so weit wir blicken,
Zinshäuser stehen und Fabriken,
Da gingen friedlich sie zu zweit –

Rings nichts als gute alte Zeit!
Nicht nur in Bayern, auch in Preußen
Kam man mit dicken Blumensträußen
Und ganz erfüllt von Wanderglück
Von einem Gang vors Tor zurück:
Ohn' einen Pfennig auszugeben!
Wir brauchten, gleiches zu erleben,
Je eine Stunde Bahngerase
Und zehn Mark mindestens pro Nase.
So ist oft nur erzwungne Flucht,
Was ausschaut, als wärs Großmannssucht.

Einförmigkeit

Wie fängt die Welt an, sich zu glätten!
Statt in historisch-fremden Städten
Voll Kirchen, Türmen, Toren, Wappen
Noch abends lang herumzutappen,
Ist gleich der Reisende zu Haus:
'S schaut eine wie die andre aus.
Die Bahnhofsanschrift zeigt allein,
Ob es Hannover, Frankfurt-Main,
Ob München, Augsburg, Düsseldorf –
Sonst, zwischen grauem Trümmerschorf
Hochhäuser samt den Kaufhofnamen,
Vertraut bis in die Lichtreklamen.
Wo diese Bauten stehn, man siehts
Nicht an dem Karstadt und dem Tietz,
Ob diese Stadt gegründet Welf,
Nicht kündets 4711,
Nicht braucht man zu vermissen meist
Den Klosterfrau-Melissengeist.
Der Fremde sieht, wohin er fuhr,
Ganz sicher aus dem Fahrplan nur:

Weil pünktlich, wie's in diesem steht,
Der Schnellzug wieder weitergeht.
Mitunter, wenn der Gast dann bleibt
Und tags sich durch die Straßen treibt,
Dann sieht er doch, zu seinem Glücke,
Noch hier den Dom und dort die Brücke –
Es weicht von ihm der Alpdruck da,
Er wär schon in Amerika!

Gruß vom Wallfahrtsort

Das Händlervolk verläßt sich keck drauf,
Daß hier der Pilger jeden Dreck kauf.
Als »souvenir« nur Schund erwart',
Wo sich die Welt um Wunder schart.

Stoß-Seufzer

Man sollte nur die leisen Rassen
Und nicht die lauten reisen lassen!

Der Unschlüssige

Ein Mensch, zum Bahnhof dauerlaufend,
Mit Seitenstechen, mühsam schnaufend,
Sieht auf die Uhr, es wird zu knapp –
Und augenblicklich macht er schlapp:
Enthoben seinem höhern Zwecke,
Schleicht er jetzt lahm wie eine Schnecke;
Nimmt immerhin sich seine Karte,
Daß er den nächsten Zug erwarte.
Und sieht – und meint nicht recht zu sehn –
Den Zug noch auf dem Bahnsteig stehn.
Mit seinen letzten Lebensgeistern
Hofft er nun, doch es noch zu meistern,
Setzt an zum Endspurt im Galoppe;
Voll Angst, daß doch das Glück ihn foppe,
Läßt jäh er sinken Mut und Kraft. –
Bis er sie wieder aufgerafft,
Vergehn Sekunden, tödlich tropfend.
Der Mensch, mit wilden Pulsen klopfend,
Fragt sich im Laufen, ob er träumt:
Der Zug, den er, an sich, versäumt,
Steht noch – gesetzt den Fall, er sei's! –
Ganz ungerührt auf seinem Gleis.
Doch eh der Mensch sich noch im klaren,
Beginnt der Zug jetzt, abzufahren.
Der Mensch kann noch die Tafel lesen:
Jawohl, es wär sein Zug gewesen.

Voreiliger Dank

Ein Mensch, ein fremder, läßt sich gern
Belehrn im Zug von einem Herrn,
Wie er, in Duisburg ausgestiegen,

Nach Hamm den Anschluß könnte kriegen.
Der Herr erscheint dem Menschen englich,
Er dankt ihm heiß und überschwänglich
Und denkt in Duisburg, ganz verliebt:
Was es doch nette Menschen gibt!
Er eilt – noch immer dankend froh –
In Duisburg auf den Bahnsteig zwo
Und harrt, vertrauensvoll und stramm
Auf den versprochnen Zug nach Hamm.
Ein Schaffner, endlich doch befragt,
Schaut groß den Menschen an und sagt,
a) ob er denn nicht könne lesen,
b) wer denn dieser Herr gewesen,
Und c) es sei ein rechter Jammer,
Grad sei davon der letzte Hammer
Und zwar auf Bahnsteig Nummer sieben.
Und sieh: Das Bild des Herrn, des lieben,
Ertrinkt in Wut und Rachedurst:
Ein Trottel ist er, ein Hanswurst,
Und vieles noch, was jedermann
Aus eignem Vorrat schöpfen kann.
Der Mensch denkt Jahre lang des Duis-
Burg-Bahnhofs noch und dieses Pfuis.

Der Geschäftsreisende

Schön ists, zu reisen in Geschäften,
Fährt man, mit eignen Pferdekräften,
An einem schönen Tag im Lenz los,
Mit Waren, welche konkurrenzlos!
Doch wer, um irgendwelche Nieten
In kleinsten Nestern anzubieten,
Als unwillkommener Vertreter
Herunterhaut die Kilometer,
Fast ohne Hoffnung, daß es glückt:

Der sitzt im Zuge, schwer bedrückt.
Das Reisen selbst? Du liebe Zeit!
Da weiß er alles weit und breit:
Er hat schon jeden Wartesaal
Erfüllt mit seiner Öde Qual,
Kennt, kaum daß er ins Kursbuch blickt,
Anschlüsse, wie sie auch verzwickt,
Und alle schlechten Betten rings. –
Als er noch jünger war, da gings,
Da hat er sich als Schimmerfädchen
Ins Grau gewebt ein Zimmermädchen,
Da kannten sie den lustigen Herrn
Und seine Witze nah und fern.
Jetzt aber – täglich auf der Bahn...
Er kann nicht mehr – es kotzt ihn an!
Doch drohend sieht ers vor sich stehn:
Er kann nur fahren – oder gehn.

Für Wankelmütige

Die besten Reisen, das steht fest,
Sind die oft, die man unterläßt! –
Nur, daß man *rasch* entscheiden muß,
Damit man nicht lang leiden muß,
An Reisefieber, Tag und Nacht,
Um Reisen, die man gar nicht macht!

Der Bummelzug

Ein Mensch, wie aus dem Ei gepellt –
Man sieht sofort, ein Mann von Welt –
Steht nun, seit fünf Minuten schon,
Auf einer kleinen Station,

Und denkt, voll Zorn bis in die Nas':
»Ha! Nur in Bayern gibt's so was!«
Jetzt endlich streckt, auf sein Geklopf,
Der Mann zum Schalter raus den Kopf.
»'s pressiert net!« sagt er zu dem Herrn.
»Der Zug? Nach sechse kommt er gern.«
Und rät ihm, menschlich, voll Vertrauen,
Derweil die Gegend anzuschauen.
Der Mensch, zur Wut selbst zu verdutzt,
Hat unversehns den Rat genutzt
Und sieht, als wärs zum erstenmal,
Im Abendglühen Berg und Tal;
Er sagt, vergessend seine Eile,
Zum schönen Augenblick: »Verweile!«
Und schaut sogar der braven Kuh
Voll Andacht bei verschiednem zu...
Von fern Geschnauf und Ratter-Ton –
Der Mensch denkt ganz verzaubert: »Schon?«
Und nimmt kaum wahr, geschweige übel,
Die Trödelei der Millikübel.
Ein letzter Blick – ein Pfiff – und munter
Gehts weiter, wald- und nachthinunter.
Der Mensch, gezwungen so zum Feiern,
Träumt oft noch von dem Tag in Bayern.

Strohwitwer

Der Urlaub ist erholsam meist
Nicht nur für den, der in ihn reist;
Auch den, der dableibt, freut die Schonung,
Die er genießt in stiller Wohnung.
So zählen zu den schönsten Sachen
Oft Reisen, die die andern machen!

Zugverspätung

Ein Mensch im Zug nach Frankfurt (Main) –
Um vierzehn-vier sollt er dort sein –
Wird schon in seinem Hoffen schwach:
Er ist noch nicht in Offenbach!
Verspätung – eine Viertelstunde!
Des Menschen Plan geht vor die Hunde!
Er kriegt den Anschluß nicht nach Wimpfen.
Gewaltig fängt er an zu schimpfen.
Ein andrer Mensch, zum Bahnhof laufend,
In Offenbach, zerschwitzt und schnaufend,
Verliert den letzten Hoffnungsschimmer:
Den Zug nach Frankfurt kriegt er nimmer!
Doch wie Musik tönts an der Sperr':
»Heut ists nicht eilig, lieber Herr!
Der Zug kommt heute später an!«
Der Mensch lobt laut die Eisenbahn.
»Des einen Eul«, gilts wieder mal,
»Ist oft des andern Nachtigall!«

Zwischenfall

Ein Mensch erspäht zu seinem Glücke
Im Jahresablauf eine Lücke,
In die er, hart terminbedrängt,
Kühn vierzehn Tage Urlaub zwängt.
Und er bestellt, zum festen Preise,
Sich fix und fertig eine Reise.
Nun heißt es schuften, überlegen,
Heißt es, bestricken den Kollegen,
Daß er den Rest noch übernimmt.
Und endlich ists soweit: es stimmt!

Ganz abgekämpft von all der Müh,
Denkt stolz der Mensch: »Bis morgen früh!«
Der Jahre lang nicht weh getan,
Jetzt rührt er sich: der Backenzahn!
Und er tut weh und immer weher:
Der Mensch, ein düstrer Zukunftsseher,
Sieht sich, die Backe hochgeschwollen,
Durchs zahnarztarme Spanien rollen,
Hofft wieder mutig, früh um viere,
Daß doch noch sich der Schmerz verliere,
Und weiß, im Wechsel der Entschlüsse,
Um sechs, daß er zum Doktor müsse.
Der Omnibus fährt ab um sieben:
Ein Platz darin ist leer geblieben.

Arme Reisende

Wir kleinen Reisenden von heute,
Was sind wir doch für arme Leute!
Genötigt, durch die Welt zu rennen,
Von der uns meistens Welten trennen!
Ein Handbuch ist dann besten Falles
Auch wirklich unser ein und alles;
Im Ausland gar stehn dumm und stumm
Als wahrhaft Fremde wir herum;
Von Kellnern einzig angesprochen,
Verbringen wir die Reisewochen
Mit »Bitte!« »Danke!« – in der Früh:
»Kaffee!« und mittags bloß »Menü!«
Dem Hausknecht sagen wir nur knapp
Und mühsam: »Morgen reise ab!«
Einst zog man aus des Koffers Tiefe
Die prächtigsten Empfehlungsbriefe!
Ach, hätt man heut die Briefe auch:

Man machte kaum davon Gebrauch!
Gesetzt, daß der Geheimrat Goethe
Uns ehrenvollen Willkomm böte
Und ins Hotel uns ließe sagen,
Bei ihm zu essen, in drei Tagen –
Wir gäben Antwort: »Keine Zeit,
Da sind wir schon, weiß Gott, wie weit!«
Für Weimar sind – würd er's verstehn?
Ja nur zwölf Stunden vorgesehn!
Wir reisen in der Welt herum,
Als wär sie ein Panoptikum.

Ein Geheimnis

Unheimlich – doch wer merkt das schon? –
Ist oft des Reisens Präzision.
Genau, wie du's vorausgesehn,
Am dritten Mai, um sechs Uhr zehn
Steigst Du, in München etwa, ein,
Um mitternachts in Rom zu sein.
Und so gehts weiter, Schlag auf Schlag,
Programmgemäß, von Tag zu Tag.
Du bist erstaunt, wie alles klappt,
Sobald Du nur Dein Geld berappt.
Auf keine Schwierigkeit Du stößt:
Dein Reisescheck wird eingelöst,
In Ordnung ist Dein Schiffsbillett,
Bereit das vorbestellte Bett,
Der Omnibus fährt pünktlich so,
Wie mans versprochen im Büro,
Und wer sich nicht grad saudumm stellt,
Kommt ohne Stocken durch die Welt.
Halt, halt! Nur nicht zu früh frohlocken:
Just in Trapani bleibst Du hocken,

Doch eingeholt noch vom Geschick!
Schief geht – ab diesem Augenblick –
Jetzt alles, ebenso exakt...
Ein Dämon bracht Dich aus dem Takt.
Vielleicht geschahs zu unserem Heil:
Denn just der zweite Reiseteil,
Den durchzustehn mitunter gräßlich,
Bleibt uns fürs Leben unvergeßlich!

Sinn des Reisens

Die Meinung von den Reisezwecken,
Wird sich durchaus nicht immer decken,
Wie große Zeugen uns beweisen:
Man reise wohl, nur um zu reisen,
Meint Goethe, *nicht* um anzukommen.
Begeistrungskraft, genaugenommen,
Sei der ureigenste Gewinn.
Montaigne sieht des Reisens Sinn
Nur darin, daß man wiederkehrt.
Darauf legt auch Novalis Wert;
Er drückt es ungefähr so aus:
Wohin wir gehn, wir gehn nach Haus!
Doch Seume, der – und zwar zu Fuß! –
Spazieren ging nach Syrakus,
Sah geistig, sportlich an die Dinge:
»'S würd besser gehn, wenn man mehr ginge!«

Rekorde

»Die Fremden« – legt der eine dar –
»Verschlechtern sich von Jahr zu Jahr!«
Der andre: »Heuer, scheints beinah,
Sind die vom nächsten Jahr schon da!«
So geht es, wie man deutlich sieht,
Im Grunde abwärts, ganz rapid,
Doch kann, und kaum wo wie in Bayern,
Triumphe die Rekordsucht feiern,
Die ungeheure Zahlen nennt:
Vermehrung stündlich zehn Prozent!
Es kommen – amtlich festgestellt –
Mehr Gäste jetzt mit weniger Geld.
Das aber wär der Werbung Krone:
Sie kommen kurzweg *alle* – ohne!
Ja, dann noch spräch man stolzen Mutes:
»Welch ein Erfolg – die Menge tut es!«

Rundfahrt

Wohl dem, der durch das Unbekannte
Geführt wird, wie zum Beispiel Dante
Durch Höll und Himmel von Vergil!
Uns freilich würde das zu viel,
Wir hätten heut nicht mehr die Ruh
Und drum auch wenig Lust dazu,
Geführt zu werden so beflissen:
Wir wollens so genau nicht wissen!
Uns dauert schon ein Stadtrundgang
Und gar per pedes! viel zu lang.
Einst wurde Eiligen vorgeschlagen:
»Besichtigt München in zwei Tagen!«

Wir haben längst uns abgefunden,
Es zu erledigen in zwei Stunden.
Was wollt Ihr? Ist ja alles da!
Dom, Rathaus und Bavaria,
Hofbräu und Maximilianeum,
Deutsches und Nationalmuseum,
Schackgalerie und Haus der Kunst –
Hineingehn auch noch? Keinen Dunst!
Die Residenz, die Feldherrnhalle,
Der Königsplatz im Zweifelsfalle –
»Ach, hier stand Hitlers Braunes Haus!?«
Sehr interessant – und damit aus.
Das, notabene, sind die Guten –
Der Böse machts in zehn Minuten!

Die Kunstreise

Ein Mensch von Bildungsdrang und Geist
Ist weit in eine Stadt gereist,
Um dort die für ihn äußerst wichtigen
Kunstschätze gründlich zu besichtigen.
Den Dom, den man bewundern müßte,
Verstellt ein mächtiges Gerüste,
Am Rathaus mauern sie und tünchen,
Der Holbein ist verliehn nach München,
Zwecks Renovierung ist entfernt
Der Pacher, baedeker-besternt.
Noch läßt sich auf Museen hoffen:
Nur mittwochs, drei bis vier Uhr offen!
Zutritt nur auf Bescheinigung!
Geschlossen wegen Reinigung!
Vorübergehend Neuaufstellung! –
Der Mensch, nun schon in Tobsuchtsquellung,
Vergebens plärrt, an Glocken zerrt –

Die ganze Kunst ist zugesperrt!
Ha! Denkt der Mensch, mit Groll im Busen,
Es gibt ja auch noch andre Musen!
Doch leider, Polyhymnia
Ist grad in Ferien und nicht da.
Melpomene und Thalia heute
Nur spielen für Gefolgschaftsleute.
Terpsichore ist ausverkauft...
Der Mensch setzt stumm sich hin und sauft.

Neuer Reisestil

Wer wollte nicht die Jugend lieben,
Die, von Begeisterung getrieben,
Ganz ohne Geld – das sie verachtet –
Die schöne Welt zu sehen trachtet?
Um (zugegeben, leicht verschlampt)
In Scharen durch die Gegend trampt?
Ein junger Mensch, hat er nur Glück,
Fährt mit im Auto, Stück um Stück,
Wobei er meistens reist und bleibt,
Wie ihn der Zufall grade treibt.
Was er erleben möchte gerne
Ist die *Entfernung* – nicht die Ferne!

In Rothenburg, das wir dem Söhnlein
Gezeigt vom Rathaus bis zum Plönlein,
Sprang uns, aus dem Spitaler Tor,
Flink eine reisige Maid hervor,
Ob sie, nebst umfangreicher Bürde,
Von uns wohl mitgenommen würde.
Wer täts nicht gern? Wie eine Lilie
Entsprossen besserer Familie

Zog sie, frisch vom Gymnasium
Ein bißchen in der Welt herum.
Nun gut, sie hatte in der Eile
Gelesen auch nicht eine Zeile,
Was auf der Fahrt sie wohl erwarte,
Sie hatte weder Buch noch Karte,
Sie wußte weder Weg noch Ziel –
Wohin sie kam, galt ihr gleichviel.
Vielleicht wußt sonst sie einen Haufen –
Doch keinen Deut von Hohenstaufen,
Von Riemenschneider und Veit Stoß;
Gehört hat sie von Dürer bloß.
Was sie in Rothenburg gesehn?
Nichts – sie kam hin erst abends zehn.
Doch ließ sie auch in Dinkelsbühl
Die Georgskirche völlig kühl.
Ihr Urteil war recht unterschiedlich:
Bald hieß es »prima!« und bald: »niedlich!«
Worin das riesige Kirchenschiff
Natürlich sie mit inbegriff.
In Harburg machten wir noch halt,
Das Schloß zu sehen, grau und alt.
Sie, gleich am Parkplatz, lacht' sich an,
Statt mitzugehen, einen Mann,
Der heute noch bis Lindau fuhr,
Errötend folgt' sie seiner Spur.
Er nahm sie mit und schon gings los.
Wozu das alles, fragt man bloß.

Ansprüche

Wir gingen früher, Jahr für Jahr
Dorthin, wo es noch billig war.
Den Bergen fern, was fast uns lieb –

Weil noch ein Rest von Sehnsucht blieb –,
Meint Ihr, daß man dem »kleinen Mann«
Dergleichen heut noch bieten kann?
Ihn treibt die Gärung in die Ferne,
Vom Baedeker die schönsten Sterne
Und jede höchste Erdenlust
Verlangt er, faustisch in der Brust.
Er hat gelernt, ganz ohne Scheu
Zu gehn ins Grandhotel Savoy,
Denn täglich redet man ihm ein,
Er müsse dort gewesen sein.
Oh hüt Dich vor Problemen, aschgrau,
Ob wirklich einmal jede Waschfrau –
Zeig Dich als Menschen und als Christen
Und laß den Sozialtouristen
Neidlos die Welt durchreisen, weit –
Er sitzt nun mal – im Zug der Zeit!

Der Reise-Snob

Der Snob wird's bloß belächeln, wenn
Ich Zugspitz ihm und Alpspitz nenn' –
Hausbackne Gipfel nur in Bayern,
Nicht wert, die Namen herzuleiern.
Ganz anders, nimmt man an, er steh
Am lac lemain (schlicht: Genfer See):
Dent d'Oche, Jumelles, Cornettes de Brize,
Den Grammont nennt er uns gewiß,
Denn das, verehrte Herrn und Damen,
Sind literärisch hohe Namen!
Wird er in Mantua sich versagen,
Vom Schloß zu sprechen der Gonzagen?
Er spricht, man kann sich drauf verlassen,
In Monaco von Monegassen.

Will er, in herrlichem Verwildern,
Den Park von Taxelreuth uns schildern,
Vergleicht er ihn, im Handumdrehn,
Mit allen Parks, die er gesehn;
Sogar im Schwarzwald, in St. Blasien,
Denkt er an Bäume aus Kleinasien
Und vor dem Palmenwald von Elche
Schwört er, er sah in Bombay welche
Auf seiner großen Indienfahrt –

Kurzum, es bleibt uns nichts erspart.
Ja, auf dem Rund des Erdenballes
Kennt er natürlich schlechtweg alles,
Und nötigen Falles auch noch mehr –
Doch »macht er davon nicht viel her«.
Nur ab und zu, wie eine Blume,
Streut er was ein, zu seinem Ruhme.
Die Namen, die auch uns geläufig,
Ersetzt er durch verschrobne häufig,
Und »im Tyrol« und in »Iberien«
Verbracht' er seine letzten Ferien.
Montreux hat, wie wir selber wissen,
Die schönsten Felder von Narzissen:
Er aber weiß es so zu drehn,
Als hätte *er* nur sie gesehn.
Er bringt Dir, als ein Überkenner,
Ganz England leicht auf einen Nenner,
Auch sagt er, dumpf wie aus dem Grab,
Paris – den Rummel lehn' er ab.
Er sei noch heut davon erschüttert,
Wie man ihn schlecht dort abgefüttert.
Vom Kochen wüßten nichts die Schweden,
Von Deutschland gar nicht erst zu reden!

Hingegen gibt er uns den Rat,
Zu speisen im Valais, im Waadt,

Wo sie die besten Raqueletten,
Die jemals er gegessen, hätten.
Er priese, um uns anzuöden,
Mausdreck auf Artischokenböden.
Wir lieben auch die gute Küche –
Doch unerträglich sind die Sprüche!
Kaum sind wir selbst für was entflammt –
Was gilts, daß er es gleich verdammt
Und uns erklärt, mit Zahnwehmiene,
Daß Rom nicht länger Ruhm verdiene –
Ein Ziel des Reisepöbels bloß. –
Doch San Sepolcro sei ganz groß,
Das, höchstwahrscheinlich, außer ihm,
Kaum einer kenne, so intim...
Dem wahren Kunstfreund Dank und Lob –
Doch unerträglich ist der Snob!

Verwirrung

Du weißt bestimmt, daß Du Athen
Mit eignen Augen hast gesehn,
Hingegen nie Olympia –
Wie? Oder warst Du doch schon da?
Von tausend Büchern, Filmen, Bildern
Muß die Erinnerung verwildern.
Sahst Du die Landschaft von Duino
In Wahrheit oder bloß im Kino?
Hast Du davon soviel gelesen,
Als wärst Du wirklich dort gewesen?
Du kannst, wollt wer Dich dazu treiben,
Das Matterhorn so gut beschreiben,
Daß – will ers wissen überhaupt –
Dir jeder, daß Du dort warst, glaubt;
Kannst, umgekehrt, nach Jahr und Tagen,

Fast nichts mehr von Ragusa sagen
Als das, was auch, wers *nicht* kennt, weiß:
Es ist sehr schön, doch ziemlich heiß.
Einst war, was man nicht selber sah
Auf Reisen, überhaupt nicht da,
Und Gottes Land vor einem lag
So herrlich, wie am ersten Tag.
Heut kennst durch Bild, durch Wort und Welle
Du's längst, eh Du an Ort und Stelle.

Mitbringsel

Hat eine Reise wer gemacht,
Gleich heißts: »Was hast Du mitgebracht?«
Urgroßmama, den Schalk im Nacken,
Sprach da: »Zwei kalte Hinterbacken
Bring ich und ein Paar müde Füß
Und vom Schwarzpeterl schöne Grüß!«
So derb und karg wie in dem Falle
Antworteten gottlob nicht alle;
Fand doch, wer nur ein bißchen willig,
In aller Welt was, nett und billig.
Doch kanns selbst Guten kaum gelingen,
Heut noch was Schönes mitzubringen.
Ist doch die ganze Welt im Grund
Nur übervoll vom gleichen Schund!

Vom Zelten

Der Welt erschließt sich eine Welt:
Der jüngste Schlager ist das *Zelt*!
Doch gibts schon wieder da zwei Welten:

Hie Camping! und hie wildes Zelten!
Das Camping ich zuerst erwähne.
Sein Grundsatz lautet: Hygiene!
Mit Meldung, Parkplatz, Klo, Kantinen
Muß es der höchsten Ordnung dienen,
Bei Tag und Nacht ist es bewacht,
Daß niemand Lärm und Unfug macht,
Mit Hilfe von gestrengen Regeln
Schützt sichs vor Dieben und vor Flegeln.
Und daß der Mensch nicht ziellos streunt,
Wird es natürlich eingezäunt.
Kurzum, es ist der letzte Schlager:
Freiwilligs Internierungslager!
Was aber tut man mit der Jugend,
Die ohne Geld und ohne Tugend
Und leider Gottes, gar nicht still,
Ein wildes Leben führen will?
Kann Menschen man, oft halb erst wüchsig,
Im wilden Wald, wo hasen-füchsig
Die Tiere gute Nacht sich sagen,
Zu lassen ohne Aufsicht, wagen?
Wird hier, so wird mit Recht gewarnt,
Nicht böses Tun als Sport getarnt?
Sind diese jungen Menschenkinder
Auch wirklich *Tugend*-Pfadefinder?
Verkehrsfachmann wie Bürgermeister,
Den *wilden* Zeltler von sich weist er,
Der bloß ein schlichtes Stahlroß sattelt,
Im Faltboot auf den Flüssen paddelt.
Nur die Erlegung von Gebühren,
Heißts, kann zum edlen Camping führen.
Ergriffen lesen wir die Mär,
Daß Männer, millionenschwer,
Zwar unter Zelten schlummern, nachts –
Dem Wirt doch wenig Kummer machts,
Weil sie, den Smoking bei sich habend,

Bei sehr viel Sekt und Tanz den Abend
Bei ihm im Grandhotel verbringen,
Ganze dicke Gelder lassend springen.
Oh zeltet nur, weil dann, vielleicht,
Die Zahl der freien Betten reicht!

*

Schon Schillern sehen wir sich giften,
Daß der Nomade ließ die Triften
Einst wüste liegen, wo er strich.
Was gab die Heilige Ordnung sich
Doch Müh, den ungesell'gen Wilden
Zu rufen 'rein von den Gefilden,
Zu lehren ihn die sanften Sitten
Und ihm zu friedlich festen Hütten
Zu wandeln sein beweglich Zelt!
Heut zeltet wieder alle Welt
Und hält es mehr mit Goethe eben:
»Es soll der Mensch in Zelten leben!«

Der Reiseleiter

In stillem Beileid denken hier
Der armen, braven Menschen wir,
Die, des Kulturtransports Begleiter,
Verpflichtet sind als *Reiseleiter*.
Mit wahren Bären-Seelenkräften
Obliegen teils sie den Geschäften,
Teils stemmen sie, wie Schwergewichtler,
Die Zentnerlast der Kunstgeschichtler.
Sie dürfen noch nach tausend Fragen
Ein altes Fräulein nicht erschlagen,
Ja, selbst in Sturzseen von Beschwerden,
Nicht einen Zoll breit wankend werden.

Sie müssen, Opfer des Berufs,
Das Nicht-mehr-Rauchen des Vesuvs,
Die Höh, den Umfang seines Kraters,
Das Alter unsres Heiligen Vaters,
Die nähern Daten Wilhelm Tells,
Ja, selbst den kleinsten Schweizer Fels
Erklären aus dem Handgelenke,
Entwirren Knäuel von Gezänke,
Und Antwort stehn dem Herrn, der immer –
Wieso?? – bekommt das schlechtste Zimmer!
Mitunter wechselt man sie aus,
Wer schadhaft, kommt ins Irrenhaus.

Abgesang

Ein Lied gibts von Herrn Urian,
Der, weitgereist, verzählen kann,
Wie er genommen Stock und Hut
Und sich die Welt betrachtet gut,
Und alle riefen: Wohlgetan,
Nur weiter so, Herr Urian!
Doch, wie er sprach: Den gleichen Sparren
Traf übrall ich, die gleichen Narren,
Tat männiglich sich drob empören –
Man riet dem Schwätzer, aufzuhören.
Auch ich, der leider fürchten muß,
Daß man sich ärgert, mache Schluß
Und wünsche meinem Leserkreise
Von Herzen – »trotzdem gute Reise!«

Das Taschentuch

Kulturgeschichte – hochmodern!
Nichts liegt den Forschern heut zu fern.
Drum schäm ich mich nicht des Versuchs,
Den Werdegang des Taschentuchs
(Nicht Taschenbuchs!) seit Evas Zeiten
Historisch vor Euch auszubreiten,
Auf die Gefahr, es überschlag
Die Seiten, wers nicht lesen mag!

Das Taschentuch

Als noch das erste Menschenpaar
Vergnügt im Paradiese war,
Da brauchte es kein Taschentuch –
Die Welt war voller Wohlgeruch,
Darin, mit ungeschneuzten Nasen,
Der Adam und die Eva saßen.

Erst, als die beiden Naseweisen
Durchaus den Apfel mußten speisen
Und sie zur Strafe daraufhin
Genötigt wurden, auszuziehn:
Als Adam grub und Eva spann,
Wohl auch die Schnupfenzeit begann.
Der Adam, rauher von Natur,
Putzt' mit der Hand die Nase nur;
Die Eva nahm bei Grippe-Wetter
Wohl eins der alten Feigenblätter,
Das, nach erledigtem Bedarf,
Sie wieder in die Gegend warf –
Ganz ähnlich, wie's heut wir Modernen
Mit dem papiernen wieder lernen.

Doch liefen sicher Kain und Abel
Herum mit ungeschneuztem Schnabel,
Denn es verging – wir lesen's grausend –
Noch manches finstere Jahrtausend,
Bis unsre Welt kam zu dem Schluß,
Daß man auch Kinder schneuzen muß.

Das Taschentuch, das ist vermutlich
Ja überhaupt nicht vorsintflutlich:
Der Noah, der die Flut durchkreuzte,
Wohl einfach über Bord sich schneuzte.

Doch wer das Alte Testament
Sonst als ein Bibelfester kennt,
Wo Moses bis zur Peinlichkeit
Befahl dem Volk die Reinlichkeit,
Der liest von Webern und von Schneidern,
Von Hemden und von Leinenkleidern –
So daß er, wenn er tiefer schürfte,
Aufs Taschentuch wohl stoßen dürfte.
Ein Tuch, zu wischen Schweiß und Tränen,
Sieht man die Bibel oft erwähnen.
Vielleicht – das ist ein Deutversuch –
Hört man nur nichts vom Taschentuch,
Weil man das Tuch zwar – und die Nas –
Doch keine *Taschen* noch besaß.

Wer – hier sei's ausnahmsweis erlaubt –
Nun an die Heilge Schrift nicht glaubt
Und nicht, daß wir von Gott erschaffen,
Kurz, wer die Menschen hält für Affen,
Umsonst Jahrtausende durchsuche:
Nichts findet er vom Taschentuche!
Es wär auch schwer sich vorzustellen,
Daß, dürftig angetan mit Fellen,
Einst in der Eiszeit, in der kältern,
Sich unsre Ur-Ur-Urgroßeltern,
Wenn sie sich ihre Nasen putzten,
Was andres, als die Hand benutzten.
Vielleicht auch machten sie es so,
Wie heute noch der Eskimo:
Das Nasentröpfchen dem gefriert
Und, wenn er's nicht von selbst verliert,
Schlägt er's – gefroren spröd wie Glas –
Sich einfach klirrend von der Nas.

Auch als die Welt dann aufgetaut,
Kein Taschentuch wird rings erschaut.

Pfahlbauern – wie noch heut die Fischer –
War'n wohlgeübte Nasenwischer
Und Neger oder Hottentotten,
Die durch die heißen Wüsten trotten,
Ganz nackt im glühnden Sonnenlicht –
Die brauchten Taschentücher nicht.
Sie machen's ja noch heute kurz,
Sich schneuzend in den Lendenschurz.
Noch unerforscht ist, ob die Inder
Groß warn als Taschentucherfinder,
Ob man im fernen, wilden Tibet,
Wo man das Nasenreiben liebet,
Sich diese vorher hat gereinigt;
Auch ist es keinesfalls bescheinigt,
Ob etwa bei der roten Rasse
Das Taschentuch sich finden lasse –
Obwohl sie alle, was zu loben,
Die schönsten bunten Tücher woben.

Hingegen sind es die *Chinesen*,
Von denen wir begeistert lesen,
Daß sie so klug schon war'n wie wir:
Sie machten Tüchlein aus *Papier*!
Man hätt auch im Ägypterland,
Wo des Papyrus Wiege stand,
Erfinden können so was schon –
Doch leider hört man nichts davon.
Nachrichten überhaupt sind spärlich
Vom Taschentuch – wie leicht erklärlich:
Es ging das *klassische Altertum*
Auf nichts so aus, als auf den *Ruhm*!
Die Dichter schrieben nur Gedichte
Und die Gelehrten Weltgeschichte.
Auch was an Bildwerk ist erhalten,
Sind durchwegs edle Steingestalten,
Vom Kopfe bis hinab zur Wade –

Und höchstens »Venus nach dem Bade«
Ist oft in Marmor dargestellt,
wie sie gerad ihr *Handtuch* hält.
Wie Griechen putzten ihre Nasen,
Verrät kein Bild uns auf den Vasen.
Obwohl man dort doch allerhand
Sonst der Beschreibung würdig fand.

Wahrscheinlich waren noch die Dorer
Ganz ungepflegte Nasenbohrer;
Die Bildung lehrte erst Athene –
Doch wußt sie nichts von Hygiene.

Ob schön Helenchen sich »mit nischt«
Ihr holdes Näschen abgewischt,
Tat uns Homer nicht weiter melden;
Auch bei Odysseus, seinem Helden,
Der doch bei der Nausikaa
Die ganze Damenwäsche sah –
Sogar gebügelt und gestärkt –
Wird nichts vom Taschentuch vermerkt.

Ein *Römer* war, ein wirklich alter,
Gewiß kein Taschentuchentfalter.
Ein Mann von echtem Schrot und Korn,
Wie Cato, kam gewiß in Zorn,
Wenn man ihm sprach von solchen Moden,
Und schneuzte streng sich auf den Boden.
Doch als in Zeiten des Verfalls
Die Damen, Schlangen um den Hals,
Sich räkelten auf Lotterbetten,
In raffiniertesten Toiletten,
Als sich mit Lippenstift und Puder
Geschminkt die abgefeimten Luder,
Da trugen sie wohl auch ein Rüchlein
Parfum in seidenen Taschentüchlein –

Und, höchstwahrscheinlich, auch die Männer.
Ja, fragt nur die Antiken-Kenner!

Zwar schildert Tacitus genau
Die Kleidung der *Germanenfrau.*
Doch ob ein Taschentuch sie trug,
Er leider Gottes uns unterschlug.
Auch, wie's in Deutschland später war,
Wird nicht aus den Berichten klar.
Ob sich die edlen Minnesinger
Geschneuzt ganz einfach in die Finger?
Ob rings im weiten Vaterland
Wohl damals schon ein Spucknapf stand?
Wir hören nichts in diesem Sinne:
Man sang ja nur von hoher Minne!
Und doch war ganz besonders bitter
Ein Schnupfen für die alten Ritter,
Die in geschlossnen Eisenhauben
Nicht konnten sich die Nasen schnauben.
Ein Kreuzzug ohne Schneuztuch gar
Erscheint uns heute undenkbar.

Doch kommt aus den verschollnen Zeiten
Ein Zeugnis: *Friederich dem Zweiten*,
Dem mächtig-kühnen Hohenstaufen,
Schien auch die Nase oft zu laufen.
Drum hat er's Taschentuch benützt –
Denn die Behauptung wird gestützt
Durch die Verfügung, die bestimmt,
Daß jede Frau zwei Tücher nimmt,
Eins im Gebrauch und eins in petto –
Man hieß es damals »fazzoletto«.
Wir wissen selbst die Zahl des Jahres:
1215 nämlich war es.

Seitdem reißt bis zur heut'gen Stunde
Nicht ab die Taschentücherkunde.

Vom *Sultan* und vom *Papste* auch
Ist uns verbürgt nun der Gebrauch.
Der *Sultan* saß in wunderbarem,
Von schönen Fraun erfülltem Harem.
Die, der er warf das Taschentuch,
Mußt' folgen ohne Widerspruch.
Auch sonst das seither Sitte war:
Man hieß es: »Jeter le mouchoir.«
Zum Zeichen, daß man jemand liebt,
Man ihm ein Taschentüchlein gibt.

Den *Papst* hat Raffael gemalt –
Und wurde hoch dafür bezahlt. –
Wir sehen Julius den Zweiten
Ein Tuch auf seine Knie breiten.
Velasquez malte der Infantin
Ein Riesen-Schneuztuch an die Hand hin
Und seitdem lichtet sich die Wildnis,
Wir finden Bildnis über Bildnis,
Die Leda selbst, mit sonst nichts an,
Zeigt man mit Taschentuch und Schwan.

Genauso durch die Lit'ratur
Zieht plötzlich eine klare Spur:
Denn dafür, daß *Othello* tot
Sein Weib und sich gestochen, bot
Den Anlaß – nur ein Taschentuch!
Und seither wards wohl oft zum Fluch.
Wenn jemand solch ein Liebespfand
Leichtfertig gab aus seiner Hand.

Um fünfzehnhundert freilich war
Das Taschentuch noch ziemlich rar.
Gabs doch – den Laien wirds befremden! –
Auch noch so gut wie keine Hemden.

Trotz unerhörtem Kleiderprunken
Hat – mit Verlaub – man arg gestunken,
Schon weil sich fast kein Mensch gewaschen,
Drum wirds auch kaum wen überraschen,
Daß Frankreichs Heinerich der Vierte,
Den höchster Ritteradel zierte,
Vier Taschentücher, wie wir wissen,
Besaß – und die war'n noch zerrissen!

Mit Gold und Silber reich gestickt,
Mit Spitzen aus Brabant gespickt,
Die Faziletlein in den Jahren
Natürlich schrecklich teuer waren –
Mitunter bis zweitausend Gulden!
Sie stürzten manchen arg in Schulden.
Begreiflich, daß sich das Geschneuz
Da schon verbot aus purem Geiz –
Man hat sie nur an Ehrentagen
Vorsichtig in der Hand getragen.
Doch hört man auch schon andre Stimmen,
Die über Männer sich ergrimmen,
Die einen solchen Sacktuchschatz
Geborgen gar im Hosenlatz.

Erst als die Leut' mit Taschen protzten,
Am Staatsrock, die vom Golde strotzten,
Konnt' man die Mode auch entdecken,
Das Taschentuch dorthin zu stecken.
Doch unter all den Kleidernarren
Gabs sicher Männer ohne Sparren,
Gemütlich sitzend hinterm Humpen,
Im Sack den schlichten Nasenlumpen.

Erasmus schon von Rotterdam
Mit Fug und Recht dran Anstoß nahm,
Daß im Gesicht trug seinen Rüssel

Manch einer wie 'ne schmutzge Schüssel.
Auf deutsch verwahrte und lateinisch
Er sich dagegen, daß so schweinisch
Selbst bessre Leute ihre Glocke
Am Ärmel wischten sich vom Rocke.
Und er verwies sie auch, die Mützen,
Statt Hand und Sacktuch, zu benützen.
Ein Erzherzog von Österreich –
Hat – und man sieht, 's war überall gleich! –
Gepredigt Ohren, meist wohl tauben,
Sich in das Tischtuch nicht zu schnauben,
Und Pommerns Herzog sah mit Schrecken
Bei Tafel Herrn das Mundtuch stecken
»Ganz in Gedanken« in den Sack. –
Was nicht von Schliff zeugt und Geschmack.

Wenn das schon Kavaliere taten –
Wie gings erst zu bei den *Soldaten*!
Am Ärmel wischten sich die Tröpfe:
Drum nähte dorthin man die Knöpfe,
Daß ihnen solche Lust vergeh:
Denn an den Knöpfen tut es weh.

Mit unsern Taschentüchlein gehts
Wie bei dem Modezeuge stets:
Erst tragens große Fraun und Herrn,
Dann trügens auch die kleinen gern.
Heut leben wir in einem Freistaat –
Doch damals gab's den Polizeistaat!
Und der – in Dresden beispielsweis –
Verbot, bei solchem Wahnsinnspreis,
Die teuren Tücher noch zu kaufen
Und frech damit herumzulaufen.
Umsonst – die Mode schert sich wenig,
Wenn sie nicht mag, um Rat und König.

Im achtzehnten Jahrhundert dann
Die wüste Schnupferei begann
Mit Rauchtabak, vermischt mit Schmalz.
Und Liselotte von der Pfalz
Erzählt, wie, nehmend Pris' auf Pris'
Die Weiber schmutzig in Paris.
Von großen Männern, großen Nasen
Wir in der Weltgeschichte lasen:
Der Alte Fritz, der schnupfte feste –
Und streute alles auf die Weste.
Ob's bei Napoleon und Blücher
Gestimmt in puncto Taschentücher,
Ist, wie auch sonst bei Feldmarschällen,
Nicht nachprüfbar in allen Fällen.
Graf York zum Beispiel schnupfte munter. –
Die Taschentücher wurden bunter,
Gestreift, getüpfelt, rötlich, bläulich –
Um zu verbergen, was abscheulich.
Und während meist sie, wie wir lesen,
Bis dort oval und rund gewesen,
Verfügte – 's war sein einz'ger Sieg! –
Der arme König Ludewig,
Dem man den Kopf dann abgeschlagen,
Man müsse sie *quadratisch* tragen.

Die Incroyables, diese Stutzer,
War'n fleiß'ge Taschentuchbenutzer;
Auch wurden damals, wie wir wähnen,
Nicht alle Weiber zu Hyänen;
Im Gegenteil, aus all dem Leid
Erwuchs die Weltschmerz-Werther-Zeit,
Der Taschentücher unentbehrlich,
Wenn auch die Tränen oft nicht ehrlich.
Und bald gehörte im *Salon*
Ein Taschentuch zum guten Ton.

Der Biedermeier-Mode Gipfel
Wars dann, des Schnüffeltuches Zipfel
Zu zeigen, bei der Männer-Jugend,
Blühweiß, vorn aus dem Busen lugend.
Wahrscheinlich, zu des Schneuzens Zweck
Trug noch ein andres solch ein Geck.
Den älteren Herrn hingegen hing
Ein ungeheures buntes Ding
Wie eine Fahne, eine große,
Weit aus dem Rock- und Mantelschoße.
Bald freilich, gar bei Herrn von Stand,
Diskret in Taschen es verschwand.

Die Frau trug's teils im »Riducul«,
Teils legte sie's auf Tisch und Stühl'
Und sonst, wohin es nicht gehörte –
Was nur Verliebte wenig störte:
Im Gegenteil, die Narren freute
Solch unverhoffte Liebesbeute.
Sie holten – wenig zu beneiden –
Oft Schnupfen- sich und Eheleiden,
Und schimpften später voller Zorn:
»Schon wieder 's Taschentuch verlorn?
Wo D' hinlangst, liegt ein solcher Fetzen!
Laßt Euch aufs Kleid halt Taschen setzen!«

Schon anno siebzehnhundertzehn
War ferner folgendes geschehn:
Frau Anna, Englands Königin,
Ließ, als ein Weib von klugem Sinn,
Die von ihr selbst gehaltnen Reden
Zugänglich machen einem jeden,
Indem sie ihres Geists Produkte
Auf große Taschentücher druckte,
Daß jeder Untertan die Nas' –
Sofern er solch ein Tuch besaß –

Gleich in die Politik konnt' stecken:
So wuchs das Tuch mit höhern Zwecken
Und alsbald war die ganze Welt
Und Weltgeschichte dargestellt;
Sei es der Briten Haß und Hohn
Auf ihren Feind Napoleon,
Sei's, was man später häufig sah,
Die Werbung für Amerika.

Doch auch Gemüt und Volkshumor
Kam auf den Taschentüchern vor.
Dem Kind bedruckte man sie später
Mit Robinson und Struwwelpeter.
Von Palmström weiß und andern Käuzen
Man längst, daß, sich hineinzuschneuzen
In solche unerhörten Prachten,
Sie sich Gewissensbisse machten.

Sind sie auch nicht, wie eh, beliebt,
Noch heut es solche Tücher gibt.
Ein Kaufmann einst begriff den Trick
Und wandte an ihn mit Geschick:
Bot Taschentücher zum Verkauf
Mit schön gedruckten Bildern drauf.
Mehr Schwung noch dem Geschäft er lieh
Durch eine Art von Lotterie:
Für ein bestimmtes Tuch gewann
Ein Mann ein Weib, ein Weib 'nen Mann.
Zum Glücke meldeten genau
Sich nur ein Mann und eine Frau –
Da war der Fall leicht zu entscheiden:
Der Kaufmann hat vermählt die beiden,
Die, wie man hört, nach vielen Jahren
Noch miteinander glücklich waren.
Ein andrer Kaufmann, der gedacht,
Das wird jetzt einfach nachgemacht,

Der hatte freilich damit Pech:
Es meldeten – und wurden frech –
Die Partner sich in hellen Haufen:
Nichts blieb ihm, als davonzulaufen,
Eh mit Entschädigungsprozessen
Die Leute konnten Geld erpressen.

Der König – heißt ein Rätselwort –
Steckt's ein, der Bauer wirft es fort.
Das dient uns heut noch zum Beweise
Dafür, daß nur die höhern Kreise
Der feinen Herrn und holden Damen
Das Taschentuch in Anspruch nahmen.
Dem ist nicht so: im Volkstum auch
Gibts manchen guten alten Brauch.
Seis's, daß zum Beispiel die Rumänen
Das Taschentuch, benetzt mit Tränen,
Ins Grab nachwarfen ihren Toten,
Sei's, daß bei Eheaufgeboten
In manchem Land der Bräutigam
Ein Dutzend zum Geschenk bekam.
Auch bei verschiednen Landestrachten
Muß man das Taschentuch beachten.
»Verstüchel«, schön mit Reimen, gibt
Die Maid dem Burschen, den sie liebt.
»B'scheidtüchel« teilt man aus in Bayern
Bei Hochzeits- oder Kirchweihfeiern,
Damit sich jeder Gast bequem,
Was er nicht ißt, nach Haus mitnehm.

Macht einmal selbst nur den Versuch:
Wozu braucht man das Taschentuch?
Um sich durch Fächeln zu erfrischen,
Um Schweiß und Tränen abzuwischen,
Um es im Zorne zu zerbeißen,
Um's, zu Verbänden, zu zerreißen,

Um beim Gedächtnis, einem schwachen,
Sich einen Knopf hineinzumachen;
Als Sonnenschutz bei kahlem Schädel,
Als Knebel, Schleuder, Fliegenwedel,
Man brauchts, um »Blindekuh« zu spielen
(Und heimlich drunter vor zu schielen),
Um »übers Schnupftuch« sich zu schießen,
Wie, zu verhindern Blutvergießen,
Indem mans schwenkt als weiße Fahne,
Man brauchts als Bund bei hohlem Zahne,
Als Netz, in dem die Fischlein blinken,
Zum Willkomm- oder Abschiedwinken,
Um Schwammerl darin aufzuheben –
Kurzum, es hat im Menschenleben
Vielfältigern und höhern Nutzen
Als den nur, sich die Nas zu putzen.
Mein Rat, zum Schluß, nicht überrasche:
Habt stets ein saubres in der Tasche!

Die Frau in der Weltgeschichte

Geschichte, so meint wohl der Kenner,
Die machen vorzugsweis die Männer.
Die Frauen machen nur *Geschichten* –
Und davon wollte ich berichten;
Nicht vom historisch-leicht-Beschreiblichen,
Nein, vom hysterisch-ewig-Weiblichen.
Hier bring ich (denn der Stoff ist groß!)
Als Bruchstück die *Antike* bloß.
Wie es, seit Eva, sonst gewesen,
Mag jeder selbst im Buche lesen.

Die Antike

Man sieht an all den Marmortrümmern,
Wie reich an schönen Frauenzimmern
Gewesen sein muß die Antike:
Sei's nun Athene oder Nike,
Sei's, was man mit Erstaunen sieht,
Ein reizender Hermaphrodit.
Oft fehlt der Kopf zwar den Gestalten –
Worauf es ankommt, blieb erhalten.
Es bleibe nun dahingestellt,
Ob damals, in der alten Welt
Vor nahezu dreitausend Jahren,
Die Weiber wirklich schöner waren
Sowohl persönlich wie auch rassisch,
Mit einem Worte: einfach klassisch –
Ob nicht vielmehr die armen Griechen
Beim Anblick der lebendigen Schiechen
Sich flüchteten in ihrer Qual
In's steingewordene Ideal –
Wir Armen jedenfalles sehnen
Uns nach dem Glücke der Hellenen.
Eh Aristophanes, der Spötter,
Herunterriß die lieben Götter,
Gab's auch in Hellas weit und breit
Die schöne gute alte Zeit.

Nun, man erzählt wohl nicht viel Neu's,
Berichtet man vom Vater *Zeus*,
Wie der die Hera hat betrogen
Und wie er überall 'rumgezogen.

Für einen Gott war's keine Kunst,
Zu kommen in der Weiber Gunst.
In ausgewählter Garderobe

Stellt' er die Tugend auf die Probe:
Die Danae war flugs ihm hold,
Als in den Schoß er fiel als Gold.
Was heutzutag im Korb der Hahn,
War er bei Leda leicht als Schwan.
Zur Jo kam er erst in Wolken,
Dann hat er sie als Kuh gemolken.
Doch Hera hat bei Tag und Nacht
Mit Argusaugen ihn bewacht,
Und wenn dann nichts mehr half sein Blitzen,
Ließ er die Kühe schnöde sitzen
Und irgendwo verlassen kalben
Mit ganzen Göttern oder halben.
Wer glaubt wohl, daß Europa gar
Ursprünglich eine Jungfrau war?
Es gab der Viechskerl Zeus sich hier
Tatsächlich als ein echter Stier,
Entführte sie auf seinem Rücken,
Um sich dann später feig zu drücken,
So daß dies gottverlassene Land
Europa seitdem wird genannt.

Nicht Zeus allein hat damals freilich
Benommen sich so unverzeihlich;
Die Götter, Göttinnen, Heroen –
Wie haben all die Sinnenfrohen
Der Liebe ohne Maß gehuldigt
Und mit dem Mythos sich entschuldigt.

Ob mythisch, ob nur sodo-mythisch,
Wir nehmen dies nicht weiter kritisch
Bei einem solchen Hochbetriebe
Zielloser Durcheinander-Liebe.
Der Vater – höchster Götteradel,
Die Mutter – nur ein Waschermadel,
Ein Heer von Satyrn, Nixen, Hexen,

Bis dann mit Ödipuskomplexen,
Familiengreueln, Mord, Inzest
Zu Ende ging das schöne Fest.
–Doch sollen *wir* heut prüde schimpfen
Auf die Sirenen oder Nymphen?
Uns ärgern, daß schon die Najaden
Erfunden das Familienbaden?
An der Zentauren wilde Ritte
Das Maß anlegen unsrer Sitte?

Wenn Götter nicht mehr lieben dürfen
Vergnügt und frei von Selbstvorwürfen,
Was soll dann, fern von Aphrodite,
Erlaubt sein *uns* auf dem Gebiete?
Gerade Aphrodite war es,
Die schamlos mit dem feschen Ares –
Der freilich herrlich, Glied um Glied –
Dem eignen Mann, dem garstigen Schmied,
Versuchte Hörner aufzusetzen:
Der aber fing in starken Netzen
Das lästerlich verbuhlte Paar,
Und splitternackend, wie es war,
Gab er's, der eignen Ehr' Verächter,
Preis dem homerischen Gelächter.

In Liebesdingen mehr als toll
Trieb es natürlich der Apoll,
Der unterm Vorwand der Verpflichtung
Für Schauspielkunst, Gesang und Dichtung
Sich an neun Musen durft' begeistern –
Noch heut ein Vorbild allen »Meistern«.

Der Schwester, Artemis, hingegen
War an den Männern nichts gelegen.
Sie badete im Mondenscheine
Mit ihren Frauen ganz alleine.

Aktäon, der, was er nicht sollte,
Mal auch was Nettes sehen wollte,
Schlich eines Nachts heran recht nah,
War ganz verwirrt, was er da sah
An Busen, Beinen, Hinterteilen,
Und er versäumte, zu enteilen.
Die Göttin dreht' sich barsch herum:
»Was kraucht denn dort im Busch herum?«
Und schon ward für sein frevles Pirschen
Verwandelt er in einen Hirschen.
So was pflegt heut nur zu geschehen
Den Männern, wenn sie *nichts* gesehen.

Noch weniger ist mit Fraun zu spassen,
Wenn sie ergreift der Wahn der Massen
Durch einen Scharlatan, dem's glückt,
Sie wild zu machen und verrückt.
So einer war Dionysos,
Der sie, Naturheilkundiger bloß,
Mit Traubenkuren und mit drastischen
Erotopsycho-heilgymnastischen
Höchst überspannten Stab-Freiübungen
Gebracht bis zu Bewußtseinstrübungen.

Mänaden, die vor Wollust beißen,
Am liebsten gleich den Mann zerreißen,
Scheint es in unserm nüchternen Leben
Nur äußerst selten mehr zu geben,
Obwohl sie uns viel lieber wären,
Als beispielsweise die Megären,
Nach denen niemand trägt Verlangen,
Weil sie, den Kopf voll giftiger Schlangen,
Selbst für den Fall, daß sie uns küßten,
Uns unsympathisch bleiben müßten.

Medusen sind auch heut nicht selten
In jenen Halb- und Zwischenwelten:

Gesichter, herrlich anzuschauen,
Doch kalt und herzlos, daß vor Grauen
Das Blut beim Anblick uns erstarrt.
Weh dem, der sich in sie vernarrt!

Viel lieber lauschen wir dem Märchen
Von jenen reizenden Hetärchen,
Die, in der Liebe höchst erfahren,
Den Griechen wahre Engel waren;
Nicht mit den Mädchen zu vergleichen,
Die nachts bei uns durch Straßen streichen,
Die »Süßer Bubi« zu uns sagen
Und sich dann recht gemein betragen –
Nein, jene, die die alten Weisen
In Worten höchsten Lobes preisen
Und die in jeder Hinsicht prima,
Wie Phryne, Lais, Diotima.
Sie waren reizend, klug und willig –
Doch höchstwahrscheinlich auch nicht billig.

Weit mächtiger als mancher Heros
War ehedem der kleine Eros,
Er, der einst Welten hat zertrümmert,
Heut psychopathisch stark verkümmert
Muß in Romanen und Broschüren
Ein akademisch Leben führen.
Als Amor in der Volksausgabe
Ist er noch heut ein wackrer Knabe,
Obgleich er auch seit seiner Kindheit
Viel eingebüßt von seiner Blindheit,
Und mit dem alten Pfeil-Betrieb
Rein technisch schon im Rückstand blieb.

In der Antike auch beginnen
Die ersten Frauenrechtlerinnen.
Es schwuren, keinen Mann zu schonen,

Die kriegerischen Amazonen.
Eins leuchtet uns dabei nicht ein:
Sie sollen hübsch gewesen sein –
Hat doch das weibliche Geschlecht
Sofern es hübsch ist, *immer* Recht!

Von allem, was aus Adams Rippe
Abstammt, das schlimmste war Xanthippe,
Die Sokrates, dem Philosophen,
Die Welt gemacht zum Höllenofen.
Nun war vielleicht die Frau Professer
In Wirklichkeit doch etwas besser
Als ihr so reichlich schlechter Ruf.
Man denke, welche Qual es schuf,
Vermählt zu sein, ganz mild einmal
Gesagt, mit einem Original!
Vielleicht war sie sogar ganz häuslich?
Doch Sokrates benahm sich gräuslich,
Ging unrasiert und schlecht gewaschen,
Mit ausgerissenen Manteltaschen,
Natürlich immer voller Bücher
Und ohne frische Taschentücher,
In staubigen Stiefeln in's Kolleg,
Daß mancher dachte auf dem Weg:
»Wer zieht von diesem Schmutzian
Denn wohl die *saubern* Kragen an?«
Und jede Hausfrau wird begreifen:
Xanthippe hatt' ein Recht, zu keifen.

Auf alle Fälle sehn wir grausend,
Daß selbst im klassischen Jahrtausend
Die Welt ein wohlgerüttelt Maß
Von unsympathischen Fraun besaß.
Doch nicht nur, wenn das Weib abscheulich,
Auch Schönheit wirkt oft unerfreulich;
Des zum Beweise nenn ich da
Euch gleich die Schöne Helena.

Herr Paris hat für sich den Ruhm,
Als erster Gent im Altertum
Bewiesen aller Welt zu haben,
Daß Mannesehre, Geistesgaben,
Charakter, höhere Gesinnung
Zwecklos für eines Weibs Gewinnung,
Wenn solche Operetten-Helden
Wie Paris ihren Anspruch melden.
Geht es uns nicht schon auf die Nerven,
Daß Göttinnen sich unterwerfen
Dem Urteil dieses arroganten
Hanswursten, den sie gar nicht kannten?
Ja, daß sie direkt aus dem Himmel
Herkamen zu dem Hirtenlümmel?
Sie hätten vorher wissen können:
Wem wird er schon den Apfel gönnen
Als dieser hübschen, hohlen Puppe,
Der Tugend wie auch Weisheit schnuppe!

Doch daß dann wegen dieses Laffen
Die ganze Welt griff zu den Waffen,
Nur weil dem alten Menelaus
Der Schuft sein Weibchen spannte aus,
Das ist uns heut ganz unbegreiflich!
Heut überlegt man Kriege reiflich.
Ein solcher Grund ist mehr als peinlich;
Drum hat auch damals höchstwahrscheinlich
Man stark betont schon in der Presse
Das überseeische Interesse.

In Troja machte bald dann mies
Ein Mädchen, das Kassandra hieß.
Unpatriotisch war das, schlecht!
Doch, leider Gott's, sie hatte recht!
Und was, nur wegen Helena,
Auch nach dem Kriege noch geschah!

Sie selbst, die angerührt den Leim,
Fuhr, mir nichts, dir nichts, wieder heim.
Doch der Odysseus beispielsweise
War noch zehn Jahre auf der Reise
Rund um die ganze Odyssee,
Bis er kam zur Penelope.

Es weiß Homer von seinem Helden
Manch Abenteuer zu vermelden.
Es bleibt uns ziemlich unverständlich,
Warum nicht bei Kalypso endlich
Geblieben dieser Einfaltspinsel
Auf jener wunderschönen Insel!
Daß er nicht lange im Bezirke
Der bösen Zauberhexe Kirke
Verweilt, das nenn ich klug gehandelt,
Weil Männer sie in Schweine wandelt,
Was allerdings bei einiger List
Für Weiber gar kein Kunststück ist.
Gut ist ein Zauberspruch erst, wenn er
Die Schweine wandelt um in Männer.
Doch weniger lobenswert ist dies,
Daß er Nausikaa sitzenließ,
Zu der er müd und krank und lahm
Und völlig abgerissen kam.
Sie hat ihn liebevoll bemuttert,
Herausstaffiert und durchgefuttert.
Er hat geschmaust nur und erzählt,
Statt daß er sich mit ihr vermählt –
Und, als er sich herausgefressen,
Sie schnell verlassen und vergessen.

Er kam daheim grad recht zur Feier
Der frechen, flegelhaften Freier.
Die hat Odysseus glatt erschossen
Und glücklich dann sein Weib umschlossen,

Die ihn erwartet voll Gesittung –
Doch schrecklich war die Eh'-Zerrüttung,
Die Agamemnon angetroffen,
Was meterweis zu Dramenstoffen
Und Opern ward gewertet aus –
Elektra beispielsweis von Strauß.

Viel Unheil auch die Götter brauten
Der Heldenschar der Argonauten.
Herr Jason etwa war ein solcher;
Er hatte aus dem Land der Kolcher,
Wo er noch andres führt' im Schilde,
Sich eine junge, hübsche Wilde,
Medea, mit nach Haus gebracht.
Doch dorten ward er ausgelacht,
Weil sie, ihm ward's auch selbst bald klar,
Nicht ganz gesellschaftsfähig war.
Dazu ward sie auch alt und fett,
Er fand sie plötzlich nicht mehr nett;
Beglückt von neuen Liebeshimmeln
Versuchte er, sie abzuwimmeln.
Sie ging auch wirklich später fort,
Doch vorher gab's noch Mord um Mord.
Drum zeigt der Rat auch viel Verstand:
»Heirate niemals außer Land!«

Recht schlecht es später auch erging
Herrn Gyges mit dem Zauberring.
Es war auch etwas Oberfaules,
Daß ihn der König, der Kandaules,
Bewog im Anflug toller Laune,
Daß er sein Eheweib bestaune.
Nun war der gute Gyges zwar
Kraft seines Ringes unsichtbar,
So daß er ungeniert ganz nah
Die Königin sich ausziehn sah.

Doch sei's, daß sie ihn doch erblickt,
Sei's, daß er heimlich sie gezwickt,
Sie merkte, daß ein Mann im Zimmer,
Und Gyges machte es noch schlimmer,
Indem er plötzlich sagte laut:
»Ich hab ja gar nicht hingeschaut!«
Worauf sie zischte: »Schurke, lüg es,
Jetzt kenn ich dich, du bist der Gyges!«
Sie gab ihm andern Tags die Wahl,
Zu töten ihren Herrn Gemahl,
Wo nicht, den Tod selbst zu erleiden –
Nun, das war einfach zu entscheiden.
Er hat Kandaules umgebracht
Und seitdem jahrelang, Nacht für Nacht,
Geschlafen bei der Königin –
Und schaute wirklich nicht mehr hin!

Wir wenden unsern Rede-Strom
Nun weiter, in das alte *Rom*,
Das von Aeneas ward gegründet,
Der mit Latinus sich verbündet,
Des Kind Lavinia er umwarb
Und kurz erst kriegte, eh er starb.
Wir würden ihm sie gerne gönnen,
Doch hätt' er's billiger haben können,
Wär er geblieben bei der Dido,
Die sich, ein Opfer des Cupido,
In des Aeneas Heldenkraft
Unseligerweise hat vergafft.
Schon hatte sie ihn fast umgarnt,
Da wurde er »von Zeus gewarnt«,
Wie man voll Heuchelei es hieß,
Wenn einer eine sitzenließ.
In Rom warn Frauen anfangs rar,
Denn jenes erste Zwillingspaar,
Von dem die Stadt, so sagt man, stamme,

Hatt' eine Wölfin nur zur Amme.
Drum mußte man durch Raub gewinnen
Die nötigen Sabinerinnen.
Es klingt ja zwar ein bißchen roh,
Doch heut wär' manche Mutter froh,
Käm so ein Römer nur und möcht' er
Doch endlich rauben ihre Töchter.
Dabei war für die wirklich Frommen
In Rom auch sonst ein Unterkommen.
Wen niemand mochte zur Gemahlin,
Die wurde eben dann Vestalin,
Daß sie das öffentliche Feuer
Im Vestatempel stets erneuer,
Verzichtend auf den eigenen Herd –
Doch auch der Staatsdienst ist was wert!

Rom stand in voller Jugendkraft,
Solang das Weib dort tugendhaft.
Doch diese Kraft muß bald erlahmen,
Wenn aus den Frauen werden Damen,
Die sinnlos sich die Zeit vertreiben,
Romane lesen, Briefchen schreiben,
Fast jeden Tag im Zirkus sitzen
Und sonst dergleichen Kinkerlitzen,
Nachts ausgehn, dann bis Mittag schlafen –
Dafür den Mann zum Arbeitssklaven
Erniedrigen; der soll es zahlen,
Wie sie sich schmücken und bemalen.

Die Männer freut's noch, diese Deppen,
Wenn ihre Fraun sie gründlich neppen,
Den ganzen Tag die Stadt durchlaufen
Und teueres Glump zusammenkaufen,
Dann beim Konditor Schlagrahm schlecken
Und flirten mit den dümmsten Gecken.

Die Hausfrau, die zu sparen trachtet,
Die kocht und wäscht, wird nicht geachtet,
Nur die, die jung, hübsch, elegant,
Wird von den Männern anerkannt.
Kurzum, in Rom, wie überall
Kam eines Tages der Verfall.

Sogleich erinnern wir uns da
Der Königin Kleopatra;
Schon Cäsar war als alter Knabe
Erlegen der Verführungsgabe,
Mit der sie ihn vermocht zu fesseln.
Da saß er arg bald in den Nesseln,
Und nur mit ganz genauer Not
Entging er dort dem Heldentod.

Nachdem sie sich in ziemlich rüder
Art auch entledigt ihrer Brüder,
Saß sie vergnügt auf ihrem Thron,
Bis sie zuletzt dem Mark Anton
Das Mark aussog bis auf die Knochen
In jahrelangen Flitterwochen.

Dann war sie leider schon zu alt
Und ließ drum den Augustus kalt,
Und ihr blieb nichts bei solchen Mängeln,
Als schließlich sich davonzuschlängeln.
Denn die Erkenntnis, sie sei häßlich,
War mehr noch als der Tod ihr gräßlich.

Wie sehr der Frauen gute Sitten
In Rom im Lauf der Zeit gelitten,
Man unschwer aus den Versen sieht
Des Martial, Horaz, Ovid;
Auch Juvenal, Terenz, Tibull
Beweisen, daß Moral gleich Null.

Schulknaben ließ man ohne Strenge,
Buhlknaben gab's die schwere Menge.
Familienleben, Kinderkriegen –
Welch proletarisches Vergnügen!
In der Gesellschaft konnt' man hören
Nur mehr von Schneidern und Frisören.
Doch nicht allein der Lippenstift –
Es herrschte bald auch Dolch und Gift,
Womit die Damen Tag und Nacht
Sich gegenseitig umgebracht.
Und jede Frau trug ein paar Fläschchen
Mit sich in ihrem Abendtäschchen.
Ich könnte leicht historisch dienen
Mit Agrippinen, Messalinen,
Die, ohne Angst vorm Staatsanwalt,
Wen sie nicht mochten, machten kalt.
Doch mach ich hier mit Grausen Schluß –
Es steht ja so im Tacitus,
Dem römischen Historienschreiber,
Der, ohnehin kein Freund der Weiber,
Haarklein und lebenswert uns schildert,
Wie Rom zur Kaiserzeit verwildert.

Das Oktoberfest

Vom Ernst des Lebens halb verschont
Ist der schon, der in München wohnt,
Wo man mit Fasching, Starkbier, Dulten
Und andern fröhlich-feuchten Kulten
Das Jahr noch immer weiß zu feiern.
Drum kommt ein jeder gern nach Bayern.
Nun, daß der arme Fremdling auch
Von Münchens Wesen einen Hauch –
Und sei's auch nur im Geist! – mag spüren,
Will ich ihn auf die Wiesen führen!

Oktoberfest

Zu Münchens schönsten Paradiesen
Zählt ohne Zweifel seine Wiesen.
Im Frühling, Sommer, auch im Winter
Ist allerdings nicht viel dahinter,
Da ist sie nur ein weiter Plan,
Ein Umweg für die Straßenbahn.
Jedoch im *Herbst* ist dieser Platz
Des Münchners wundervollster Schatz.
»Auf geht's«, mit dieser Lustfanfare
Eröffnet man in jedem Jahre
Das Volksfest, welches hochgepriesen
Der Münchner bündig nur nennt »D' Wies'n«.

Nur ungern, das sieht jeder ein,
Geht auf die Wiese man allein,
Denn wenn man in der Budenstadt
Nicht gleich den richtigen Anschluß hat,
Dann steht man stur in dem Gedudel,
Fühlt sich wie ein begoss'ner Pudel,
Schweift stumm und traurig her und hin,
Besauft sich höchstens ohne Sinn,
Denkt »Fauler Zauber«, »Alter Leim«,
Und geht verdrossen wieder heim.

Höchst unbeliebt sind die Begleiter,
Die rücksichtslos, geschäftig-heiter
Im Volksgewühl an allen Kassen
Gerade dich vorangehn lassen,
Großmütig in der Tasche graben,
Doch leider grad kein Kleingeld haben,
Die tückisch warten bis zum Schluß,
Wo irgendeiner zahlen muß,
Und die erreichen mit viel List,

Daß du dann dieser eine bist!
Mit andern Worten, derben, kurzen,
Kein Mensch macht gerne eine Wurzen.

Als erstes gibts wohl, für den Magen
Zu schaffen rechte Unterlagen.
Doch steuert nie, in kurzem Wahn,
Die »nächste, beste« Bude an!

Doch was ist auf dem bunten Feste
Zu nennen wohl das nächste beste?
Hier schmort die Schweinswurst auf dem Rost,
Dort schenkt man Wein und Apfelmost,
Hier sieht man bei fidelen Schrammeln
Sich wieder andre froh versammeln,
Und schon wird an dem dritten Punkt
Die Dünne in den Senf getunkt.
Dort fieselt wer an seinem Tisch,
Beziehungsweis am Steckerlfisch
Und leckt mit einer kaum geringern
Begierde an den eignen Fingern.
Die Wünsche werden immer kühner
Und blicken auf gebratne Hühner,
Die unerschwinglich sind zumeist,
Auch wenn man sie nur »Hendln« heißt.

Doch schau, was kommt am Schluß heraus?
Der Bierpalast mit Hendlschmaus,
Wo ungeheure Blechmusiken
Den Lärm durch Rauch und Bierdunst schicken
Und wo die Menge brausend schwillt,
Vom Bier zum Teil schon ganz erfüllt,
Teils erst vom Wunsch, erfüllt zu werden,
Doch durchwegs selig schon auf Erden.
Es laufen Kellnerinnen emsig
Durch alle Reih'n, wo wild und bremsig

Die Menge ohne Unterlaß
Sich heiser schreit nach einer Maß.
Zwölf Krüge an den Brüsten säugend,
Wirkt solche Wunschmaid überzeugend.

Wer zählt die Völker, kennt die Namen,
Die gastlich hier zusammenkamen?
Von Augsburg und vom Isengau,
Von Freising, aus der Hallertau,
Aus Franken, Schwaben, Sachsen, Hessen,
Die Preußen selbst nicht zu vergessen,
Und all die andern Wiesenpilger,
Die Drei-Millionen-Maß-Vertilger.

Doch will das Volk zum Bier auch Spiel,
Drum sucht man noch ein andres Ziel;
Man stürmt die Wunderstadt der Buden
Mit Löwenmenschen, Botokuden
Und ist schon tief hineingeraten
In Zauberwälder von Plakaten,
Die in phantastisch grellen Bildern
Die Märchenwelt der Wiesen schildern.
Hier ist ein Zwillingspaar verwachsen,
Aus Siam oder nur aus Sachsen,
Die Seekuh ist halb Fisch, halb Weib,
Die Dame ohne Unterleib
Wetteifert mit der Pantherdame,
Usamba-Wamba ist ihr Name,
Der wonnevoll nach Wüste schmeckt,
Ihr ganzer Leib ist braun gefleckt;
Ein Schlangenmensch grotesk sich renkt,
Beim Schichtl sich das Fallbeil senkt.
Kurzum, was grauenvoll und selten,
Wird angepriesen vor den Zelten,
Bis, was der Vorhang tief verbirgt,
So zwingend auf die Neugier wirkt,
Daß wir uns ahnungsvoll und schauernd

(Erst hinterher das Geld bedauernd)
Hindrängen, um, hereingebeten,
Das Innere staunend zu betreten.
Da stehn sie, ahnungstief wie Kinder,
Vor einem Manne im Zylinder,
Und in der Menge, die sich staut,
Brüllt dieser Mensch entsetzlich laut:
»Sie sehen hier für billiges Geld
Das größte Phänomen der Welt!
Das Urwelträtsel jeder Rasse!
Zur Kasse, Kassa, Kassakasse!
Das Phänomen der Mumienleichen!
Die Glocke gibt das letzte Zeichen!
Enthüllung magischer Natur!
Zehn Fennich! Für Erwachsne nur!«
Der Schweiß ihm aus den Haaren rinnt:
»Zehn Fenniche! Der Akt beginnt!«

Man sucht sich nunmehr als Stratege
Nach Kräften immer neue Wege.
Hinweg von Flöh'n und Marionetten
Und Wachsfigurenkabinetten,
Heraus jetzt aus den wilden Dünsten
Von Papa Schichtls Zauberkünsten,
Zu neuem Ziel hinauf, hinan,
Hinein in eine Achterbahn!
Man fühlt sich sanft emporgehoben
Und sieht die Lichterstadt von oben,
Wie alles glänzt und dampft und braust,
Bis unverhofft man abwärts saust
In Stürzen, wollustangsterregend,
Besonders in der Magengegend.
Wie herrlich da die Weiber kreischen,
Indes verzückt in fremden Fleischen
Im selig-wirren Klirren, Schwirren,
Die Männerhände sich verirren.

Wie schnell macht solche Fahrt gefährtlich,
Man wird zu zweien schon recht zärtlich,
Und mancher legt um manches schlanke
Gewölbe die Beschützer-Pranke.
Das ist die hochberühmte Zeit
Der Münchner Urgemütlichkeit,
Wo an den bunt besetzten Tischen
Die Unterschiede sich verwischen,
Die Herkunft, Bildung, Geld, Beruf
Dem Menschen oft zum Unheil schuf.
Der Maurer hockt bei dem Professer,
Und zwar je enger, um so besser,
Und auch die andern sitzen da,
Mit Leib und Seel' einander nah.
Nicht lästerlich und liederlich,
Nur schwesterlich und brüderlich.
Man sucht sich wild ins Volk zu mengen,
Sich in die andern einzuhängen.
Schiffsschaukelorgelorgien rasen
Mit Trommeln und Trompetenblasen,
Sirenenheulen, Schiffsgebimmel
Stürzt unabsehbar mit Gewimmel
Zu ewig neuer Lust entfacht
Die Menge in die Wiesenschlacht.
Es blitzt von Purpur, Perlenflitter,
Die Schweinswurst raucht am glühnden Gitter,
Die Rösser stampfen stolz und schwer,
Die Banzen rollen prächtig her,
Der Kasperl krächzt »Seid's alle da?«
Und tausendstimmig jauchzt es: »Ja!«
Und ringsum brodelt's, brandet's, gaukelt's
Und rollt's und rutscht's und schießt's und schaukelt's,
Das Jahr ist lang, die Wies'n kurz,
Hinein denn in den wilden Sturz!
Zufrieden jauchzet groß und klein:
»Hier bin ich Mensch, hier darf ich's sein!«

Tierleben

Unendlich ist der Tiere Zahl
Und wer die Wahl hat, hat die Qual.
Die *Auswahl* aus der Wahl: noch schwieriger!
Denn ein modern nach »Ganzheit« Gieriger
Würd selbst in meinem teuern *»Großen*
Tierleben« nicht auf alles stoßen.
Hier aus dem »kleinen« ein paar Proben:
Es liegt mir fern, mich selbst zu loben,
Doch hoff ich, mancher wird noch lesen,
Wie ich die vielen Lebewesen
In meinem Büchlein hab geschildert –
Schon, weils so wunderschön bebildert!

Zum Geleit

Im Anfang, wie es bibelklar
Geschrieben steht, der Logos war.
Das Zoon kam sodann, das Vieh:
Und so entstand *Zoologie*.
Die lernt man heute sehr bequem,
Seit sich der hochgeschätzte Brehm
Bemüht hat, die zu viel gewordnen
Verschiednen Tiere neu zu ordnen.
Leicht werdens einsehn die Verständigen:
Zehn Bände braucht' er, sie zu bändigen.

Wie stehn zum Tiere nun die Menschen,
Besonders wir, die abendländschen?
Die Erde wird stets öder, glätter
Und gar der Allerwelts-Großstädter
Tut mit dem Tier sich heute schwer:
Er kennt es kaum in Freiheit mehr.
Der Mensch, entfremdet der Natur,
Steht selbst sich gegenüber nur.
Dafür sieht er im Buch, im Bilde,
Im Farbenfilm das Tier, das wilde,
Und weiß von all den Bestien mehr
Als vor ihm wußte irgendwer.
Was noch so selten, zeigt der Zoo.
Und doch, wir werden nicht recht froh:
Erleben wir doch nur am Rand
Dies alles und aus zweiter Hand.
Ach, es ersetzt uns kein Bestseller
Die kleinste Maus im eignen Keller.

Noch lebt im Volksmund, ernst wie heiter,
Das Tier in Redensarten weiter
Und wer den Nächsten haßt und liebt,

Ihm eines Tieres Namen gibt,
Vergleicht mit Büffel ihn und Zecke,
Mit Lamm und Maus, mit Spatz und Schnecke.
Dies Tierbuch selbst, geheim verwandelt,
Vom Menschen letzten Endes handelt.

Nun stellt der Fachmann fest, natürlich,
Daß dies Vergleichen ungebührlich
Und daß das Tier für sich allein
Will als Geschöpf betrachtet sein.
Er fordert, daß vom krausen Irrtum
Bezüglich Menschentum und Tiertum
Man endlich sich entschlossen löse,
Als wär der Wolf im Herzen böse,
Der Esel faul, die Schlange schlecht. –
Nun, meinetwegen hat er recht!
Und doch – die alten Glaubensreste
Erscheinen oft noch als das beste,
Was aus der fernen, düsterfrommen
Vergangenheit auf uns gekommen,
Wo noch beschwörend die Schamanen
Im Tier Dämonen sahn und Ahnen,
Wo es ein Gott ward in Ägypten
Und wo in den romanischen Krypten
Vor tausend Jahren Menschenhand
Es magisch in den Stein gebannt.

Ists denn nicht ganz belanglos, ob
Als Zoolog besteht Äsop,
Ob unsre großen Tiererzähler
Rein wissenschaftlich voller Fehler –
Lebt doch in aller Dichtung dies
Erinnern an das Paradies,
Wo Mensch und Tier sich glücklich fanden,
Ja, ihre Sprache selbst verstanden.
Noch heute spricht dem Pferd, der Kuh,

Dem Hund der Bauer menschlich zu
Und fürchten würde er sich Sünden
Zu sagen, daß sies nicht verstünden.
Der Stadtmensch noch folgt innerm Triebe
Und glaubt, der Star pfeif ihm zuliebe.
Laßt gelten – seid nicht allzu klug! –
Vom Tier zum Menschen den Bezug!

Aut delectare aut docere
Volunt poetae: meine Ehre
Will gleicherweis ich darein setzen,
Euch zu belehren und ergetzen.
Die Möglichkeit ergreife gerne
Ein jeder, daß er spielend lerne
Und wiederhol, was halb und halb
Er schon gewußt von Bär und Kalb,
Von Elefanten, Mücken, Fischen. –
Es schadet nie, was aufzufrischen.
Und stets denkt, daß das Schwergewicht
Liegt auf dem Worte: *Lehrgedicht*.
Sucht nicht um jeden Preis den Witz!
Und – lests nicht gleich auf einen Sitz:
Dann wird die Gabe, die ich bot,
Euch wohl gefallen!

Eugen Roth

Die Affen

Gott schuf, soweit die *Bibel* gilt,
Den Menschen als sein Ebenbild.
Und sie erzählt nun ziemlich lange
Vom Paradies, von Apfel, Schlange,
Erbsünde, Sintflut und Messias.
Die *Forschung* aber sucht im Trias
Und späterhin im Tertiär,
Ob nicht darin zu finden wär
Das lang gesuchte Bindeglied,
Aus dem es auch der Blinde sieht,
Daß wir, vermeintlich Gottes Kind,
Nur ganz gemeine AFFEN sind.

Die Wissenschaft setzt an die Hebel
Beim Urschleim und beim Urweltnebel
Und liegt ihr irgendwas verquer,
War alles halt *noch* länger her.
Denkt man sich eine Weltzeit-Uhr,
So lebt der homo sapiens nur
Von vollen vierundzwanzig Stunden
Auf dieser Erde fünf Sekunden –
Davon schon vom Neandertaler
Vier bis zum ersten Steuerzahler!
Wie aber kam das Menschen-Vieh
So rasch zur Neunten Sinfonie,
Zum Faust, zu Kant, zur Himmelskunde
In einer einzigen Weltsekunde?
Wie sollte man da Brücken schaffen,
Wo noch so große Lücken klaffen?
Wohl steht geschmiert von Kinderhand:
»Du bist ein Aff!« an jeder Wand,
Wohl macht uns die Erkenntnis baff,
Daß, wer kein Bargeld hat, ein Aff,

Und doch – selbst wenn wir überzeugt,
Der Mensch sei auch ein Tier, das säugt –
Paßt uns die ganze Sache schlecht:
Wer weiß, die Bibel hat doch recht,
Die sich nicht einläßt mit dem Affen
Und sagt: Der Mensch ist gotterschaffen.

Es lebt der *Affe* (simia)
In Afri- und Amerika,
In Asien auch, dort, wo's nicht kalt;
Und meistenteils haust er im Wald.
Von Früchten nährt sich dieser Schlecker,
Der Affenbrotbaum ist sein Bäcker.

Wir glauben, ihn verlange sehnlich,
Daß er uns Menschen sähe ähnlich:
Mehr scheint es, daß er uns verachtet,
Wenn er uns *unverwandt* betrachtet.

Die Menschen werden auf der Welt
In Massen billig hergestellt;
Jedoch für äußerst kostbar gelten
Die *Menschenaffen*: sie sind selten!
Und alle Welt ist darum froh,
Hält sich der Aff gesund im Zoo.

Daß er sich Menschenfrauen raubt,
Hat vom GORILLA man geglaubt.
Nicht nötig hätt ers hierzulande,
Wo doch – oh, welche Affenschande! –
Die Weiber, denn das Weib ist schwach,
Selbst laufen jedem Affen nach.
Gorillas kann man bloß entdecken
In Afrika, wo weite Strecken,
Am Kongo beispielsweise, nur Wald
Und selbstverständlich lauter Urwald,

Der freilich wiederum bezweckt,
Daß man Gorillas *nicht* entdeckt.

Der bis zwei Meter hohe Affe
Hat eine fürchterliche Waffe
In seinem mächtigen Gebiß,
Das weit mehr als bei uns im Miß-
Verhältnis steht zum kleinen Hirn.
Er hat drum eine niedre Stirn;
Und diese zeigt er meist gerunzelt.
Oft ist er auch vergnügt und schmunzelt,
Doch für gewöhnlich schaut er traurig –
Und grunzt dazu ganz laut und schaurig –
Von wildem Affenblut durchpulst
Mit ungeheurem Augenwulst.

Es fangen andre, gradsogut, an
Die Reihe mit dem ORANG-UTAN,
Der heut noch lebt auf Borneo,
Auf Java, Sumatra und so.
Er gilt als Mensch und könnte sprechen,
Wollt er nur selbst sein Schweigen brechen,
Was ihm, dem Schlaukopf, nicht behagt:
Gleich heißts sonst, er hätt was gesagt.
Wie der Gorilla fast herkulisch,
Könnt dienen, ausgebildet, schulisch,
Er leicht, bei *der* Beschaffenheit,
Dem Wohl der ganzen Affenheit.
Wie manche auch von uns, als Kind,
Noch nett und menschenähnlich sind
Und werden später Attentäter,
Unmenschen und Kommerzienräter,
Sinkt auch der Affe immer tiefer;
Zum Schluß ist er fast nur noch Kiefer.

Zu unsrer Menschenaffen Sippen
Zählt man SCHIMPANSEN noch und GIBBON.

Der eine lebt in Afrika,
Wo ein Herr Tulp zuerst ihn sah:
Der andere macht Bauchaufschwünge
Und dreizehn Meter weite Sprünge
In Indien, Siam weiland, Thailand
Und manchem nächstgelegnen Eiland.

Bis hierher gehn Anthropoiden,
Von denen deutlich unterschieden
Nicht gänzlich, so doch schwänzlich muß
Nun sein der Cercopithecus;
Nicht Meer, nicht Katz, nicht artig zwar:
MEERKATZENARTIG heißt die Schar.
Was es, beliebt und unbeliebt,
In Afrika und Asien gibt,
Husarn, Makaken und Mangaben,
Schlank-, Stummel-, Nasenaffen haben
In der Familie alle Platz –
Der Hundsaff selbst gilt hier als Katz.

Wohin du horchst, wohin du schaust,
Ob Thebens Tempel, Goethes Faust,
Ob Wanderzirkus oder Zoo,
Triffst du auf derlei Affen wo.
Sie sind es, die du in den Ferien
Gesehn in Tunis und Algerien,
Wo sie, der Wildnis letzte Zeugen,
Die Piefkes mißvergnügt beäugen.
Sie sind es, die behängt mit Flittern,
In ihren Affenjäckchen zittern,
Sie sind es, ach, die armen Seelen,
Auf Hunden reitend und Kamelen,
Die als Soldaten mit Verdrießen
Den Stöpsel aus der Büchse schießen,
Umfallen und maustot sich stellen,
An ihren Kettchen hündisch bellen,
Im Zoo mit Händchen nach uns greifen. –

Man müßt sie sehn in Freiheit schweifen!
Da sind, mit Drolligkeit nicht geizend,
Sie unter sich und wirklich reizend.
Wir glaubens gerne; doch obs stimmt?
Ein böser alter Aff benimmt
Sich auch in Freiheit als Tyrann,
Wie mans im Zoo bemerken kann,
Wo er, die Zähne fletschend, wandelt
Und Frau und Kinder schlecht behandelt.

Dafür zum Beispiel führ ich an
Den Hundskopfaffen, PAVIAN,
Der, von Benehmen äußerst viechisch,
Heißt kynokephalos auf griechisch.
Und hält man das auch für lateinisch,
Gleichviel, der Aff beträgt sich schweinisch,
Wenn er, selbst sommers dicht bemantelt,
Sich quer durch Abessinien hantelt.
Jung kann er lieb sein, wenn er will,
Wie auch der Mandrill und der Drill.
Sie gelten (auch von Gott geschaffen!)
Als allerhäßlichste der Affen.
Doch dachte selten Gott so kühn
In Farben: schwarz, blau, rot, gelb, grün.
Den Drill empfand, kasernen-höflich,
Noch jüngst die Welt als katasträphlich;
Der Aff jedoch, wenn gut gedrillt,
Als Künstler viel im Zirkus gilt;
Er ist, höchst schamlos im Intimen,
Auch sonst das Urbild eines Mimen –
Und muß sich überdies nicht schminken.
Er kann wie Menschen essen, trinken –
Doch wenn er unbewacht, allein,
Frißt er mit Händen, wie ein Schwein.

Genug – 's heißt sich zusammenraffen
Um zu beendigen die Affen:

Die *Neue* Welt, zu unserm Glück,
Tritt affenmäßig stark zurück;
Wir werden daher schneller fertig:
Die Affen sind dort meistens bärtig,
Plattnasig, mit viel breitern Löchern,
Und tragen einen Brüllsack, knöchern;

Sie können drum mit ihrem Brüllen
Halb Südamerika erfüllen.
»April-Aff!« wird hier aufgezwickt
Ein Mensch, in den April geschickt.
Brüllaffen konnten kennenlernen
Wir auch in Deutschland, in Kasernen.
Doch auch die echten sind nicht schwanzschlapp.
Ihr Schwanz ist, wir erwähnens ganz knapp,
Lang wie sie selbst und dient zum Greifen.
Im Urwald, mit bebuschten Schweifen,
Der Orden haust der *Kapuziner*,
Die freilich schlechte Kirchendiener;
Sie söffen, ließe man sie dran,
Sich täglich einen Affen an,
Sind Weiberkittler, Walddurchstrolcher –
Der *Klammeraffe* ist ein solcher.

Statt Daumen hat er nur vier Stümmeln. –
Als Klammeraff gilt dreisten Lümmeln
Die Jungfrau auch, die am Motorrad
Anklammert sich, als »Liebesvorrat«,
Nicht bang, ob sie als Mädchen fällt –
Wenn sie nur nicht vom Rädchen fällt.

Was in den Wäldern riesengroß,
In grünen Hölln, bei Indios,
Bei Negern und bei Botokuden
Rumspringt an Satans- oder Juden-,
Wollaffen, Totenköpfchen, Faunen,
Wär einzeln höchlich zu bestaunen.

Als letzter Sproß von allen Äffchen:
Das eichkatz-artige *Krallen-Äffchen.*
Das Pinseläffchen ist ganz klein –
Doch bildet es sich auch nicht ein,
So Hochbedeutendes zu schaffen
Wie unsre großen Pinselaffen.

Vielleicht gäb es noch manchen Treffer,
Beschrieben wir auch noch die Äffer,
Halbaffen: Makis und Lemuren. –
Nach Madagaskar gehn die Spuren. –
Doch wärns nur *Vari*-ationen.
In Indien noch die *Loris* wohnen,
Die, wie die afrikanischen Vettern,
Tags schlafen, nachts auf Bäumen klettern.
Nicht Beßres drum als Abschluß weiß ich:
Am Abend wird der Faulaff fleißig.

Huftiere

Gott hat erschaffen einst, vermutlich –
Und leben lassen, vorsintflutlich –
Weit weniger Tiere, als man glaubt.
Und *Muster* nur hat überhaupt
Der Vater Noah mitgenommen,
Als in der Arche er geschwommen.
Das Hirsch-Gazellen-Ziegen-Schwein
Könnt etwa so ein Urstück sein,
Draus, falls sie nicht das Eis begraben,
Die andern sich entwickelt haben.

Das Huftier, in der Vorzeit Duster,
Bedurfte nicht des Schmieds als Schuster,
Denn in der ersten Daseinsstufe
Hatts je fünf Zeh'n und keine Hufe.

Die Welt war steinig und ward dornig,
Die Zehennägel wurden hornig
Und drei davon, wie jetzt zu schauen,
Verkümmerten zu Afterklauen:
Das Rind mußt viel im Feuchten gehen –
Das tat es besser auf zwei Zehen.
Und weiter triebens noch die Pferde:
Sie stehn mit einer auf der Erde.
Es nannte drum ein Wortverdreher
Sie dementsprechend Unpaarzeher.

Zum Edelsten, was Gott geschaffen,
Sechs Meter hoch!, zählt man GIRAFFEN.
Zwei Meter zwanzig sind sie lang.
Ein plumper Paß ist oft ihr Gang.
Doch wenn sie in Galopp sich setzen,
Kann sie ein Rennpferd kaum erhetzen.
Der Kopf hat Hörner, wie bei Schnecken,
Der Leib zeigt große braune Flecken,
Mit denen sie im Busch sich tarnen.
Sie selber, als die Höchsten, warnen –
Ein Scherenfernrohr von Natur –,
Zeigt wo sich eines Feindes Spur,
Das Zebra und die Antilope,
Die, trauend solchem Periskope,
Mit ihnen, vom Sahara-Rand
Hinweiden bis ins Zululand.
Auf einen grünen Zweig kommt leicht
Das Tier, das bis zum Wipfel reicht;
Daß es mit Wasser sich besäufe,
Spreizt es geschickt die Vorderläufe,
Denn zu den Fluten reicht es nur
Als geometrische Figur.

Es werden in Gefangenschaft
Giraffen leicht dahingerafft.

Man weiß, wer Mammi war und Papi,
Selbst heut nicht recht von dem *Okapi*,
Entdeckt erst neunzehnhunderteins.
Der größte Zoo hat oft noch keins.

Wir mühen uns mit ganzer Seele,
Zu unterscheiden die KAMELE
Und sind uns nie darüber klar:
Was ist Kamel? Was Dromedar?
Und welche Rolle spielt denn hier
Das sogenannte Trampeltier?
Wir lesens nach in dicken Schmökern:
Das, was herumläuft mit zwei Höckern
In Asien, fern bei den Chinesen,
Das ist ein trampeltierisch Wesen.
Doch was, verhältnismäßig nah,
Einhöckrig lebt in Afrika,
Das wird ein Dromedar genannt.
Gleichwohl sind sie ganz nah verwandt:
Was sie auch höckrig unterscheide –
Kamele sind sie alle beide!
Wir merkens uns, ein halbes Jahr,
Dann wird es wieder, wie es war:
Bis wir zuletzt uns nicht verhehlen:
Wir zählen auch zu den Kamelen.
Kamele gehen, wie ich höre,
Durch Wüsten und durch Nadelöhre
Und dienen selbstlos vielen Zwecken –
Berühmt sind die Kamelhaardecken.

Das LAMA lebt in fernen Landen
Und zwar hauptsächlich in den Anden;
Es wird ob seines Fells gehalten.
Des Lamas Lippe ist gespalten.
Ein Luder ist es, ein verdrucktes:
Kommt man zu nahe ihm, so spuckt es.

Es wehrt sich schließlich jedermann,
Wie ers am vorteilhaftsten kann.
Nur siehts der Gegner nicht gern ein
Und nennt dann scheußlich und gemein
Des lieben Nächstentieres Waffen,
Die eigens Gott für es geschaffen:
Der Löwe, der den Feind zerfleischt,
Dafür den Ruhm des Helden heischt.
Der Aar, der ihm zerhackt den Schädel
Ja, der ist edel, der ist edel!
Doch schon auf niedrigerer Stufe
Steht etwa Schlagen mit dem Hufe.
Vom Spucken aber, Stinken, Pissen –
Pfui Teufel! – wollen wir nichts wissen.

Der Mensch lief einst, die Stirne schräger,
Durch graue Vorzeit als ein Jäger;
Noch heute ihm im Busen ruht –
Und wallt oft auf – das Jägerblut,
Und ganz besonders in den Alpen!
Wild wie die Rothaut nach den Skalpen
Sind hier die Burschen auf den Fährten
Der GEMSEN, wegen ihren Bärten,
Mit denen sie die Hüte schmücken;
NB! Der »Bart« wächst auf dem Rücken!
Und würd man nicht behördlich bremsen,
Gäbs nirgends im Gebirg mehr Gemsen,
Wies schon den *Steinbock* kaum mehr gibt,
Der wegen seines Horns beliebt.
Er lebt noch, meldet man, bei Krimmel
Sowie im Tierkreis, hoch am Himmel.

Willst du nicht selber stehlen, dann
Schaffst du dir eine ZIEGE an,
Die, zupfend andrer Leute Kräuter,
Heimbringt die Milch in ihrem Euter.

In Asien stand des Tieres Wiege,
Homer schon kannte sie, die Ziege.
Der Bock als Gärtner – wär gelacht!
Die Ziege frißt, wer grün sich macht.
Der Maibock bringt uns frohe Stunden.
Der Sündenbock ist rasch gefunden.
Nie sich ins Bockshorn jagen lassen!
Dem Meckerer wird nie was passen.
Der Ziegenpeter, wie ihr wißt,
Ohrspeicheldrüsen-Krankheit ist.

Schon in der grauen Vorzeit traf
Als braves Haustier man das SCHAF.
Und wirklich, wie bequem ist das:
Statt daß man mähen läßt das Gras,
Läßt man vielmehr das Mäh gleich grasen.
Es freut sich am geringsten Rasen.
Doch wehe, wenn es Wölfisches spürt:
Selbst Wolfsmilch läßt es unberührt.
Das *Wildschaf*, reich an Mut und Tugend,
Durchlebte seine Heldenjugend
Auf freien Bergen, ohne Pflicht.
Neidhammel gabs da droben nicht!
Jetzt folgts umhundet, leitgehammelt
Und leicht in einen Pferch versammelt
Dem Menschen voller Schafsgeduld;
Wer Sklave wird, ist selbst dran schuld:
Des *Hausschafs* Leben und sein Lieben
Sind klar im Zuchtbuch vorgeschrieben;
Die Unzucht läßt man nur soweit,
Als auch die Zucht durch sie gedeiht.

Da Schafe kränkeln leicht im Feuchten,
Scheint es wohl jedem einzuleuchten,
Daß man, soll Schafzucht recht gelingen,
Sein Schäfchen muß aufs Trockne bringen.

Ein schwarzes Schaf nur könnt es wagen,
Hier aufzurollen Rassenfragen.
Zwei kennen selbst wir aus der Schul:
Heidschnucken sowie Karakul,
Von dessen Lamm, das schön geflammt,
Der teure Persianer stammt.
Doch weiß, auch wer kein Geograph:
Das Finsteraarhorn ist kein Schaf.
Bis weit zurück zum Goldnen Vlies
Könnt man verfolgen das und dies,
Doch von den Schafen jetzt genug. –
Das Schaf ist dumm – der Hirt ist klug:
Als Wunderdoktor allenthalben
Gesucht ob seiner guten Salben,
So daß, als Schäfer nur verkleidet,
Jüngst ein Geheimrat schafgeweidet,
Dem seine Praxis ging zurück:
Jetzt macht er unverhofft sein Glück. –
Dem Schweinedarm ist alles Wurst;
Der Schafdarm ist voll Schönheitsdurst:
Er ward seit ältsten Zeiten viel
Benutzt zum edlen Saitenspiel.

Der *Schafochs* ist, wenn man nicht blind,
Das Bindeglied vom Schaf zum RIND.
Um Gras und Heu gut zu vertragen,
Ist vierfach aufgeteilt der Magen,
Den Gott dem Wiederkäuer gab:
Wanst (oder Pansen), Netz, Blatt, Lab.
Auch Professoren (zweiter Güte)
Käun wieder die Kathederblüte.
Die abendländische Kultur
Verdanken wir dem Rindvieh nur;
Der Stier im Joch, im Stall die Kuh –
Nur wenig kam da noch dazu!

Das Hornvieh hat uns schon als schwer
Hinwandelnd dargestellt Homer.

Das brave Tier von Haut bis Mist
Dem Menschen restlos dienstbar ist –
Nicht rastlos: meist brauchts nichts zu tun,
Als sich vom Nichtstun auszuruhn.
Gar viel, was von dem Tier man spricht,
Ist falsch: der Büffel büffelt nicht;
Der Stier bemüht sich nicht wie du
Oft hoffnungslos um eine Kuh,
Und gar vom Ochsen nimmt man an
Verschiednes, was er gar nicht kann.

Das Rindvieh hat zwar selber nie
Bedürfnis nach der Poesie,
Doch wirkts poetisch seinerseits
Am Nordseestrand wie in der Schweiz.
Den Dichter aus der Großstadt freut
Das wunderschöne Almgeläut,
Und Fabeln weiß er zu ersinnen
Von holden, jungen Sennerinnen,
Von ihrem Leben, ihrem Lieben –
Im Herbste wird dann abgetrieben.
Lebfrisches Volk der Alpenkinder!
Lang warn dein einzigs Glück die Rinder,
Denn spät erst lerntest du erfassen,
Daß sich auch Fremde melken lassen.
Vom Stierkampf, den die Spanier lieben,
Kuhhandel, bös mit uns getrieben,
Vom Ochsen, der, weil ungeschlacht,
Geschlachtet uns erst Freude macht,
Vom Küchenbulln beim Militär
Noch manches zu berichten wär,
Vom Goldkalb, angebetet stets –
Doch ach, auf keine Kuhhaut gehts!

Kuhställe warn, wir wissen das
Von jenen noch des Augias,
Einst schmutzig zwar, doch urgemütlich.
Drin taten Kuh und Kalb sich gütlich.
Jetzt sind sie, sachlich, glatt und helle,
Nichts mehr als eine Milchtankstelle.
Ja, ja, der Fortschritt überall!
Trotzdem, wir wünschen: »Glück im Stall!«

Nie Lopen man zu sehn mehr kriegt:
Die ANTI-LOPE hat gesiegt!
Die *Antilopen* ähneln bald
Dem Hirschen mehr und Reh im Wald,
Bald mehr der Ziege, mehr dem Rind:
Man sieht, daß sie verschieden sind.
So gibts zum Beispiel in den Tropen
Sogar Hirsch-Ziegen-Antilopen.
Gazellen sind sehr nett und lieblich
Und schon, im Hohen Liede, biblich.
Der Wasserbock, ellipsiprymnus,
Verdiente einen eignen Hymnus.
Doch viel zu groß ist das Gewirr
Von Gnu und Kuh-, Hartbiest und Schirr-,
Von Pferdeantilopen, Elen-;
Hier wär der Brehm nur zu empfehlen.

Vom Horntier braucht nicht weit zu pirschen,
Wer kommen möchte zu den *Hirschen*.
Von ihm erwähn ich die bekannten
Zwölfender, auch Kapitulanten;
Hauptschaufler, bis zum Range früherer
NS-General-Arbeitsführer,
Und kapitale Schaufler, die
Mehr bei Finanz und Industrie.
Europas ROTH-HIRSCH ist sehr edel
Von der Geweihspitz bis zum Wedel.
Er schreitet wunderbar einher;

Zwei Meter wird er lang und mehr.
Hat Schulterhöhe anderthalb –
Viel kleiner sind dann Stück und Kalb.

Kurz aus der Hirschfamilie nenn
Den Damhirsch ich, den Elch, das Ren.
Frei laufen nicht mehr viele *Elche*;
Im Zoo hingegen gibts noch welche.
Der zehnte Teil von unserer Erden
Ernährt sich nur von Rentierherden.
Das Ren rentiert sich aber bloß
Für Lappen, die sehr anspruchslos –
Und roh, samt Inhalt, mit Behagen
Verspeisen einen Rentiermagen.

Die Tränengruben lassens kennen,
Wie bitterlich grad Hirsche flennen.
Auch abgekümmert und verhetzt
Trifft man sie – und zurückgesetzt.
Ists Liebeskummer, still verborgen?
Sind es die bösen »Wechsel«-Sorgen?
Die Jäger? Oder letzten Ends
Die Angst vor stärkrer Konkurrenz?
Der Hirsch, der schon durchs Hohe Lied
Zur Wasserquelle durstend zieht,
Hat Bild und Beispiel stets gegeben
Für ein entschlossnes Liebesleben.
Die wichtigste Rolle spielt dabei
Des Hirschs gewaltiges Geweih –
Er trägts ein halbes Jahr nur knapp;
Im Hornung wirft ers wieder ab;
Am stärksten ist es im Oktober –
Da wird ein Raufbold er, ein grober,
Führt wild sich auf und orgelt, röhrt,
Daß es im Bett der Wandrer hört.
Der zieht die Decke um die Ohren,

Froh, daß er nicht als Hirsch geboren,
Der so viel wagt für eine Frau!

Gern schildert' Hirsche ich genau,
Doch müßt, vom Ohr bis zu den –,
Die Jägersprache ich beherrschen.
Der Hirsch fegt, äugt, färbt, äst, trollt, schält,
Verhofft, plätzt, windet, schreckt und schmält,
Hat Schüsseln, Federn, Schweiß und Lichter –
Kurzum, die Jäger sind halt Dichter!

Nicht oft glückts, daß man Hirsche seh;
Doch kennt (noch!) jedes Kind das Reh,
Das, Capreolus schon genannt,
Durch Kapriolen ist bekannt.
Fehlt es an Mut auch unserm Rehchen,
Anmutig ists von Kopf bis Zehchen.
Wir, die im Zug vorüberrasen,
Sehn eins am Waldrand friedlich grasen.
Wir schrein: »Ein Reh!« und winken, deuten
Und zeigens glücklich fremden Leuten:
Die werfen, ums zu überraschen,
Nach ihm mit leeren Seltersflaschen.
Der Jäger auf dem Blatte fiept,
Den Bock zu locken, der verliebt.
Wenn er ihn vor der Büchse hat,
Dann schießt er einfach ihn aufs Blatt.
Das Reh lebt einzeln und in Rudeln
Und schmeckt sehr gut mit breiten Nudeln.

Vom Hirsch zum Schwein dient uns als Mittler
Der *Schweinshirsch* gegen strenge Krittler.
Das Schwein moralisch zu betrachten
Ist falsch: der Blickpunkt liegt im Schlachten.
Bedeckt mit Schmutz und groben Borsten
Haust unser *Wildschwein* in den Forsten,

Im deutschen Dichterwald sogar. –
Wie die Beamten, Jahr um Jahr,
Bringts, steigend stets in Rang und Titel,
Zur »groben Sau« der schwarze Kittel.
Man unterscheidet allgemein
Das Front- und das Etappenschwein.

Vom *Hausschwein* läßt sich nicht bestreiten:
Rein specklich hat es gute Seiten.
Zu rühmen sind nicht nur die Würste –
Die Borste gibt die beste Bürste;
Schweinsleder – schön, und lange hälts.
Ganz wertlos ist der Schweinepelz.
Schwein muß man haben – überall:
Drum ist die Welt *ein* Schweinestall.
An jedem Trog die Säue fressen.
Wer das beklagt, darf nicht vergessen,
Daß träge, feig und unbedacht
Er manches Schwein mit fettgemacht.
Bei uns stellt sich im Fasching ein
Das lüstern-wilde *Maskenschwein*,
Um in der Nacht, der zauberschwülen,
Im fremden Fleisch herumzuwühlen.
Das Bartschwein hängt gern seinen Rüssel
Laut schmatzend in die Suppenschüssel.
Das deutsche Sparschwein wird zertrümmert,
Worum kein Schwein sich weiter kümmert.

Unpaarzeher

Den *Esel* nennt man meist mit Tadel,
Doch ists ein Tier von altem Adel.
Von Syrien bis nach Persien trifft
Man früh ihn selbst wie in der Schrift.

Den Bileam, von Haß umgarnt,
Hat seine Eselin gewarnt;
Und Saul konnt, suchend Eselinnen,
Sich gar ein Königreich gewinnen.
Auch heut noch nützt es immerhin,
Sucht man die rechte Eselin.
Ein Eselskinn der Simson trug,
Mit dem er die Philister schlug.
Ein Esel stand an Jesu Krippe,
Mit einem Esel floh die Sippe;
Der Herr zog unter Jubelrufen
Ein in die Stadt auf Eselshufen.
Auch Strabon, Plinius, Xenophon,
Sie kennen unsern Esel schon.

Als ein getreuer Pflichterfüller
Lieh voreinst er auch unserm Müller
Und Landwirt seine beste Kraft.
Jetzt ist er leider abgeschafft
Und bald, ersetzt durch den Benzin –,
Ist wohl der letzte echte hin.
Doch trifft man überall ihn südlich,
Als Knecht der Ärmsten, unermüdlich.
Die größten Lümmel auf ihm hocken;
Er rackert sich mit Steinerbrocken,
Schleppt auch von Schilf oft eine Last,
Daß drunter er verschwindet fast.
Trotz Hitz und Fliegen, spät und früh,
Gibt er sich eine Eselsmüh.

Merkt erst die Welt, daß zahm du bist,
»Ja« schreist und sogar Disteln frißt,
Wirft sie sich auf zu deinem Herrn. –
Zu spät fängst du jetzt an zu plärrn.
Wer einmal sich hat hergegeben
Zum Esel, bleibts fürs ganze Leben

Und seine Leiden machts nicht quitt,
Glückt ihm einmal ein Eselstritt.
Hat wer zwei Bündel Heu zur Wahl,
Bleibt wohl ein Esel nur neutral,
Wie jener des Herrn Burian...
Sprichwörtlich fang ich gar nicht an.
Das Maultier (equus mulus) *Muli*,
Macht auch der ganzen Welt den Kuli.
Stur trägts (und braucht nur wenig Futter)
Kanonen gradsogut wie Butter.
»Ein schneller Hund, ein braves *Pferd*
Sind mehr als zwanzig Weiber wert!«
So sagt ein Sprichwort der Araber.
Ganz ähnlich heißts auf bairisch aber:
Der Bauer meint: »Wenn d' Weiber sterbn,
Na is des weiter koa Verderbn.
Wenn aber d' Roß amal verreckn,
Des is a ganz an andrer Schreckn!«
Man sieht daraus, wie alle Welt
Das edle Pferd in Ehren hält;
Ist der Kentaur auch, bis zum Nabel
Ein Mensch, dann Roß, nur eine Fabel,
Kann man daraus des Pferdes Blüte
Doch rückverfolgen bis zur Mythe.
Das edle Tier, wie kaum eins köstlich,
Kam aus den Steppen, die nah-östlich,
Doch diese »Einfuhr« war kein Spaß
Weil auf dem Pferd ein Reiter saß.
Es weihten, pferdenärrisch-toll
Das Roß die Griechen dem Apoll;
Geflügelt wards zum Pegasus –
Gezügelt bis zum Überdruß
Hat den dann der Prinzipienreiter
Als Steckenpferd. – Da wärs gescheiter,
Er gäbe ihm das Gnadenbrot
Und ritt des Amtes Schimmel tot.

Die Römer, die das Pferd einst pflegten,
Aufs Wechselreiten sich verlegten;
Die Deutschen, wo die Götter (Asen)
Auf hohem Roß ursprünglich saßen,
Erlebten dann die Reiterscharen
Der wilden Hunnen und Avaren
Und schufen, Lehrgeld zahlend bitter,
Die wunderschönen, tapfern Ritter,
Die wirklich allerhand geschafft –
Mit je nur *einer* Pferdekraft!
Arabiens Hengste – erster Güte!
Berühmt sind Engellands Gestüte
Für Rassenpferde, edle Renner. –
Aufs falsche Pferd setzt selbst der Kenner.
Kein Schimmel kann, für Hohe Schulen,
Dem *Lipizzaner* nebenbuhlen.
Trakehner sind – doch nun genug:
Ehrt auch den ärmsten Gaul vorm Pflug.
Und denkt dran, was das Pferd gerad
Im Krieg litt, unser Kamerad!

Raubtiere

Obwohl das Leben täglich lehrt,
Daß nur bestehn kann, wer sich wehrt,
Gebt ihr, selbst blutige Kriege führend,
Nicht nach und, das ist beinah rührend,
Mit ungebrochnem Mute glaubt ihr,
Der Mensch sei gut und sei kein Raubtier.
Ich gebe zu, schon werden wir
Allmählich ganz zum Herdentier,
Und glückts, den letzten Wolf zu töten,
Sind wir befreit von allen Nöten.
Als Zoologe stell jedoch
Ich fest: Raubtiere gibt es noch!

Als Raubtier springt mit einem Satze
Ins Auge uns die echte *Katze*.
Welch tiefer Zwiespalt der Natur:
Man spricht von *falschen* Katzen nur
Und muß den Grundsatz hier verfechten:
Am falschesten sind grad die echten!
Der Löwe, ungern sehn wirs ein,
Soll just der Tiere König sein?
Das edle Pferd, der treue Hund,
Sie wärens wohl mit besserm Grund.
Nein – brüllt uns einer richtig an,
Zeigt uns die Pranke und den Zahn,
Dann sind wir still, wenn auch nicht gern
Und anerkennen ihn als Herrn.
Dem Löwen schon war wohlbekannt
Dies: »Oderint, dum metuant!«

Er läßt den andern karge Reste –
Der Löwenanteil ist das beste.
Hebt er die Stimme furchterregend,
Im Grimme seinen Schwanz bewegend,
Vor Blutdurst riechend ganz betäubend,
Und seine mächtige Mähne sträubend,
Wirds (wie es schon beschrieben Schiller)
Im weiten Umkreis still und stiller.
Den Christen wie den Muselman
Kommt heimlich ein Gegrusel an.
Doch Löwen schießen, ist beliebt;
Auch, daß den Wüstensand man siebt,
Bis nur der Löwe übrigbleibt;
Daß man ein Loch aushebt und schreibt:
»Verbotner Weg!« Das Königstier
Brüllt tief beleidigt: »Und das mir?!«
Schon fällts hinein, zur Lust der Neger. –
Die machen aus ihm Bettvorleger.

Der Löwe lebt, das weiß man ja,
Im Innern meist von Afrika;
In Bayern auch er gerne wohnt,
Weil ihn der Schwarze hier noch schont.
Doch in den Gegenden, die preußlich,
Benimmt man gegen ihn sich scheußlich.
Im Zirkus sieht man mit Genuß,
Daß selbst ein Löwe folgen muß;
Und jeden Moralisten freuts,
Kriecht so ne Bestie zu Kreuz.
Noch zählt der Löwe des Salones
Hierher, ob seines Herrschertones
Und seiner Künstlermähn umworben. –
Heut schon so gut wie ausgestorben.
Versandet sind ja die Oasen,
Wo's galt, sich seelisch anzugrasen,
Wo die Wohltätigkeitshyänen
Und Krokodile weinten Tränen,
Wo eitle Affen, Schraubenziegen
Nicht konnten gnug des Weihrauchs kriegen.
Es hat den Dichtern aller Grade
Gedient der Löwe zur Ballade,
Im Schilde wird geführt der Leu
Von England wie vom Löwenbräu;
In Erz gegossen, bildgehauert,
Jahrtausende schon mancher dauert
Und gerne stets zu Rate zog
Ihn Astronom und Astrolog.

Der TIGER wird drei Meter lang;
Mit seinem leisen Katzengang
Ging er noch jüngst vom Amurfluß
Und China bis zum Kaukasus.
Jetzt aber geht, zu unserm Glück,
Der Tiger überall zurück:
Dem Menschen weicht der alte Krieger

Der ist noch wilder als der Tiger.
Ist es dem Tiger wohl, so schnurrt er;
Doch wenn er böse wird, dann knurrt er.
Es steht drum auch mit gutem Grund
Am Käfig stets: »Nicht necken und
Nicht füttern!« Denn mit Schwiegermüttern
Würd jeder sonst die Tiger füttern.

Die KATZE kennt so ziemlich jeder;
Da brauchts nicht viel aus meiner Feder.
Sprichwörter gibts da einen Haufen:
Man soll sie nicht im Sacke kaufen,
Doch auch nicht aus demselben lassen;
Wie Hund und Katze, heißts, sich hassen,
Gleich ihr verbergen seine Krallen,
Stets wieder auf die Füße fallen,
Nachts musizieren, schier zum Grausen,
Und nicht verlernen je das Mausen;
Wie sie gehn um den Brei herum. –
Wer hängt der Katz die Schelle um?
Die Welt zu entkatzifizieren
Die Mäuse Tag und Nacht studieren.
Was hilft der ganze Weisheitsschatz?
Es ist doch alles für die Katz!
Doch bringt das Katzenaug dir Glück,
Strahlt es an deinem Rade rück.

Laufkatzen, ebenso wie Geld –,
Man nicht für echte Katzen hält,
Sie sind so falsch wie Katzengold. –
Trotzdem, wir sind den Katzen hold
Und gönnen einem netten Kätzchen
Nicht nur am Katzentisch ein Plätzchen.
»Die *alte Katz*!« ein jeder stöhnt –
Doch ist er sie dann schon gewöhnt.
Der Kater, gottlob, ist vergänglich,

Doch Katzen hat man lebenslänglich.
Der Hund gehorcht noch dem Befehle;
Die Katze nur der eignen Seele.
Man muß sie nehmen wie sie ist
Und ihr noch danken, wenn sie frißt.
Selbst, wo man übel sie behandelt,
Bleibt sie im Grunde unverwandelt.
Verhungert, struppig und verlassen,
Schleicht sie im Süden durch die Gassen;
Doch ihren Willen keiner bricht:
Sie stirbt, doch sie ergibt sich nicht.

Den DACHS, vor sechzig Jahren bald,
Sah ich als Kind noch oft im Wald.
Rar wurde Meister Grimbarts Spur.
Vermehrt hat sich der Frechdachs nur.
Verliebte Dachse pfeifen, tanzen;
Fachleute sagen dann: sie ranzen.
Der Dachs sich niemals ehe–irrt,
Selbst wenn die Ehe ranzig wird.
Der Röhrenbau ist voll Komfort,
Getrennt sind Wohnung und Abort.
Obwohls gemütlich wär zu Haus,
Gehn Dachse nachts zum Bummeln aus.
Ihr Fell muß Kummet, Ranzen zieren;
Dachspinsel nimmt man zum Rasieren.

Der *Skunk* (Amerika), der Stänker,
Ist wie der Dachs, nur etwas schlänker.
Hier, Leser, geb ich einen Wink dir:
Laß niemals ein dich mit dem Stinktier!
Das heißt in übertragnen Worten:
Hüt dich vorm Pöbel aller Sorten;
Er ist gemein, voll Neid und Lüge –
Selbst wenn er einen Skunkpelz trüge.
Der *Iltis* stinkt nur in der Not,

Doch wahllos beißt er Hühner tot.
Tief ist der Schlaf des Nimmersatts;
Drum sagt man, schlafen wie ein Ratz.

Der Marder-Mörder ungezügelt
Auf alles stürzt, was nur geflügelt –
Von Büchmanns Worten abgesehn,
Von denen dürft er nichts verstehn.
Erwischt oft in der Großstadt ward er,
Als Post- und Überzieher-Marder.

Kein Pelz auf Erden ist so nobel
Wie der vom armen kleinen *Zobel*.
Ja, wirklich arm! Die Welt vergißt,
Daß das sein einziger Mantel ist.
Er lebt, und bald nicht mehr im Plural,
Von Ostsibirien bis zum Ural.
Die Krone, die einst trug der Zar,
Ursprünglich Zobelmütze war.
Oft ist wer kein' Schuß Pulver wert:
Den Zobel schlägt man, umgekehrt,
Weil viel zu wertvoll für den Schrot
Sein Pelz wär, roh mit Knütteln tot.
Das große *Wiesel* lebt bei uns.
Es färbt (auch kleine Wiesel tun's)
Im Herbst bis auf den Schwanz sich weiß,
Damit man *Hermelin* es heiß.
Die Fürstenmäntel hats verbrämt
Und deren Träger oft beschämt.
Oft herrschten die, durch Schrecken groß;
Der Mantel nur blieb fleckenlos.
Die Männer gelten oft als herzlos,
Die ihre Frauen lassen *Nerz*-los.

Vom *Bären* einen kurzen Kursus:
Der braune Bär heißt selber Ursus,
Sein Töchterchen, das weiß man ja,

Hört auf den Namen Ursula.
Als vor so manchem Hundertjahr
Der Bär der Tiere Herrscher war –
Waldkönig, Goldfuß, Honighand –,
War gute alte Zeit im Land.
Gemütlich war der Meister Petz;
»Nur mit der Ruhe!« sein Gesetz.
Vom Bären steht in jeder Chronik,
Er nährt von Pflanzen sich und Honig;
Erst spät hat er das Fleisch entdeckt,
Nachdem er einmal Blut geleckt.
Drum achte stets man darauf scharf,
Daß Blut nicht erst geleckt sein darf.

Der Bär, zwei Meter lang und länger,
Ist ausgesprochner Sohlengänger.
Kein Schuster 's Leben ihm verteuert;
Natur die Sohlen selbst erneuert
Des freilich einzigen Paar Schuhs.
Er ist dann zeitweis schlecht bei Fuß.
Der Bär besucht in jüngern Jahren
Im Mai die Bärin, sich zu paaren.
Dann trabt er, satt von seinem Glück,
Bärfuß in seinen Wald zurück;
Bärbeißig wird er mehr und mehr
Im Alter und ein Höhlenbär.

Der Bär hat, fast schon sagenhaft,
Im Arme eine Bärenkraft.
Erwähnen will ich nur noch schnell
Den Bärendienst, das Bärenfell,
Den großen Bärn, den Bärenhäuter –
Doch jeder sei sein eigner Deuter.
Wer denkt jetzt, wo er nicht mehr muß,
Des (Bären-)Führers noch zum Schluß?

Der Eisbär haust am kalten Pol –
Und ohne allen Alkohol!

Die Bärin, winters, fern dem Gatten
Wirft Junge, winzig fast wie Ratten.
Der Bär, auf Treibeis eingeschifft,
Sticht weit ins Nordmeer mit der Drift.
Läuft hundert Meilen weit und weiß
Oft nicht wohin, im ewigen Eis.

Spricht man vom Wolf, ist er schon da:
Ecce! Lupus in fabula!
Paßt auf, eh ihr des Untiers spottet:
Es ist noch gar nicht ausgerottet!

Des Wolfs Erscheinung ist, sofern
Er grade nicht (er tut es gern)
In seinem Schafpelz sich versteckt,
Sehr hager, groß und langgestreckt,
Hochbeinig und geländegängig.
Das macht ihn dreist und unabhängig.
Die Wölfe einzeln nichts bedeuten:
Gefährlich werden sie als Meuten.
Mit Wölfen heulen – böser Wahn!
Wir habens lang genug getan.
Dann sahn wir, von Verblendung frei:
's war fast kein echter Wolf dabei.

Und doch, des Werwolfs sei gedacht
Sowie des Wolfs, der Hackfleisch macht.

Rotkäppchen ist ein Märchen zwar,
Doch damals war der Wolf noch wahr
Und galt, welch übler Kinderschreck!,
Für wirksam als Erziehungszweck.
Oft fällt ein Wolf uns an auf Märschen,
Daß wir vor Schmerz uns kaum beherrschen.
Des Wolfes Milch ist so beliebt,
Daß es gar Wolfsmilchschwärmer gibt.

So etwa nährten sich als Kinder
Von Wolfsmilch Romas große Gründer.
Der Wolf – jedoch genug von ihm!

Genannt wird Meister Isegrim
Mit Meister Reinecke, dem Fuchs,
Auch so ein Held des Fabelbuchs.
Der machts, und besser, mit der Schläue,
Scheinheiligkeit und falschen Reue.
Trotzdem, das ist der Lauf der Welt,
Wird häufig selbst ein Fuchs geprellt;
Sei's, daß durch eine Gans verführt,
Er gradwegs ins Verderben schnürt,
Sei's, daß den giftigen Käs er frißt,
Den er dem Raben stahl mit List.
Man kennt die Sache mit den Trauben;
Mißt er den Weg, darf mans nicht glauben
Denn was er redet, ist Geflunker
Doch lebt er brav in seinem Bunker
Und ist, was sonst der Schelm auch trieb
Als Ehemann und Vater lieb.
Und auch als Hausherr ist er schlau;
Er wildert nie bei seinem Bau:
Wenn der Bezirksinspektor fragt,
Kein Nachbar über Diebstahl klagt.

Zwar fuchsts uns, doch: der Fuchsmajor
Und Leibfuchs kommen wieder vor;
Den Schulfuchs gleichfalls es noch gibt.
Der Pfennigfuchs ist unbeliebt.
Der Goldfuchs hat sich längst verflüchtet;
Der Silberfuchs wird noch gezüchtet.
Der Fuchsschwanz ist ein Gras der Wiesen
Und wird als Säge auch gepriesen.

Die Hunde

Von Wolf und Fuchs, nicht ohne Grund,
Kommt man gewöhnlich auf den *Hund*.
Auch vom Schakal solln welche stammen,
Was wieder andre streng verdammen.
Doch wars beim Urhund schon, wie später:
Nicht immer kennt man seine Väter.
Der Hund, so wie er heute ist,
Ist ein Geschöpf der Menschenlist.
Er wurde immer neu gekreuzt,
Das Ohr gestutzt, der Schwanz geschneuzt.
Die Schwierigkeit, die wir geschildert,
Erhöht sich, weil der Hund verwildert
Und mit der Steppe dreistem Sendling
Nun wieder Blendling zeugt um Blendling.
Wohltätig ist der Kreuzung Macht,
Wenn sie der Mensch bezähmt, bewacht;
Doch wehe, wenn sie losgelassen,
Die Gassigeher, auf die Gassen,
Wo jeder freche fremde Köter
Herzudrängt sich als Schwerenöter.
Gelingt die unverhoffte Flucht mal,
Dann ists vorüber mit der Zuchtwahl!
Es kommt zu Spitzdachspudelpinschen
Und solchem Zeug, das wir nicht wünschen,
Bekannt als Promenademischung. –
Der Mensch mißgönnt die Herzerfrischung
Dem Hund, wie umgekehrt genau
Dem Liebespärchen der Wauwau.

Wie schwankend, ach, verhält im Grunde
Der Mensch sich selber gegen Hunde:
Sie sind ihm Sinnbild höchster Treue,
Der Förster preist des Dackels Schläue,
Selbst große Denker sehen wir

Gewogen einem Pudeltier.
Dann wieder sagen diese Herrn,
Der Teufel sei des Pudels Kern.
Auch spricht man roh und voller Hohn
Von »zynisch« und von »Hundesohn«.
Der Schoßhund ist von Lieb umgeben,
Doch »möcht kein Hund so länger leben«.
Der Mensch wüßt gerne, gramzerwühlt,
Wie sich ein Hund denn selber fühlt:
Ob menschenüberlegen, freudig,
Ob minderwertig, mies und räudig,
Und bis der Mensch herausgekriegt,
Wo denn der Hund begraben liegt,
Kann selbst er vor die Hunde gehn –
Wie soll der Hund da *uns* verstehn?

Haus-Hunde alle sich entpuppen
Als Angehörige von sechs Gruppen,
Nach dem Verzeichnis, nach dem alten
(Stets Neuaufstellung vorbehalten!).
Der Dingo, leider unbehütet,
Ganz scheußlich in Australien wütet.
Der *Paria* schweift, nur ungern frei,
Durch Indien wie durch die Türkei.
Er sucht, dem Bettler gleich, im Kot
Der Städte sich sein täglich Brot.
Doch auf der ganzen Welt im Grunde
Gibts noch viel ärmre Großstadt-Hunde,
Die wir wohl mehr bedauern wollen:
Sie hätten Menschen werden sollen.
Der Laie selbst erkennts: der Schäfer-
Hund ist ein Wolf, nur etwas bräver.
Der Bobtail Englands starrt von Zotten;
Beliebt der Collie ist der Schotten.
Der weitverzweigte Stamm der Doggen
Ist wachsam, treu und unerschrocken.

Besonders um den Hund ist froh
Zum Schlittenziehn der Eskimo.
Der Kommondor, als Ungarns Hirt,
Die Schaf und Schweine kommandiert.
Der Puli kommt gar leicht in Zorn.
Man weiß nur: wo es bellt, ist vorn.

Als bester von den Schweizer Sennen
Der Bernhardiner wär zu nennen,
Der, wohnend hoch auf dem St. Bernhard,
Nachts manchem Wanderer zum Stern ward
Als Sanitäter, ohne Lohn. –
Stimmlage: dunkler Bary-Ton.
Viel Freud hat man und wenig Ärger
Mit Neufundländer, Leonberger.
Die eigentlichen Doggen, obs
Nun Bullenbeißer, Boxer, Mops,
Sind tapfre Kämpfer von Natur;
Verzärtelt ward das Möpschen nur.
Der rote Mops erwähnt sein muß
Des alten »Simplicissimus«.
Als Doggen oft – schon weil sie selten –
Den Laien *Dalmatiner* gelten.
Wohl sind sie ähnlich, aber kleiner;
Mein eigner »Emir« ist so einer:
Weiß, braungefleckt – ein Sohn der Grazien.
Nur stammt er gar nicht aus Dalmatien.
Der vierte Stamm, vom Torfhund her,
Ist kleiner: SPITZ und TERRIER.
Der Polizeispitz uns verkläfft;
Der Bauernspitz verstehts Geschäft.
Stark ist sein Sinn für Eigentum.
Er wildert nicht, das ist sein Ruhm.
Buddhisten essen den Chow-Chow –
Am besten schmeckt die Zunge blau.
Der Terrierzüchter höchster Treffer

War einst der Schnauz, wie Salz und Pfeffer;
Und kaum genug als Lober kann
Man tun, gilt es dem Dobermann.
Auf Draht-(haar) ist der Fox gestellt,
Der Modehund der halben Welt.
Galt es bisher schon großen Fleiß –
Der Jagdhund gar bringt uns in Schweiß.
Die Bracken sind von schlankem Bau,
Die einen glatt, die andern rauh.
Der Bluthund schaut gemütlich aus –
Wer denken kann, der lernt daraus.
Beim Stöbern ist mit Leib und Seel
Die Hausfrau und der Spaniel.
Nur unterscheidet dies die zwei:
Beim Hund ist stets der Herr dabei,
Indes beim Stöbern ihren Mann
Die Hausfrau gar nicht brauchen kann.
Hochnäsig soll und hasenrein
Der Vorstehhund beim Jagen sein.
Das heißt, nicht Hasen hetzen toll,
Wenn er aufs Rebhuhn anstehn soll.
Einfarbig, dunkel ist der Setter
Zum bunten Pointer was wie Vetter.
Amts-Vorstehhunde, draht- und stichel-
Behaart, gefalln dem deutschen Michel.
Den Sauhund (der kein Schweinehund!)
Reißt oft das Wildschwein todeswund,
Wenn er zu nah kommt seinen Hauern.
Nun, jeder wird den Hund bedauern.
Soll den geplanten Angriffskrieg
Das Schwein hinnehmen mit Gequiek?
Doch da es leider meist verlorn,
Liegt dieser Rechtsfall sehr verworrn.
Der Pudel apportiert im Wasser
Und kommt heraus als pudelnasser.
Geschnürt, geschoren pudelnackt,

Der Hund selbst nicht 'ne Nudel packt,
Eh nicht sein Herr, auf den er schielt,
Es ihm erlaubt, ja gar befiehlt.
Vom Dackel aber, folgt er schlecht,
Heißt es: Der Dackel, der ist echt!
Stammbaum hat er oft einen vollern
Als beispielsweis die Hohenzollern.
Doch wäre so ein Dackel groß,
Wär er schon nicht mehr makellos.
An seinem frühen Grab erschüttert
Stehn jene, die ihn überfüttert.

Als sechste Gruppe kommt zuletzt
Nun noch der Windhund angehetzt.
Verzweifelnd an der Menschen Witz
Fand bei ihm Trost der Alte Fritz.
Der Greyhound stammt von Beduinen;
Er muß für Hunderennen dienen.
Und unter seinen fernen Ahnen
Hat der Barsoi sogar Afghanen.

Wertvoller wird der Hund, je kleiner.
Am teuersten ist: beinah keiner.
Es scherzt der bösen Buben Mund,
Laut belle nachts der Grubenhund.
In Weimar trat in einem Stück
Ein Hund auf – Goethe trat zurück.
Vom Cerberus müßt ich erzählen –
Doch gabs auch edle Hundeseelen:
Odysseus, lange irrgefahren,
Kam wieder heim, nach zwanzig Jahren,
Wo scheußlich hausten die (Be-)Freier.
Und jeder glaubt', ein Bettler sei er:
Der Hund nur hat den Herrn entdeckt
Und sterbend ihm die Hand geleckt.

Die Fische

Wer in die Flüsse schaut, ins Meer,
Empfindet sie als äußerst leer;
Und wer mit Netz fischt oder Angel,
Der meint, an Fischen sei ein Mangel.
Brehm aber weiß es wieder besser,
Er sagt, die Mehrzahl der Gewässer
So reich an Fischen, ungemein.
Und wenn ers sagt, wirds wohl so sein.
Durch ungeheures Eierlegen
Verschafft der Fisch sich Kindersegen;
Doch sind oft, eh ein Jahr verstreicht,
Schon wieder Leichen, was er laicht.
Ihn schicken in die großen Ferien
Schmarotzer, Seuchen und Bakterien –
Auch wächst kein Haar der ganzen Brut,
Weil sie nichts gegen Schuppen tut.
Ein Irrtum ist es drum, ein krasser,
Man fühl sich »wie ein Fisch im Wasser«!
Abwässer, Kraftwerk und Kanal
Vertreiben Huchen, Hecht und Aal.
Jagt man ihn gar mit Hochseeflotten,
Ist auch der Fisch leicht auszurotten.
Der Fisch sei, falls man ihn erwischt,
So frisch wie möglich aufgetischt,
Denn Fisch wie Gast, nicht mehr gefällt er,
Wird er drei Tage alt und älter.

Wir könnten schreiben lange Riemen
Darüber, wie er schnauft durch Kiemen,
Wie, Jahrmillionen immerhin,
Er vorgemacht den Zeppelin,
Wie gut er sieht, durch große Linsen,
So daß er leicht geht durch die Binsen,
Wie, was ein Ausgleich der Natur ist,

Er Rückgrat zeigt, doch dafür stur ist –
Und stumm –, wodurch er keinesfalls
Sich Schererein zieht auf den Hals –
Vor allem, weil er keinen hat;
Er ist vom Kopf zum Schwanze glatt.
Einleuchtend ist ja auch für jeden:
Man kann nicht unter Wasser reden.

Der *Zwiebelfisch* ist keine Fasten-
Speis – nein, er haust im Setzerkasten.
Der Hering lebt in Salzgewässern –
Teils in der Nordsee, teils in Fässern.
Auf Bänke setzt er sich zur Paarung.
Er ist des armen Mannes Nahrung,
Doch waren froh, ihn sich zu kaufen,
Bereits die Salier und Staufen.
Wenn es auch umgekehrt erst schien:
Bismarck ward weltberühmt durch ihn.
Dem Heringszug, meist fahrplanmäßig,
Folgt Wal und Hai und Mensch gefräßig.
Die Hanse, beispielsweis in Bergen,
Ward reich einst an den Schuppenzwergen;
Das Heringsschwinden ist erklärlich,
Denn zehn Milliarden fischt man jährlich.
Den Hering, meergrün, silbern, reizend,
Hat erst der Mensch, ihn räuchernd, beizend
Und rollend, so gemein entstellt. –
Genauso wichtig für die Welt
Als Nahrungsmittel sind die Dorsche –
Wobei ich weiter nicht erforsche,
Wie zueinander stehn genau
Aalraupe, Schellfisch, Kabeljau.
Nicht schmeckt, sogar nach Wässern, Häuten,
Der Klippfisch, Stockfisch bessern Leuten.

Hingegen Schollen sind begehrt:
Wohl dem, den eigne Scholle nährt!

Bei Schollen (Butten, Zungen, Flundern)
Muß die Verwandlung man bewundern:
Nicht von Natur Gefallen flach,
Drehn sie sich seitwärts, nach und nach
Das linke Aug fängt an zu wandern,
Bis es herüben ist beim andern.

Nackt, schwarz, mit langem Bart der WELS
Haust tief im Schlamm und hohlen Fels.
Den Räuber nachts bei Fackellicht
Der Fischer mit der Gabel sticht.

Die rotgetupfte BACHFORELLE
Steht häufig an der gleichen Stelle.
Man legt sich bäuchlings an den Rand
Des Baches, streift mit sachter Hand
Den Fisch, der, von der Flut umspült,
Der Finger Tasten gar nicht fühlt.
Ruckzuck! Man hält ihn, unverhofft –
Als Buben taten wir so oft.
Fischfrevel sei zwar nicht empfohlen,
Doch schmeckt am besten, was gestohlen,
Und nicht, wie mirs einst ging, in Ischl,
Für teures Geld ein winzigs Fischl.
Vermutlich eine Regenbogen-,
Die selbst der Wirt im Teich gezogen.
Nicht Bach-Forellen nur sind nett –
Auch die vom Schubert, als Quintett.

Teils blaugesotten, teils als resche
Bratfische ißt man Renk und Äsche,
Die auch noch salmenähnlich sind,
Wie der sich grundlos freuende *Stint*.
Der zeigt mitunter sich am Haff
So massenhaft, daß alles baff;
Dann wieder ist er äußerst selten. –
Doch nicht als Salm, nur Salmler gelten

Die Serrasalme oder Säger,
Die wüsten Tier- und Menschenjäger.
Wär damals statt ins Meer der Jonas
Gefallen in den Amazonas,
Hätt auf die Knochen ihn, noch warm,
Zernagt gleich der Piraya-Schwarm.
Ob man ihn siede, brate, backe –
Von auserlesnem Wohlgeschmacke
Ist, wenn zu alt nicht und verschleimt,
Der KARPFEN, auf den nichts sich reimt,
Weshalb die Dichter, die den Fisch
Sonst gerne bringen auf den Tisch,
Nur selten greifen in die Harpfen,
Ein Lob zu singen auf den Karpfen.
Sein Fleisch ist – sagen, die's erfahren –
Am allerbesten mit fünf Jahren.
Jedoch: zweihundert wird er alt!
Vergleichen wir das nun ganz kalt
Mit dem Verlauf des Menschenlebens:
Wie lang lebt so ein Karpf vergebens!
Die *Schleie* sucht sich zu verschleiern
Im Schlamm von stillen, tiefen Weihern.
Der Mensch hat den Verstand voraus:
Er läßt die Weiher einfach aus!
Der »Weißfisch« ist oft bunt von Farbe:
Rotauge, Nase, Brachse, Barbe,
Die kleine Laube, die Karausche
Nenn ich im Bogen nur und Bausche.
Der *Backfisch* schwärmte, fast noch Quappe,
Herum, »Musik« in seiner Mappe;
Bei einigem Reichtum seiner Väter
Ward er sogar zum *Goldfisch* später.
Und schwämm er selbst im Über-Fluß,
Vorm Fang trotzdem gewarnt sein muß:
Es langt, ein bißchen hinzulangen –
Schon jubelt er: »Ich bin gefangen!«

Den *Zierfisch* liebt, weil schön und stumm,
Wer schwärmt für das Aquarium,
Doch ists ein ewiger Eiertanz
Mit Sonnenfisch und Schleierschwanz
Und hin ist, frisch vom Ladentisch
Oft über Nacht ein Fadenfisch.

Wer dächt bei einem Karpfenteich
Nicht an den bösen Hecht sogleich?
Lang steht er steif als wie ein Stecken,
Um jäh, dem Tiger gleich an Schrecken
Sowie an queren, dunklen Streifen,
Die armen Fischlein anzugreifen.
Man fängt den Hecht auf hundert Arten,
Teils mit, teils ohne Angelkarten. –
Netzkarten, die ja sonst ermächtigen
Zu vielem, hier zu nichts berechtigen.
Der Hecht, der ärgste Feind des Hechts,
Frißt selbst neun Zehntel des Geschlechts.

Der Hai ist auch ein wüster Fresser,
Der einzige Fisch, dem mit dem Messer –
Wie sonst die Anstandsregel scharf –
Zu Leib gegangen werden darf.
Der Haifisch, wie aus dem Drei-Groschen-
Song jeder weiß, schon abgedroschen,
Trägt seine Zähne im Gesicht.
Des Mörders Messer sieht man nicht.
Was nützts, daß grade sich der Riesen-
Haifisch als harmlos hat erwiesen?
Schwer unterscheiden ihn die Laien:
Sie haben Angst vor allen Haien.
Der Blauhai lebt im Meer, im Roten –
Drum ist dort Baden streng verboten.
Und aus der Menschenfresser Zahl sei
Genannt der Eishai noch und Walhai.

Gewohnt, den Schiffen nachzuziehn
Gelangen überall sie hin.
Ein Wink, wie man das Untier fängt:
Man schwimmt, vom Haifisch arg bedrängt,
Ans Ufer, läuft dann rasch landein,
Den Haifisch immer hinterdrein.
Er schießt voll Gier aufs trockne Land
Und zappelt hilflos dann im Sand.
Vom Haifisch, als des Meers Hyäne,
Ich eine Abart noch erwähne:
Mit ungeheuern Steuerflossen
Kommt der Finanzhai angeschossen
Und er erreicht es ganz bestimmt,
Daß niemand mehr im Gelde schwimmt.
Hierher zähln auch die Zitterrochen:
Sie haben echte Flitterwochen
Und kriegen, diese recht benutzend,
Lebendige Junge, wohl ein Dutzend.

Die Vögel

Bei Forschern ist der Satz beliebt,
Daß es nichts gibt, was es nicht gibt.
Und zu beweisen wär rein vöglich,
Daß nichts in der Natur unmöglich.
Leicht sei der Vogel, meint zwar jeder,
Zu kennen an Gesang und Feder,
Und dennoch bangt man, ob mans trifft,
Als Vogelsteller wie als Schrift-,
Auch wenn man sich, auf daß es glückt,
Mit fremden Federn manchmal schmückt.

Einst ging der Vogel auf vier Füßen;
Die Vorderbeine einzubüßen,
War aber für ihn recht vergnüglich;

Er kann jetzt, ausgestattet flüglich,
Sich schwingen vogelfrei ins Blau,
Die Welt sehn aus der Vogelschau;
Er kommt, was schwer der Mensch erreicht,
Auf einen grünen Zweig gar leicht.
Zum Schnabel wurden Mund und Nasen,
Die Knochen sind voll Luft geblasen
Und Fieber, ohne daß es schad,
Hat meist er, über vierzig Grad.
Es wird sein Sang zur hohen Kunst
Besonders um die Zeit der Brunst,
Die ja, man weiß aus eigner Lieb es
Triebfeder künstlerischen Triebes.
Die Männchen sind die bessern Töner,
Sie sind auch hochzeitskleidlich schöner.
Der eine macht es mehr durch Lieder,
Der andre mit dem Goldgefieder.
Spaßvögel sind oft ziemlich locker;
Nestflüchter gibt es und Nesthocker.
Standvögel bleiben, wo sie sind;
Strichvögel wechseln wie der Wind;
Zugvögel ziehn nach Afrika
Und sind oft in vier Tagen da,
Wenn sie nicht in das Netz geraten
Der Italiener, die sie braten.

Der Vögel König, wie ihr wißt,
Der ADLER, weil rein aarisch, ist.
Seit Urzeit wars des Aars Bestreben,
In höchsten Kreisen nur zu schweben.
Doch seine Gegner sehen kalt
In ihm das Sinnbild der Gewalt.
Dem Heiligen Römischen Reich zur Zier
Ward er bestellt als Wappentier.
Von den zwei Köpfen ist nicht klar,
Ob einer nicht ein Dummkopf war.

Der Adler nicht, wie mancher glaubt,
Der *Falk* ist das Familienhaupt;
Als Kind schon lernt er das Gerüttel.
Der edle Jagdfalk wird zum Büttel,
Ja, wird im Menschendienst ein Schuft:
Er holt den Reiher aus der Luft.
Der *Bussard* kreist, zumeist ein Paar,
Hoch über uns das ganze Jahr.
Jedoch ausschließlich für die Mäuse
Und Schlangen zieht das weitre Kreise.

Der Geier scheußliche Natur
Befähigt sie zur Müll-Abfuhr.
Bestattungen, sowohl in Masse,
Besorgen sie, wie erster Klasse,
Zu welchem Zweck man für sie eigens
In Indien baut den Turm des Schweigens.
Der Mensch stürzt (ihr meint, besser sei er?)
Sich auf die Erbschaft, wie ein Geier.

Noch gibts den *Kondor* in den Anden.
Bei uns die Lämmergeier schwanden.
Nur noch im Film sieht man sie horsten.
Ihr Barthaar sind nur Stoppelborsten,
Falls jemand meint, ihr Haupt umrahms
Wild wie bei Nietzsche oder Brahms.
Gewöhnlich nach verlornen Kriegen
Sieht man die *Pleitegeier* fliegen.
Und was an Geiern sonst da haust
Und von dem Aase schmutzig schmaust.

Die Eule ist (lateinisch strix)
Berühmt ob ihres scharfen Blicks.
Als kluge Menschen gelten jene,
Die eulenäugig (wie Athene).
Die Eul ist nur durch Schweigen klug.
Lautlos, gespenstisch ist ihr Flug.

Im Finstern schlagen wir ein Kreuzchen,
Hörn klagen wir das arme *Käuzchen*.
Vorm Totenvogel jedem grauts.
Und doch, als komisch gilt der Kauz.
Er selbst legt darauf wenig Wert.
Den Eulenspiegel, umgekehrt,
Freut sein spaß-vögliches Bestreben:
Es muß auch solche Käuze geben!

Der *Uhu*, Bubo oder Auf
Hält tags sich im Verborgnen auf,
Weil er fürs helle Licht nicht schwärmt;
Der Spott der Vögel ihn umlärmt;
Doch nachts, wenn seine Sterne strahlen,
Gedenkt ers ihnen heimzuzahlen.
Der Uhu ist zwar sehr gefräßig,
Jedoch im Trinken ist er mäßig.
Der »b'suffne Uhu« ist daher
Vertretbar wissenschaftlich schwer.

Die Edelraben oder Kolk-
Warn einst bekannt im deutschen Volk,
Als man sie unter jedem Galgen
Um die Gehenkten sich sah balgen.
Sie hackten bei dem Leichenschmaus
Einander nie die Augen aus.
Oft meint man, daß man Raben sähe,
Doch ist es nur die Rabenkrähe.
Ihr Unterschied ist unerheblich
Zur Nebelkrähe, die, wenns neblich,
Von Osten kommt, im Herbst und Winter.
Saatkrähen, bläulich, stelzen hinter
Dem Pflug her, nach Gewürm zu graben.
Das Volk nennt auch die Krähen: Raben.
Sie werden zahm zwar, lernen sprechen,
Doch bleibt die Neigung zum Verbrechen.

»Grab, Grab!« der Unglücksrabe schreit
Und geht auch immer schwarz gekleidt.
Hingegen für die eigne Brut
Die Rabeneltern sorgen gut,
In »Rabentraulichkeit« zusammen.
Drum sollt man sie nicht *nur* verdammen.
Die Krähe oft auf Eier trifft,
Auf denen klar steht: »Vorsicht, Gift!«
Sie stirbt, weil sie nicht lesen kann:
Man sieht, an Bildung ist was dran!
Wird irgendwo ein Ring gestohlen,
Dann warns gewiß die »Dacheln«, Dohlen,
Auf die man erst Verdacht geschöpft,
Wenn man den Falschen schon geköpft.
»Solln dich die Dohlen nicht umschrei'n,
Mußt Knopf nicht auf dem Kirchturm sein!«
Zum Raben so was wie ein Schwäher
Ist Garrulus, der *Eichelhäher*.
Kaum sind die Kirschen recht im Fleisch,
Naht er mit häßlichem Gekreisch,
Um uns bereits am frühen Morgen
Die Müh des Erntens zu besorgen.
Doch gerne trägt am Hut ein jeder
Die weiß und blaue Häherfeder.

Der Specht (von Spähen oder Spechten)
Schaut stets im Walde nach dem Rechten.
Vom Morgen bis zum Abenddämmern
Hört man ihn wild an Bäumen hämmern.
Noch kommt der große Buntspecht vor.
Er brachte es bis zum Major.
Der Schwarzspecht sieht die Zukunft schwarz:
Dahin gehn Schwarzwald, Spechtshart, Harz.
Der Grünspecht grünt in Schnee und Eis;
Er gilt im Volk als Naseweis.

Dem *Tukan* kämst du auf die Spur bald,
Durchzögest du Brasiliens Urwald,
Wo man mit Pfeilen, schwach voll Gift,
Ihn nur betäubt, wenn man ihn trifft.
Hat man der Federn ihn beraubt,
Wird ihm der Weiterflug erlaubt.
's gewöhnt mit jedem Treffer besser
Daran sich dieser Pfefferfresser.

Noch weitaus wuchtiger, rein nasisch,
Doch afrikanisch oder asisch
Ist, ohne jegliches Gemogel,
Der *Hornrab* oder Nashornvogel.
Das Weibchen wird, was man bedauert,
Mit Lehm vom Männchen eingemauert,
Gefüttert nur durch einen Spalt.
Auf solche Weise, mit Gewalt!,
Erhält der Ehemann es keusch. –
Er fliegt mit sausendem Geräusch.

Man sagt, der Wahrheit nicht gemäß,
Daß wer nur wie ein Vogerl äß.
Ganz falsch! Hier dien uns als Beweis
Der *Martinsvogel* oder Eis-.
Ein Mensch, so gierig auch nur halb,
Fräß jeden Tag ein ganzes Kalb.
Wir sahn den Vogel winters flitzen,
Am Bach wie Edelsteine blitzen.
Bis wir ihn zeigen unserm Sohn,
Lebt er nur mehr im Lexikon.
Vorbei, wie man auch drüber klage,
Sind längst die halkyonischen Tage.
Den ganzen Tag, damit dus weißt,
Sagt dir der KUCKUCK, wie er heißt.
Kein Mensch den Kuckuck je vergißt –
Der weiß, was Propaganda ist.

Viel gilt – und gar beim erstenmal –
Sein Ruf uns als Orakelzahl.
Oft kennt man ihn vom Pfänden nur.
Beliebter ist die Kuckucksuhr.
Ein jeder weiß das mit dem *Ei*.
Im Sommer stirbt des Kuckucks Schrei...
Und niemand siehts: wo flog er hin?
Drum hält man für unsterblich ihn.
Der *Wiedehopf*, der Kuckucksküster,
Ist kein so freudevoll Begrüßter,
Trotz seinem schönen Federnschopf,
Denn leider stinkt der schmutzige Tropf.

Der STORCH – wie könnt es anders sein? –
Stellt sich bei so viel Vögeln ein.
Von fremden Vögeln zählt dazu
Der würdevolle *Marabu*,
Auch Adjutant: bei heiklen Sachen
Weiß er: »Nur Ruhe kann es machen!«
Zu kümmern sich um jeden Dreck,
Ist auch des Adjutanten Zweck.
Im Zoo sieht man *Flamingos* stehn,
Die rosig in die Zukunft sehn.

Der *Klapperstorch*, Freund Adebar,
War einst in Deutschland gar nicht rar.
Ins selbe Nest flog stets das Pärchen.
Jetzt wird er mehr und mehr zum Märchen,
Und jeder Knirps weiß, was das heißt,
Daß er ins Bein die Mutter beißt.
Der Storch, der selbst nicht singen kann,
Erklärt drum, viel sei nicht daran.

Vom REIHER, der nun an der Reih,
Gibts Fisch- und Edel-, also zwei.
Des einen Schopf drei Federn schmücken,

Der andre trägt sie auf dem Rücken.
Der Mensch, von ihrer Pracht gereizt,
Hat drum den Reiher einst gebeizt,
Das heißt, durch einen Falken fassen
Und hernach wieder fliegen lassen.

Der *Ibis* war am Nil geheiligt;
Unwissend selbst und unbeteiligt
Führt', als Nutznießer des Systems,
Er dort ein Leben, ein bequems.

Der *Kranich* fliegt und geht zu Fuß.
Er hat – und heißt darum grus grus –
Den Gruß, wie Schiller uns gedichtet,
Des Ibykus wohl ausgerichtet.
Auf Schusters Rappen *Trappen* laufen.
Attrappen gabs, statt was zu kaufen.
Sehr häufig wird in Wörishoffen
Der *Wassertreter* angetroffen;
Ihn zu verspotten, wäre töricht.
Rohrdommeln tummeln sich im Röhricht.

Die wackern Jäger rüsten sich
Um Okuli zum Schnepfenstrich.
Die SCHNEPFE, feld-wald-wiesenländlich,
Ist unterschieden, selbstverständlich,
Von jener, die in dünnen Strümpfen
Herumstreicht in den Großstadtsümpfen,
Meist seelisch wüst, doch schön behintert,
Und die dortselbst auch überwintert;
Die Großstadt-Schnepfe ist viel träger –
Leicht ist die Jagd für Schürzenjäger.

Zum *Regenpfeifer*, dem Bengt Berg
Gewidmet hat ein eignes Werk,
Zählt auch der *Kiebitz*, unbeliebt,

Wenn er uns gute Lehren gibt.
Er ist ein aufgeregter Schreier;
Doch herrlich schmecken seine Eier.

Unschuldig wie ein Fragebogen,
Anmutig kommt der Schwan gezogen,
Hebt seinen Hals, den süßen, weißen –
Um bös zu zischen und zu beißen.
Das eitle Tier hat seine Sorgen:
Die wüsten Beine hälts verborgen.
Wir kennen es aus Kunst und Märchen;
Fürs Leben treu ist sich ein Pärchen,
Bis ihre Ehe zäh wie Leder.
Denn eine Leda kriegt nicht jeder.
Seit der Antike ists vorbei
Mit dieser Art von Schwanerei.
Das Ei des Höckerschwans man hält
Fürs größte unsrer Vogelwelt.
Dem Singschwan (Cygnus musicus)
Schwants manchmal, daß er sterben muß;
Dann läßt er vorher, süß und bang
Ertönen seinen Schwanensang:
Bekannt ist jener der Romantik;
Die Welt von heute ist so grantig,
Daß sie dahinstirbt, ganz gesanglos –
Was bei dem Lärm ja auch belanglos.

Die *Gans* tat viel für unser Wohl:
Sie rettete das Kapitol,
Sie mußte Federn lassen, viele,
Für Betten und für Gänsekiele,
Womit manch Großer schrieb, was jetzt
In »Gänsefüßchen« wird gesetzt.
Von Nutzen ist es, sie zu braten –
Doch weniger, sie heizuraten. –
Zwar, wenn man auf die Preise schaut,

Kriegt man schon eine Gänsehaut:
Einmal im Jahr man vielleicht kanns
Sich leisten als Kirchweihnachtsgans.
Die Zeitungsente ausgenommen,
Ist auch die *Ente* uns willkommen,
Die jeden Dreck, auf Wunder-Art,
In Fleisch verwandelt, feist und zart.

Der MÖWE Leibspeis ist der Fisch.
Sie hat ihn alle Tage frisch,
Sofern sie nicht, ein wüster Schreier,
Rumzieht als Großstadt-Abfall-Geier.
Die Möwen sind sehr spitzgeflügelt.
Schon Morgenstern hat witzgeklügelt,
Sie sähn in ihrem weißen Flaus,
Als ob sie Emma hießen aus.

Doch uns, ob mit, ob ohne Emma,
Ergreift viel ernster das Dilemma,
Was just für Möwen wir an süßen
Wie salzigen Gewässern grüßen;
Denn unser Wissen ist recht schwach.
An Binnenseen ists oft die Lach-.
Doch andre, die ihr ziemlich gleichen,
Im Durchzug auch vorüberstreichen.

Der *Pelikan* ins Herz sich sticht,
Aus übertriebner Mutterpflicht.
Doch ist der *Pinguin* der Beste:
Er wahrt sich seine weiße Weste.
Kaum noch ein Vogel, sondern dicklich,
Zum Seehund mehr sich hin entwicklich,
Sitzt er, gelangweilt und oft müd wohl,
Das ganze Jahr auf seinem Südpol. –
Zum Glück kein Zigarettenraucher:
Er würde sonst zum Kettenraucher.

Der Schwimmer Haupterzeugnis ist
Guano, der berühmte Mist.
Die Folge *eines* Vogeldrecks
Ist nur ein ärgerlicher Klecks,
Doch Schmutz gehäuft mit Zinseszins,
Gibt hohe Berge des Gewinns.

Des Friedenstifters Ruhm genoß,
Wer Öl einst auf die Wogen goß,
Heut bringts, als Untat, nur Verderben:
Das schauerliche Vogelsterben!

Wir kommen zu den Hühnern nun.
Vom indischen Bankiva-Huhn
(Fasanenartig) abgeleitet,
Ist jetzt das Haushuhn weit verbreitet.
Der Hühnerzüchter, fast schon manisch,
Kreuzt und veredelt welsch und spanisch,
Zieht Nackthals, Leghorn, Steiermärker,
Bald in bezug auf Eier stärker,
Bald mehr als Brat- und Suppenhuhn,
Bald mehr zum Spaß, wie's Struppenhuhn.
Besonders kühne Hühner seien,
Sagt man, die Hähne der Malaien.
Eunuchen wir *Kapaunen* nennen;
Poularden fettgemachte Hennen.
Besonders hat die Zucht der Küken –
Die Bäurin weiß es – ihre Tücken.
Kaum wächst ein Tierlein, so ein liebs,
Fällt es schon um und hat den Pips.

Der Hahn im Korb ist meist ein Tropf.
Wer hätt nicht gern sein Huhn im Topf?
Vom alten Turmhahn gibt Bericht
Uns Mörike – ein Prachtgedicht.
Den roten Hahn setzt man aufs Dach.

Krampfhennen kräht kein Gockel nach.
Der Schnapphahn sucht was zu erwischen.
Den Knurrhahn zählt man zu den Fischen.
Kokett ist Frankreichs Hahn im Wappen.
Der Hahnenkamm ziert Narrenkappen;
Mephisto trägt die Hahnenfeder,
Des armen Hahnrei's spottet jeder.
Das Hühnerauge einsam wacht
Oft in der tiefen Mitternacht.
Es weissagt, wie der Hahn, das Wetter.
Der weckt mit Kikeriki-Geschmetter
Die Frühaufsteher, die dann dumm
Den ganzen Tag oft stehn herum.
Ein guter Hahn wird selten fett.
Geh mit den Hühnern früh zu Bett!
Jedoch, als Ausnahm von der Regel:
Das Sumpfhuhn wird erst abends kregel.
Und: Junggesell wie Gockel enden
Oft unter einer Köchin Händen.

Der Auerhahn, teils bunt, teils schwarz,
Lebt im Gebirg – auch noch im Harz,
Beginnt, in Lichtungen des Walds
Im März mit der berühmten Balz.
Er knappt und trillert, schleift und sträubt
Die Federn, wankt auch, wie betäubt.
Dann reitet – wenn ihr Jäger fragt –
Der Hahn vom Baum ab, wenn es tagt;
Der Auerhahn, ums Morgenrot,
Stirbt einen schönen Liebestod:
Vor Lust merkt er den Jäger nicht;
Der schießt, beim ersten Büchsenlicht.

Der *Birkhahn* treibt es fast noch kühner.
Jedoch die Schnee- und Haselhühner
Sind in der Hinsicht ziemlich lahm;

Sie leben nämlich monogam.
Das Rebhuhn, auf lateinisch perdix,
Ist ein Geschöpf, ein beinah erdigs.
Nur schwer sieht mans am Boden hocken.
In Ketten fliegts, als würf wer Brocken.
Der Mensch zählts zu den edlen Künsten,
Dergleichen Vögel sanft zu dünsten;
Und ohne alle Trauer schaut
Die Leichen er auf Sauerkraut.

Noch ein Bekannter fehlt, ein guter:
Der *Truthahn* ist es, unser Puter.
Er ist sehr dumm, doch noch viel dümmer
Die Pute ist, das Frauenzimmer.

Früh hat die Taube sich bewährt:
Sie hat zuerst fern-aufgeklärt;
Als Vater Noah in dem Kasten
Genug vom Schwimmen hatt und Fasten,
Da schickte er die Taube aus –
Den Ölzweig brachte sie nach Haus.
Seitdem besteht ein frommer Glaube,
Es gebe eine Friedenstaube.
Matthäus ohne Falsch sie nennt;
Das kann nur tun, wer sie nicht kennt.
Besonders meint die Stadt Venedig
Es mit den lieben Täubchen gnädig.
Lockvögel sind dort diese braven
Für ungezählte Fotografen.
Das Lied: »Wenn ich ein Vöglein wär...«
War einmal riesig populär:
Die Taube hat, der Venus heilig,
Vermittelt Liebeswünsche eilig.

Der Papagei lebt hier und da:
In Asien und in Afrika,
Amerika, wo aus Peru

Einst kam der Inkakakadu.
Jedoch die Hälfte ist australisch.
Der Papagei ist musikalisch,
Und Plinius bereits führt an
Den Vogel, welcher reden kann.
Kreuzritter brachten, Seeleut später
Ihn her zu uns, als brave Väter.
Selbst Alexander kannt' ihn schon:
Berühmt ist der von Robinson.
Der Indio hält sie wie Hühner.
Teils sind sie grün, teils noch viel grüner,
Und schildern könnt man kaum den Fittich
Von Amazone, Lori, Sittich.

Man sagt, daß seinen Vogel habe
Jedweder, der durchs Leben trabe.
Doch leider treffen wir fast nie
Darunter einen KOLIBRI,
Die, klein mitunter wie die Hummeln,
Westindiens Blütenreich durchtummeln
Und köpflich-schöpfisch, schwänzlich-quastisch
Geschmeidlich glänzen, ganz fantastisch.

So bunt, jedoch vergleichsweis riesig,
Die Vögel sind, die PARADIESIG.
Noch unsre Mütter sahn wir schwelgen
Im Putz von solchen Vogelbälgen.
NB! Des Weibchens schlichte Mode
Bewahrte es vorm frühen Tode.

Nur ungern meldet der Verfasser,
Daß unser SPERLING (Spatz, Sperk, Passer)
Als Ahnherr gilt von Fink und Star,
Ja, von der ganzen Vogelschar,
Die, ungeheuer artenreich,
Durchzieht Feld-, Wald-, Gartenreich;

Sagt man doch selbst vom *Leierschwanz*,
Ein Sperlingsvogel sei er ganz.
Die teilen die Akzentesetzer
In Sänger, Schreier ein und Schwätzer.
Die Schwätzer, schöne Vögel, wohnen
Im Stromgebiet der Amazonen.
Schönschwätzer, wie auch Süß-, Schnell-, Klug-
Und Schreier gibts auch hier genug.

Da loben wir doch mehr die nettern –
Die Finken nämlich, ihre Vettern.
Denn schon im März, noch lang vor Tag,
Freut uns ihr schmetternd heller Schlag.
Der Buchfink heißt nur so; denn lesen
Kann nicht ein Wort das kleine Wesen.
Der Schmierfink kann mitunter schreiben,
Doch ließe er es besser bleiben.
Ein hübscher Grünfink oder Zwunsch
Wär manches Vogelfreundes Wunsch.
Im Winter, wenns verschneit und eisig,
Kommt oft zu Tausenden der *Zeisig*
Und singt vorm reichen Bauernhofe
Bescheiden seine Bettlerstrophe,
Indes, schwarzköpfig, rotberockt,
Der Gimpel feist im Baume hockt.

Als Musiker-Familien groß
Sind Finken nicht und Gimpel bloß,
Wie bei den Menschen Bach und Strauß:
Der Rotschwanz auch samt seinem Haus
Gab große Sänger zum Theater.
Der Rotschwanz selber zwar, der Vater,
Scheints, wenig Unterricht genoß er,
Doch ließ er seinen Sprößling Sprosser
Ausbilden, wies ja oft der Fall,
Und seine Tochter Nachtigall.

Weit hats gebracht, beim Tonfilm gar,
Sein Vetter, der berühmte Star.

Man brauchte nicht den Brehm zu wälzen,
Man kennt sie selbst, die netten STELZEN;
Die Bach- vor allem, die schwarzweißen,
Auch »Waschermadl« oft geheißen.
Meint man, daß sie ins Wasser kippen,
Sie nur mit ihren Schwänzchen wippen
Und fliegen ein paar Steine weiter;
Sogar bei Regen sind sie heiter.

Man trifft heut manchen Zaungast zwar,
Doch der *Zaunkönig*, der wird rar,
Der durch die Gärten, grün umbuscht,
So winzig wie ein Mäuschen huscht.
So wärs denn mit den Vögeln aus. –
Halt, halt! Noch kommt der Vogel STRAUSS,
Der bisher, dumm und ganz verschreckt,
Den Kopf hat in den Sand gesteckt;
Mit ihm erscheint die Straußenschar:
Der Kiwi, Nandu, Kasuar.
Sie hören es von Herzen gern:
Straußfedern sind jetzt unmodern.
Beneidenswert, wär noch zu sagen,
War immer schon der Straußenmagen.
Wohl dem, der frißt, was ihm gefällt,
Und glatt verdaut die zähe Welt!

Rose und Nessel

Die Rose

Als sich die Rose erhob, die Bürde
Ihres Blühens und Duftens zu tragen
Mit Lust:
Hat sie, daß es der letzte sein würde
Von ihren Tagen,
Noch nicht gewußt.

Nur, daß sie glühnder noch werden müßte,
Reiner und seliger hingegeben
Dem Licht
Spürte sie – ach, daß zum Tode sich rüste
So wildes Leben,
Bedachte sie nicht...

Als dann am Abend mit Mühe der Stengel
Ihre hingeatmete Süße
Noch trug,
Hauchte sie, fallend, dem kühlen Engel
Welk vor die Füße:
»War es genug?«

Der Kirchhof

Den Umweg vom Sträßlein zur Straßen,
Den schneidet ein jeder ab:
Es führt eine schmale Gassen
Über den Kirchhof hinab.

Der rußschwarze Rauchfangkehrer
Geht hier und der mehlweiße Bäck,
Es spart sich der alte Lehrer
Und der junge Pfarrer das Eck.

Der alte Lehrer, der schneuzt sich
Umständlich ins rote Tuch,
Der junge Pfarrer bekreuzt sich
Und schaut in sein schwarzes Buch.

Die Hausfrauen, ohne Schaudern
Stehn schwatzend mitten im Tod;
Am Leichenstein ist gut plaudern
Vom Alltag und seiner Not.

Die fremden Herren und Damen,
Die Sommerfrischler im Ort,
Die lesen die spaßigen Namen
Und lächeln und gehen fort.

Nur nachts, im Mondlicht, im bleichen,
Huscht jeder ängstlich vorbei:
Ob nicht an der Kirchwand ein Zeichen
Für ihn schon geschrieben sei.

Trüber Tag im Gebirg

Das Gras ist gemäht.
Weiß schäumt der Bach,
Ein Gockel kräht.
Die Schwalbe spät
Schwätzt unterm Dach.

Die Sonne leckt
Am Nebel schwer,
Der rauchig schmeckt.
Den Eiszahn bleckt
Der Gipfel her.

Was willst du tun,
Unruhiger Gast?
Den Nagelschuhn
Gebiet zu ruhn:
Halt einmal Rast!

Trink roten Wein,
Schau für dich still.
So ganz allein
Mit dir zu sein,
Trag's ohne Spott:

Wer weiß, was Gott
Dir sagen will...

Nachts im Dorf

Voll des süßen Weines lärmen
Wir aus hellen Wirtshaustüren
In die schwarze Herbstnacht wild.

Und auf schwanken Füßen führen
Einen Bacchus wir, mit Schwärmen,
Bärtig, ungeheuer,
Frevelhaftes Heidenbild,
Durch das fromme Dorf. Die Heiligen lauschen
Holzgeschnitzt, den lästerlichen Schwüren,
Härmen sich,
Daß ihr alter Glaube nichts mehr gilt.

Laut die Brunnen rauschen,
Hähne erste Grüße tauschen,
Aus den Falten grauer
Nebel quillt
Rot das Morgenfeuer.
Und des Tages Schauer
Wunderlich uns stillt:
Wie aus unsern Kränzen
Fortgeworfen, glänzen
Schwarz und mild
Rosen an der Kirchhofmauer.

Hahnenschrei

Die Hähne krähn
Den Tag entlang
Vom ersten Mähn
Und Sichelsang
Bis spät zum Feierabendklang.

Das Krähen schweift
Von Haus zu Haus
Und weiter greift
Landein, landaus
Der Feuerruf, der Siegesbraus.

Er überspringt
Das Wasser breit
Und er durchdringt
Waldeinsamkeit
Es ist ihm nicht die Welt zu weit.

Da Petrus einst
Den Herrn verriet,
Hat er geweint
Beim Hahnenlied:
Verrat und Reu noch heut geschieht.

Des Hahnes Stimm
Ist siebenfach,
Ist stark von Grimm
Von Ängsten schwach:
Sie hält das Herz der Erde wach...

Aldersbach

Sanft ist alles hier. Wer will,
Nenn es langeweilig.
Ährenfelder, Gras, windweiß.
Wälderhügel, dunkel, flach.
Zwischen Bäumen, doppelzeilig
Sträßlein, hundertmeilig.
Laufen lauter Dingen nach,
Die einander gleichen.
Da und dorten streichen
Sensenblitze.
In der Hitze, träg und still
Nur das spitze, messerstumpfe
Grillengeschrill.
Ungeheuer nur das Feuer-
Rad der Sonne, lodernd heiß.

Die Vils – wie kann ein Bach
So müd nur schleichen! –
Blinkt schuppenschwach
Aus schilfigem Sumpfe.
Sommerschwarze Eichen
Stehn wie eine Büffelherde.
Und die ganze, glühend dumpfe Erde
Döst und wird nicht wach.

Plötzlich hebt mit wildem Trumpfe
Überm Feld sich hoch ein Dach.
Aus dem Heißen birst
Über schwarzem First
Und weißem Rumpfe
Auf der Turm, verwegen, schnörkelkeilig,
Orgelpfeilig, aufwärts stürmend, eilig
Ragt das Gotteshaus von Aldersbach
Heilig!
Tritt hinein! Das Klosterhofsgeviert
Nimmt aus greller Gassenschwüle
Dich in seine Schattenkühle.
Daß dein Blick sich nicht verliert
Tut sich prächtig, reich verziert
Auf die weiß und goldne Kirchenpforte.
Und nun dringt's, am hohen Gnadenorte
Auf dich ein und faßt dich übermächtig
Und du schaust, geklammert ans Gestühle,
Hold verwirrt.

Überbildert, schier verwildert
Mehr, als es mit schwachem Worte einer schildert,
Füllt das Wunderwerk den Raum.
Wie zu einem einzigen Loben
Aufgehoben, schweben, heben
Heilige, bärtig, schier grobschlächtig
Laut verzückt und stumm bedächtig

Sich nach oben.
Und aus goldnem Wolkenpfühle
Stürzen Engel, fittichrauschend
Wunderbare Mäntel bauschend,
Weiß und rauch- und rosenfarben
In das Toben, vielgestaltig.
Doch auf Blitzes Garben, droben
Thront Gott selber, hoch dreifaltig.
Kaum
Kannst du folgen, zu gewaltig
Blüht mit immer vollern Zweigen
Hoch der Baum.
Eine ungeheure Bühne
Ewigen Spiels von Schuld und Sühne
Ringt sich, schlingt sich, um das kühne
Hochaltar-Blatt zu umrüsten
Wo des Heiligen reinen Lüsten
Aus Marias Mutterbrüsten
Satt die Milch der Weisheit spritzt,
Aus dem segensreichen Bronnen.
Angeblitzt von solchen Sonnen
Überhitzt von solchen Wonnen
Wildem Taumeln
Stehst du reglos, wie im Traum.
Aber menschlich dich zu grüßen
Auf der höchsten, rosensüßen
Wolke Saum
Sitzt ein Englein, lacht verschmitzt
Und dort noch eins, leicht wie Schaum.
Und sie baumeln mit den Füßen –
Und die Liebe schmelzt den Raum.

Gotischer Dom

Am Morgen

Zerstäubt in Sonne wirft der Dom
Die steinern' Arme aufwärts wie Raketen.
Mit allen Glocken fängt er an zu beten
Und mit der Inbrunst seiner steilen Türme
Greift er hinauf, daß er den Gott bestürme.

Tief unten in den Bau die Menschen treten,
Und wachsen brandend an, ein dunkler Strom.

Die Hallen reißen auf von Orgelchören:
»Gott muß uns hören!«
Gesang von tausend Stimmen schreit.

Und er steigt nieder bis zur steinern' Schwelle,
Und schleudert wie ein Zeichen seine Helle
Hin durch der Fenster bunte Dunkelheit.

Und läuft durch alle, eine heilige Welle,
Und reißt sie stürmend in Unendlichkeit.

Der Bau

Wir bauen schon an diesem Haus
Seit tausend, abertausend Tagen,
Und sehn es wachsen hoch hinaus
Und steigend in die Sterne ragen.
Verloren ging des Meisters Wort,
Und keiner ahnt: Wann wird es enden;
Wir aber bauen immerfort
Mit müdem Sinn und regen Händen.

Wir haben keine Zeit, zu ruhn,
Als ob wir es vollenden müßten,
Wir unsre harte Arbeit tun
Und sterben hoch in den Gerüsten.
Kaum, daß von Sehnsucht jäh geschwächt,
Wir innehalten mit dem Fronen:
Wann kommt das selige Geschlecht,
Bereit zu ruhen und zu wohnen!?

Der Turm

Sie haben oft bei ihrem Werk gerastet,
Als sie sich Stock um Stock hinaufgetastet,
Und schon hat ihnen vor der Tat gegraut,
Als sie behutsam Stein auf Stein gelastet.
Sie sahen schwindelnd die Gerüste steigen,
Entwachsend schon der Stadt und Lärm und Laut
Emporgeblüht ins unermeßne Schweigen
Und ganz vom neuen Tage überblaut.

Da ahnten sie, daß Gott in ihnen baut.

Am letzten Tag, sie schwiegen mit dem Hämmern,
Da faßten sie es erst, was sie vollbracht.
Sie sahen Stadt und Land im Dunst verdämmern
Und über ihnen wuchs die Sternennacht;
Sie fühlten näher Gottes Atem wehen
Und waren schon durchwühlt von seinem Sturm.

Und ihnen war's, sie müßten schweigend gehen
Und sich die tausend Stufen abwärts drehen.

Sie blickten scheu empor und sahn ihn stehen
Wie eine Himmelsleiter hoch: Den Turm.

Auftauende Landstraße

Schnee, wie groben Salzes Korn
Rauscht mir unterm Wanderschritt.
Winterliche Reise!
Doch schon geht der Frühling mit,
Und die Sonne rückt nach vorn:
Gestern einen Hahnentritt,
Heute eines Mannes Schritt,
Morgen einen Hirschensprung.
Und mit übermüt'ger Zung
Hat sie schon das Land beleckt,
Süß schmeckt ihr die Speise!
Wie ein Pardelfell gefleckt
Liegt der Anger hingestreckt
Wunderlicher Weise.
Wo die Straß den Wald durchläuft,
Liegt noch hoch der Schnee gehäuft
In der schmalen Schneise.
Doch dort vorn im Sonnenschein
Rinnt's von tausend Wässerlein.
Blank vom Gleise trieft's und träuft,
Daß die Straße schier ersäuft,
Bläulich blinkt's vom Eise...

Kleine Welt mir zu besehn,
Bleib ich voller Andacht stehn,
Schaue mit Entzücken.
Träum mich armen Wanderzwerg
Riesengroß, wie einen Berg,
Muß auf winziges Wunderwerk
Lächerlich mich bücken.

Hundert Quellen halt ich zu,
Plump mit meinem Nagelschuh,
Und ein Eisstoß treibt im Nu

Über seinen Rücken.
Urweltlandschaft – so als flöß
Durch die Ebenen von Löß
Reißend wild der Hoang-Ho
Und ich könnt ihn, götter-roh
Aus dem Bette drücken.
Sieh, mit flinkem Nagezahn
Bricht das Wasser neue Bahn,
Triftet hier ein Flöckchen Werg,
Holt sich dort ein Hälmlein Stroh
Und schießt jetzt hinunter froh,
Sprengend alle Brücken.

Und nun treibt es schwarz wie Ruß
Gegen den gestemmten Fuß:
Gletscherfloh an Gletscherfloh,
Ein Millionenrudel.
Immer wieder, Stoß um Stoß
Jagt's hinunter, rettungslos
In den weißen Strudel.
Triebe neue Sintflut so,
Denk ich, fort die Menschheit bloß,
Widriges Gehudel!
Rasch und rascher wird die Wucht,
Unabsehbar wird die Flucht,
Wirbelnd wilder Sprudel,
Bis sich in beruhigter Bucht
Sammelt Satz und Sudel.

Müde meines Kinderspiels,
Eingedenk des Wanderziels
Geh ich wieder weiter.
Schon verglühn im Wolkenrost
Tages letzte Scheiter.
Käuzchenschrei und Rabenruf –
Riesig trabt mit blankem Huf
Überm goldnen Schnee der Frost,

Silberblauer Reiter.
Eis in feinen Nadeln sproßt,
Bis in Krusten, gläsern hart
Alles Fließende erstarrt,
Wieder jetzt die Straße knarrt
Unterm stillen Schreiter.
Fort der Traum, der mich genarrt
Von dem eitlen Götterwerk.
Mühsam, müd, ein Menschenzwerg
Wandr' ich über Tal und Berg –
Und doch himmlisch heiter...

Wanderung

Zwischen duftigblauen Bergespfosten
Schwebt das Zelt des Himmels, leicht gespannt.
Kühle Krüge tragend in der Hand
Wandern Regenfrauen weit nach Osten,
Netzen wunderbar das grüne Land.
Sag, was soll es sein? Tränen oder Wein?
Hebe deine Lippen, um zu kosten:
Wein und Tränen, beiden scheint's verwandt.

Und die Wolkenweiber eilen weiter,
Neue bringen Regen, Guß um Guß.
Doch da wird schon über Tal und Fluß
Nun der Strom der Himmelsbläue breiter
Und die Erde dampft im Sonnenkuß.
Und die Kirchen stehn weiß und weit zu sehn.
Und die Gottesäcker grüßen heiter,
Daß dein Herz der Toten denken muß.

All der Toten, die hier auf dem Grunde
Ihrer Heimat liegen, still verklärt,

Erde nährend, die auch sie ernährt,
Noch im Grabe wuchernd mit dem Pfunde,
Das den Lebenden einst Gott gewährt.
Seliges Vertraun, droben Ihn zu schaun,
Blüht empor aus ihrem Blumenmunde,
Kaum noch, daß ihr Leib zur Grube fährt.

Und aus Nord und Süd und Ost und Westen,
Aus dem Eis, den Wüsten und dem Meer
Eilen zahllos graue Schatten her,
Lösend sich aus ihren armen Resten,
Die dort liegen ohne Wiederkehr.
Zu der Heimatgruft ziehn sie durch die Luft
Zu der Liebe schönen Totenfesten,
Zu der Grabesscholle, ahnenschwer.

Nacht hat leise nun das Land betreten
Und ich geh dahin im Dämmerschein,
Hör von da und dorten den verwehten
Klang der Glocken zueinander beten
Und die Brust wird mir so leicht und rein.
Geh im Pilgerkleid ich noch durch die Zeit,
Horch und schau vom Rande des Planeten
Ich doch weit schon in das All hinein.

Hoch in Blut und Feuer, ungeheuer
Geht dahin das schicksalvolle Jahr.
Und die Rosen blühn doch wunderbar
Und der Nordstern steht am stillen Steuer,
Lenkt, wie immer schon, der Sterne Schar.
Liebe laß allein deinen Boten sein:
Glaub, es lebt im Himmel kein Getreuer,
Der kein Liebender auf Erden war.

Die Fahrt nach Engelszell

In Passau, der goldenen Stadt,
Verließ ich den Dom,
Verließ ich das orgelbrausende Haus
Und auch die Schenke zum Heiligen Geist,
Die wohlgetränkt und gespeist mich hat,
Und ging, über die Innbrück hinaus
Übern grünen Fluß, der wild wirbelnd reißt.
Eine Vorstadt war noch, zwischen Gärten kraus,
Die boten manch duftigen Blumenstrauß
Und scherzten mit gipsernem Reh und Gnom.
So kam ich bis an den Donaustrom.
Den wanderte dann ich einsamer Mann
Mit rüstigen Schritten entlang.

Und blickt ich auf meinen Weg zurück,
Sah ich lang noch ein Stück
Von der geistlichen Stadt
Und drohend darüber am waldigen Hang
Die trotzigen Mauern von Oberhaus
Gewaltig und kühn.

Dann sah ich nichts mehr, denn alles verschlang
Das Grün, das unendliche Grün.
Grüngrau, graugrün ging der Strom mit Braus
In Wirbeln matt und in Wellen glatt.
Grüngrau war das zappelnde Pappelblatt,
Das große, zitternde Herz.
Und grünschwarz standen die Erlen schlank
Und die Weiden weißspitzig und grau.
Grünschwarz war das wuchernde Brombeergerank
Zwischen dem Fluß, der dahinschmolz wie Erz,
Und der fetten, grastiefen Au.

Die Wiesen, schon junirauh
Verholzt und gebräunt,

Waren von Salbei blau: so blau
Hab ich sonst ihn gesehen nie.
Dahinter, mit Stecken eingezäunt,
Auf den Weiden, stand scheckiges Vieh.

Darüber, von beiden Seiten her,
Gingen die Leiten von Wald,
Wo der mächtige Strom sich vor Zeiten quer
Mit Gewalt, mit sanfter Gewalt
Bezwingend der Felsen Gegenwehr
Mit nichts als der Woge, die rann,
Gegraben den klaffenden Spalt,
Jahrhunderttausende alt.
Jetzt steht dort der mächtige Tann,
Und prächtig, als wär es der Schild zum Speer,
Ein Eichbaum, dann und wann.

Am Himmel zogen die Wolken schwer
Und drohten mit Regenguß.
Mitten im Sommer kam eisiger Hauch
Und oft, von Sonne, ein Schwertschlag grell
Überm kalt hinkochenden Fluß.
Und das Schwalbenvolk flitzte schnell
Mit weißblitzendem Bauch
Und ritzte, das flügelgespitzte, die Well
Mit flüchtigem Kuß.

Schon fielen Tropfen, groß und schnell,
Ich kam aus dem Wald,
Das Sträßlein neigte mit leichtem Gefäll
Sich hinunter, und drüben lag Oberzell
Verwittert und alt.
Es lag, vom grauen Lichte bestürmt
Mit seiner Stiftskirche, zwiegetürmt,
Mit manchem prächtigen Haus,
Lag unter dem grünen, rauschenden Hang,

Und die Donau, aus dem felsichten Zwang
Rieb sich in rascheren Wirbeln und schwang
Sich mächtig hinaus.

Herüben aber war's grau und still.
Der Wald ging bis an den Fluß.
Der Fährmann schlief tief
In der schwankenden Zill,
Weil keiner ihn rief,
Ihn zu wecken, daß er hinüber muß.
Und auch ich ging vorbei,
Im Herzen bezähmend den halben Entschluß,
Hinüber aus meiner Wüstenei
Zu fahren, zu fröhlichem Bier und Wein,
Und weiter ging ich, in leisem Verdruß
Bei dem drohenden Guß
So allein auf dem Wege zu sein.

Ich wanderte weiter in lauter Grün,
Das sommerverworren und dicht
Mit Disteln und Kräutern am Wege stand,
Herwuchernd über des Sträßleins Rand
In der Wiesenmulde, die licht
Sich schmiegte an Wald und Felsenwand
Mit bescheidenem Blühn
Und schmalem, schwarzsilbernem Ackerland,
Gewonnen in hartem Bemühn.
Ein Schloß erhob sich zur rechten Hand
Schuppig behelmt, im Eisengewand,
Raubritterkühn.

Im Gehen zog ich mein Brot hervor –
Es war ja schon Mittagszeit;
Und hielt den Mund an ein Brunnenrohr,
Damit ich im Rasten mich nicht verlor,
Denn der Weg schien noch weit.
Und war es doch nicht; denn eh ich's gedacht,

War Engelhardtszell in Sicht.
In eine grüne Kastaniennacht
Fiel grelles Gewitterlicht,
In weiße, funkelnde Kerzenpracht
Auf ein Kapellchen, das voll Andacht
Mit barockem, krausem Gesicht
Und heiter, vertrauend dem ewigen Heil,
Zum blauenden Himmel sah.

Und dann war des Marktes Häuserzeil
Schon ganz nah, gebaut an die Ufer steil.
Die letzte Meil, die ging ich mit Eil
In dem frohen Gefühl: ich bin da!

Der Markt an der Donau war einmal reich,
Das war noch an vielem zu sehn.
Jetzt war er behäbig und schäbig zugleich,
Die Gassen verlassen und schmutzig bleich,
Und alles ließ lässig sich gehn.

Ein Wirtshaus neben dem andern stund:
Der Adler, die Traube, die Post.
Die Türen klafften mitunter, wie wund,
Die Mauern zeigten den Ziegelgrund
Und standen, gedunsen, ungesund
Wie von zu fleischiger Kost.
Die Schindeldächer taten mir kund,
Gesträubt von Hitze und Frost,
Und die trüben Läden voll Warenhausschund,
Des Reichtums und des Biedersinns Schwund
Am alten Heerweg nach Ost.
Doch lustig, verblichen den goldenen Grund,
Knarrten die Schilder im Rost.

Ich schwankte, indem ich die Speiszettel las,
Wohin ich mich wenden müßt.
Und hatt' ein Gelüst auf dies und auf das
Und fragte schließlich noch Vetter und Bas,

Wer das bessere Wirtshaus wüßt.
Und folgte dann doch meiner eigenen Nas,
In die Post, noch zaudernden Schuhs:
Ein ungeheuerer Metzgerhund
Verwehrte den Eintritt dem Fuß.

In dumpfer Stube von trägem Mund
Erscholl ein grantiger Gruß.
Ich setzte mich still in den Hintergrund,
Wo ein Handwerker saß und aß
Und mich mit mürrischen Augen maß
Aus einem Gesicht voll Ruß.

Die Kellnerin schob sich aus ihrem Eck
Des neuen Gastes nicht froh.
Sie fegte mit ihrem Tuch voll Dreck
Über den Ahorntisch
Und legte ein schmutzig altes Besteck
Zu einem papierenen Wisch.
Und fragte nach meinem Wanderzweck
Vor Neugier ganz plump und roh,
Und es verdroß sie, als ich bloß keck
Die Schultern lüpfte: »Nur so ...«
Und ging wieder weg und brachte das Bier,
Das hell war und bitter und frisch.
Und der Metzgerhund, das riesige Tier,
Lagerte knurrend, mit Zähnegebleck,
Einen Brocken erwartend, bei mir.

Doch aß ich gebratenen Donaufisch –
Was gäb es auch Besseres hier,
Wo der Strom, der breite, vorüberfließt,
Als daß man seine Gaben genießt,
Nicht achtend des Hundes Begier.

Nun ging ich schlendernd hin durch den Ort,
Ich schaute mir alles an.

Zur Donau zog es zuerst mich fort:
Das hätt' es wohl jeden getan,
Denn sie ist die mächtige Königin dort
Mit leisem Wort und brausendem Wort,
Und alles ihr untertan.

Die verwitterten Treppen hinunter, steil
Durch verwahrloste Häuserschlucht,
Wo die Hühner saßen, im Nassen geduckt,
Und die Hähne, mit rotem Kamm
Erzitterten bunt, voller Eifersucht.
Wo aus vergitterten Gärten geil
Die Feuerlilie prunkte, feil
Grellrot, mit manchem schwarzsamtenen Punkt,
Hinunter, wo am gemauerten Damm
Die Donau herschwamm und mit Wirbelwucht
Heraufstieß, wie Wolken, den gärenden Schlamm.
Wo Welle, von schnellerer Welle verschluckt,
Hinschoß, von der Schwalben Pfeil überzuckt,
Und das wilde Gebüsch, ins Wasser getunkt,
Zitterte wie am Seil.

Die Häuser mit ihrer düsteren Front
Schauten in trübem Verfall
Auf den graugrünen, unbesonnt
Rauchenden, siedenden Schwall.
Aber mit ihrer züngelnden Flamm
Hoch schoß die Nessel empor.
Im Hühnergackern und Gockelzorn
Blühte, schier wütend, ein Flor
Von Rotdorn, Schwertlilien und Rittersporn,
Und an den triefenden Zweigen, klamm,
Weil am kühlen Tag es sie fror,
Feucht Flieder hing und Schneeball.

Ich ging entlang den steinernen Wall,
Wo an Sommertagen, hellheiß,

Das Dampfschiff sonst landete, weiß,
Mit Gelächter und mit Trompetenschall
Auf seiner fröhlichen Reis'
Von Passau nach Linz und in die Wachau
Und in die Kaiserstadt Wien.
Aber heut sah ich nur einen Schleppzug grau
Mühselig stromaufwärts ziehn.
Ein Gärtchen blühte am Steueraufbau,
Und kopftuchbunt stand dort eine Frau,
Die traurig und fremdländisch schien.
Ein Hund, ein Köter, struppig und rauh,
Laut kläffend, lief her und hin.

So kam ich über den Ort hinaus
Und betrat eine lachende Flur.
Das Kloster sah ich, das Gotteshaus,
Sonst wenige Häuser nur.
Von der Trappisten schweigendem Fleiß
War allenthalben die Spur.
Sie hatten zum Garten die wilde Natur
In tausendjährigem Fleiß und Schweiß
Gewandelt zu Gottes höherem Preis
Getreu dem entsagenden Schwur.
Weit waren die Felder, wie an der Schnur
Bepflanzt mit Gemüse und Mais.
Und die Glashäuser blitzten und blinkten wie Eis,
Wenn Licht und Wind hineinfuhr.

In all dem grünen und blühnden Gepräng,
Wo die Donau hinausschoß, schnell,
Wieder in Wildnis und Wäldereng
Unter der Wolken schwerem Gehäng,
Da war die begnadete Stell.
Und als ich eintrat, über die Schwell,
Da war's, als ob alles zerspräng,
Als ob der Himmel herunter sich schwäng

Buntfarbig und golden hell,
Und brausend von der Verklärten Gedräng
Mit Chören der andern Welt mich empfäng
Die Kirche von Engelszell.

Regen in Vicenza

In der Wildnis fremder Stimmen
Sitz ich stummer Gast
Hin und her in kahlen Schenken.
Graue Regentücher schwenken,
Und der wuchtige Palast
Will als eine Arche schwimmen
Auf den Wogen.

Und da ist auch schon der Bogen,
Siebenfarbig, lichtversöhnend,
Und im Feuchten
Alle Türm' und Zinnen krönend,
Steigt ein schmetternd wildes Leuchten.
Und die Mauern halten stöhnend
Solchem Prall,
Solchen Lichts posaunentönend
Ungeheurem Überfall.

Jubelnd stürz ich durch die Gassen,
Seh den schneeblind geisterblassen
Alpenwall
Unter schwarzzerfetzten Fahnen.
Und dann stehn die Hügel da.
Nah.
Rauchend. Grün.
Ganz von Nässe vollgesogen,
Grün, wie du nicht wagst zu träumen –

Grüner, grüner:
Denke kühner,
Und du wirst vielleicht erfassen,
Wie es grün war dort im Nassen.

Grün von Wiesen, grün von Bäumen
Und von Pflaumenblütenschäumen
Grün und weiß. Und der Platanen
Stämme glänzten grün und moosig,
Mandeln blühten grün und rosig –
Tropfen funkelten wie Glas,
Fielen wie in offne Schürzen
In das grüne, grüne Gras.
Und ich sah die Hügel stürzen
In des Lichtes lanzenschnelles,
Lautlos grelles
Übermaß...

Vor Ostern

Wie der Märzwind stößt und stürmelt;
Dort, die graue Wolkenherde
Übern Himmel hergeblasen,
Stupft, mit weichen, nassen Nasen
An die Erde; so, als möchten
Junge Pferde hier schon grasen.

Unterm Rasen wühlt's und würmelt.
Weidenruten wehen gelber,
Wie wenn sie sich Zöpfe flöchten.
Menschen gehen auf den Straßen,
Reden seltsam mit sich selber,
Rührn die Hände, wild bewegt,
Wie wenn mit dem Wind sie föchten.

Und dein Kind jagt aufgeregt
Nach dem ersten Osterhasen.

Maigewitter

Üppig junge Mohrenweiber,
Tanzten Wolken wild herbei,
Wiegend warm die schwarzen Leiber,
Zu des Blitzes hellem Klirren,
Zu des Donners dunklem Schrei.
Schwanke Brust und schlanke Hüften:
Hoch auf ihrem Haupte trug
Jede Wolke, rasch in Lüften
Einen Krug im Flug herbei,
Den sie leerte und zerschlug
Bei der Schellentrommel Schwirren,
Bei der Pauken dumpfem Schrei.

Wie sie lachten, wie sie keuchten:
Ungeheuer troff die Lust
Aus dem Tiefen, Lebensfeuchten
Ihnen um die nackte Brust
Bei der Küsse wildem Girren,
Bei der Freude trunknem Schrei.

Fand schon jede ihren Freier?
Tanzte jede schon vorbei,
Von den Hüften schwebt der Schleier,
Naß in Düften bebt der Mai...
Fern des Blitzes goldnes Klirren,
Stumm des Donners dunkler Schrei...

Im August

Späte Pracht des Rosenstocks.
Siebenfarbig blüht der Phlox.
Zitterluft und dunkler Braus:
Letzter bunter Bienenschmaus.
Sonnenblume, schwärzlichbraun
Schläft schon schweren Haupts am Zaun.
Apfelgarten, kühl und grün.
Stillt das aufgeregte Blühn.
Ährenfelder, brandig schwer
Wälzen sich wie Wellen her,
Heben hoch das Kirchlein weiß
In den Himmel, flimmerheiß,
Daß es wie ein Schiffchen fährt
Samt den Heiligen, goldverklärt
Durch der Bauern Blumenlust
Hoch im schimmernden August.

Schöner Septembertag

Aus dem weißen Nebelneste,
Drin er lange träumend lag,
Hebt sich, stolz, mit buntem Krähen,
Flügelschlagen, Federnblähen
Der geschwänzte, goldbetreßte
Prunkende Septembertag!

Und die mit im Nebel schliefen:
Hügel, Acker, Baum und Feld,
Plustern sich und stehn und rennen –
Alle Häuser sind wie Hennen,
Die im warmen Lichte triefen –
Und der Hahn, der ist ihr Held.

Schau den Kürbis dort, den Prahler!
Alle Welt lockt er herbei,
Dorf und Straße kommt gelaufen,
Und Frau Sonne will ihn kaufen,
Zahlt die letzten blanken Taler
Für das goldne Riesenei…

Der Herbst

Lang träumte der Sommer. Die scharfen
Herbsthunde lagen noch still.
Seine Hände pflückten aus Harfen
Den unnennbaren Klang
Und er lauschte dem eigenen Sang
Wie einer, der nicht mehr erwachen will.
Doch dann von den Bergen her drang
Der Hornruf des Herbstes und zwang
Zu männlichem Gang.
Aus den Wäldern die Hunde sich warfen.
Der Sommer erschrocken aufsprang
Und rührte die Locken: schön!
Er ging noch nicht gleich:
Im Tal stand er lang und der Herbst auf den Höhn
Und zwischen beiden, so mild, so bang
Hinschwankte das irdische Reich,
Bis eine Nacht kam, die weich war von Föhn.
Der Sommer ging fort, und der siegende Mann,
Der Herbst, stieg schweigend herab aus dem Tann,
So bunt und so bleich zugleich.

Winters

Winters, plötzlich in weißer Stille,
Wenn vor dem Fenster lautlos es schneit,
Und an den Scheiben die Flocken zerflittern,
Entsinnst du dich, wie der schwalbenschrille
Augusthimmel war, über dir weit,
Oder der Juni mit wilden Gewittern -
Zornig zerriß sein prangendes Kleid.

Und es wird dich wie Tränen durchzittern
Winters, plötzlich in weißer Stille,
Das Gedächtnis verschollener Zeit.

Lebenslauf in Anekdoten

Urfrieden

Der Haustyrann

Mein Großvater Ambros Mauerer war nicht reich und war nicht arm. Er war, ein Bauernbub aus Pfreimd in der Oberpfalz, Bereiter beim Grafen Giech gewesen, hatte die Kriege von 1866 und 1870 mitgemacht, ohne ins Gefecht zu kommen; und an der Front des Lebens ist er auch später nie gestanden. Unverhofft sah er sich im Besitz einer kleinen Erbschaft, von der er als »Privatier« lebte. Als solcher steht er noch in den älteren Münchner Adreßbüchern. In den neueren jedoch ist er als Altertumshändler in der Augustenstraße aufgeführt. Er hatte nämlich sein Vermögen gewaltig überschätzt und war seiner Sammelleidenschaft blindlings gefolgt, die ja durch die zahlreichen Trödellädchen, Versteigerungen und Dulten, die es damals in München gab, immer wieder genährt wurde. Und schließlich hatte er die Wohnung voller Kostüme, Waffen, Porzellan und Walzenkrüge, aber kein Geld mehr.

Und so blieb ihm nichts übrig, als die schönen Sachen wieder zu verkaufen; er setzte sich wie eine Spinne in seinen finsteren Ladenwinkel und wartete, ohne sich viel zu rühren, auf die Leute, die etwas anboten oder haben wollten. Denen, die ein besonders geliebtes Stück erwarben, war er bis an sein Lebensende bös. Wenn er was nicht hergeben wollte, nannte er die unsinnigsten Preise, aber gelegentlich zückte ein Kunde kaltblütig den Betrag und zog mit seinem Kaufe ab.

In seinem Laden hätte auch ich gern was erstanden, denn er hatte nur geringe Kenntnis und handelte nach dem damaligen Brauch: was er für drei Mark erworben hatte, gab er um fünf weiter. Nur die schier unerschöpfliche Fülle des Kunstgutes verbürgte den bescheidenen Gewinn, den zum Schluß das Geschäft doch abwarf.

Uns Heutigen erscheinen jene Zeiten um die Jahrhundertwende wie ein verlorenes Paradies, aber mein Großvater war, genau wie der alte Adam, anderer Ansicht. Da er ja nicht wissen konnte, wie wirkliche Sorgen aussehen, brütete er sich selber alle Tage welche aus und aß unentwegt vom Baum der Erkenntnis, daß es so nicht weitergehen könne. Die Jahre, in denen es dann tatsächlich nicht so weiterging, sondern ganz anders, hat er zum Glück nicht mehr erlebt.

Er war sonst ein umgänglicher Mensch, ein echter Altbayer, die bekanntlich gar nicht merken, wie grob sie oft sind, und sich dann wundern, wie schlecht doch die andern einen Spaß vertragen. Nur um Geld durfte man ihm nicht kommen, da war es aus mit der Gemütlichkeit.

Es war immer ein Leidensgang für seine Frau, wenn sie, spähend und Erkundigungen einziehend, ob er nicht gar zu schlecht aufgelegt sei, in den Laden schleichen mußte, um sich wieder Haushaltsgeld zu erbitten. Im besten Fall griff Herr Mauerer mit finsterer Heiterkeit in die Westentasche; meist aber warf er ihr mit der grollenden Frage: »Ja, frißt denn du das Geld?« ein Zehn- oder Zwanzigmarkstück hin, und mehr als einmal so heftig, daß es am Boden rollte oder sich gar unterm Tisch oder Schrank verschloff, so daß die alte Frau sich bücken oder auf allen vieren im Staub kriechen mußte, eine Demütigung, die der Großvater weidlich genoß, da er sie für eine gerechte Bestrafung der Dreistigkeit hielt, von ihm so mir nichts, dir nichts Geld zu verlangen – – für das bißl Fressen, wie er in seinem Zorn sich ausdrückte.

Zugegeben, daß er ein bescheidener Mann war, der nicht rauchte und nicht ins Wirtshaus ging; aber ein gewaltiger Esser war er, der ein handtellergroßes Stück Rindfleisch mit der Gabel zusammenbog und in den Mund schob, es dort zu zermalmen mit kräftigen Zähnen, von denen bis zur Stunde noch nie einer weh getan hatte – später, bei seinem ersten Zahnweh, führte er sich denn auch wie ein Rasender auf. Und einen Kuchenmichel, wie er so nur meiner Großmutter geriet, zu wolkigem Gebilde leicht auffahrend in der raschen Ofenhitze, daß er schier das Rohr sprengte: den aß er ohne Anstrengung allein und meinte in behaglichem Humor, er habe eigentlich nur von der Luft gelebt.

Er hätte es doch wahrhaftig sehen müssen, wofür die Großmutter das Geld brauchte, wenn die Händlerin aus Regensburg kam mit ganzen Kränzen von Knackwürsten, wenn der alte Hausfreund Kerndlmeyer, der Lokomotivführer war und, ohne Transportspesen, von weither die köstlichsten Dinge brachte, drei fränkische Preßsäcke auf den Tisch legte, daß er sich bog, so schwer waren sie: ein weißer, ein roter und ein gemischter. Wer hätte es denn besser wissen sollen als er, daß Suppenhühner und Hasen, Rebhendl und Hirschziemer Geld kosteten, wenn auch das Paar Tauben damals auf dem flachen Land um dreißig Pfennig feil war, wenn man selber in den Schlag stieg, um sie zu holen. Und wie billig auch alles war, geschenkt kriegte man nicht einmal das Kalbszüngerl oder den Ochsenmaulsalat; das Brot war schwer zu verdienen, drum aß er's nur sparsam, und von all dem Grünzeug wollte er wenig wissen, denn wo ein Gemüs Platz hat, da hat ein Fleisch erst recht Platz. Aber das Fleisch und die Mehlspeisen, die waren »das bißl Fressen«, für das die Großmutter so bescheiden ums Geld betteln mußte und das er ihr, von Verblendung geschlagen, so mürrisch vor die Füße warf.

Eines Tages jedoch brach der Krieg aus. Die Großmutter, von ihrer Tochter, meiner Mutter, aufgestachelt, ging festeren Schrittes als sonst in den Laden, um dem unheilschwanger dort sitzenden Mann das fällige Geld abzuverlangen. Er zückte löwenknurrend ein Goldstück und warf es hin. Es tanzte über den Tisch und klimperte am Boden hin. Mitten im Raum blieb es liegen. Die Großmutter nahm alle Kraft zusammen und ging, ohne ein Wort zu sagen.

Der Vormittag verstrich, kein Bratenduft durchzog die Wohnung. Der Großvater kam, schnupperte in der Küche herum und ging wieder. Der Herd war kalt. Die Frauen aßen heimlich ein Butterbrot und warteten, zwischen Furcht und Triumph zitternd, was nun kommen würde. Die Tochter vertrat der Mutter die Tür, als die fügsame Frau um des lieben Friedens willen doch gehen wollte, das Geld vom Boden zu nehmen.

Wir Kinder jedenfalls nahmen glühenden Anteil an dem heimlichen Kampfe, der zwischen Küche und Laden entbrannt war und in den wir, ohne alle erzieherischen Rücksichten, als Parteigänger, Späher und Boten einbezogen wurden.

»Was macht er denn?« fragte uns die Großmutter, und wir mußten berichten, daß er in finsterem Groll in seinem Stuhle saß und auf das Goldstück am Boden starrte. »Rührt sich nichts in der Küche?« horchte uns der Großvater aus, und wir teilten ihm mit erheuchelter Kümmernis mit, daß keinerlei Anstalten zu einem Mittagessen getroffen würden.

Es wurde zwölf Uhr, es wurde ein Uhr. Der Großvater sperrte den Laden ab und ging nebenan in die »Walhalla« zum Essen. Seit Jahren hatte er das nicht getan. Der rare Gast mußte erhebliches Aufsehen erregt haben. Wütend kam er zurück. Das Goldstück lag noch, wie es gelegen hatte. Kunden kamen; der Großvater stellte sich mit breitem Stiefel auf das blinkende Metall, aber er hob es nicht auf. Er war entschlossen, den Krieg bis aufs Messer zu führen.

Er hätte ja einen von uns Buben überreden können, der Großmutter das Geld zu bringen. Aber solch ein Ausweg wäre wider seine Ehre gegangen. Als es Abend wurde, zog er wieder ins Wirtshaus ab.

Der nächste Tag verging nicht anders, in bedrohlichem Schweigen, hier in der Furcht vor einem Ausbruch, dort in der Hoffnung auf die Nachgiebigkeit der Großmutter – und für uns Buben in einer wilden Spannung der Zuschauer bei einem Zweikampf.

Die Eierfrau wurde weggeschickt, es sei kein Pfennig Geld im Hause. Sie wußte nicht, was sie davon halten sollte. Nachbarinnen kamen, in scheinheiliger Sorge zu fragen, ob wer krank sei. Die Reputation des Hauses stand auf dem Spiel – aber das Goldstück blieb liegen. Der Großvater, ungefrühstückt und mit Zorn im Bauch, nichts als Zorn, pfiff mittags den Hunden und ging weiter fort, in ein fremdes Gasthaus, wo ihn kein dummes Gerede stören sollte. Die Großmutter zerfloß in Angst und Mitleid, aber meine Mutter schmiedete sie mit grausamer Härte: Jetzt oder nie müsse sie dem Wüterich die Schneid abkaufen.

In München geht die Sage von einem Königlich Bayrischen Kommerzienrat, der in einer ähnlichen Lage, als ein auf der Burg belagerter Zwingherr, sich kurz entschlossen von einem Dienstmann aus dem nahen Augustinerkeller einen Nierenbraten holen ließ, Tag für Tag – und der schließlich, an diese Leibspeise gewöhnt, bis an sein Lebensende, auch nach längst geschlossenem Hausfrieden, an dem wunderlichen Brauche festhielt. So eisern war mein Großvater nicht. Am dritten Tag beugte er sich, brachte das Goldstück in die Küche und legte es, schweigend zwar, doch artig, auf den Tisch.

Es war wie im Märchen vom Dornröschen – Haustyrannei und Verzauberung waren mit einem Schlage gebrochen, das Feuer prasselte im Herd, die Kochlöffel rührten sich, die Eierfrau bekam ihr Geflügel abgekauft und in allen Töpfen schmorte und brodelte es. Ein gewaltiges Versöhnungsmahl wurde gerüstet.

Der Bittgang ums Haushaltsgeld ward von Stund an um vieles leichter. Den düsteren Sorgenblick zwar und das abgrundtiefe Seufzen hat die Großmutter nach wie vor hinnehmen müssen, denn die Lebensangst, bei vollen Schüsseln Hungers sterben zu müssen, war dem alten Mann nicht mehr auszutreiben. Aber nie mehr stellte er an seine Frau die Frage, ob sie das Geld fresse, und seine Hand blieb ruhig, wenn er ihr das übliche Goldstück reichte.

Wenn mir heute, wo alles so viel schwerer geworden ist, meine verehrte Gemahlin einen Hundertmarkschein um den andern entreißt, juckt's mich auch manchmal in den Fingern, und die bescheidene Neugier, zu erfahren, wohin all das Geld verschwindet, möchte mich zu häßlichen Fragen verleiten. Aber dann denke ich, nach einem halben Jahrhundert, an den Großvater und winke sogar noch müde ab, wenn mir meine Frau erklären will, wieso und wofür. Credo, quia absurdum est – ich glaube es, so unglaubwürdig es auch sein mag.

Beim Bügeln

Eine meiner frühen Erinnerungen ist das Bügeln. Es ist unzertrennlich mit dem Gedächtnis an Zahnweh und schlaflose Nächte verknüpft. Die Köchin, trotz ihrer kaum dreißig Jahre und ihrer hünenhaften Erscheinung die »alte Anna« geheißen, hatte Zahnweh und suchte es durch wilde Arbeit zu übertäuben. Ich hatte auch Zahnweh und war froh, in der Küche sitzen zu dürfen und zu plaudern, natürlich meistens über das Zahnweh.

Die Hitze in der Küche hätte jeden Gesunden krank gemacht; wir Kranken erhofften uns Gesundheit von ihr. Alles glühte: der mächtig angefeuerte Herd, in dem die Eisen heiß gemacht wurden, barst schier vor Feuer. Ich schob mit dem Schürhaken die Kerne hinein und zog sie wieder heraus, weiß und sternchensprühend. Es galt, sie mit Geschick in den Mantel, das eigentliche Bügeleisen, zu stecken. Der sengende Anhauch des Stahlkeils, die Aufregung, die Mühe – das alles vertrieb das Zahnweh augenblicklich.

Die Wandlampe brannte, ich hatte aufzupassen, daß sie nicht qualmte; unversehens aber flogen doch die dicken Rußfetzen und schwebten bedrohlich über der dampfenden, blütenweißen Wäsche. Dann fingen Anna und ich die flatternden Flocken wie Schmetterlinge – und auch das war gut gegen das Zahnweh.

Manchmal entschloß sich Anna, mit dem neuen Eisen zu bügeln. Das war beileibe nicht das elektrische, wie eine junge Leserin glauben könnte, sondern das große Holzkohlen-Plätteisen, das mehr und mehr den erhitzten Bolzen verdrängte. Es schien ein Schiff mit hohem Bug zu sein, es glich auch einem scharfzahnigen Krokodilschlund, denn der Deckel mit dem Griff war auf- und zuzuklappen, in den zackig aufgesperrten Rachen wurde die Holzkohle gelegt, mit Spiritus begossen und angezündet. Ich durfte dann das Eisen hin und her schwingen, bis die blauen Flämmchen erstarben und die rote Glut der Kohle zu wabern begann. Einen Rest von Mißtrauen gegen das neumodische Verfahren wurde aber die alte Anna nie los.

Mitunter löste sie um Mitternacht ihr schweres, schwarzes Rabenhaar, das ihr bis in die Kniekehlen hing, und hub zu singen an, nur leise natürlich, in der sausenden, brausenden Stille des schlafenden Hauses. Dann war ich ganz verzaubert, ohne zu wissen, daß es ein Mädchen, daß es das Weibliche war, was mich in seinen Bann zog. Anna war dann auch weicher und zärtlicher als je am Tage; und gefühlvoll waren auch die Lieder, die von ihren Lippen kamen und denen ich lauschte. Sie sang nichts anderes als andere Dienstboten auch, »Still ruht der See« sang sie und das Lied vom Edelweiß, das der abgestürzte Bua noch in blutiger Hand hält, oder eine vielstrophige Ballade aus dem Siebziger Krieg, die anfing: »Zu Sedan wohl auf der Höhe, da stand ich manche Nacht...«

Gelegentlich las ich ihr auch aus den »Deutschen Heldensagen« vor; kein anderes Buch wollte sie gelten lassen. Dieses aber, obgleich erst wenige Jahre alt, war völlig zerlesen und mit unser aller Tränen benetzt. Mit immer neuer Ergriffenheit vernahmen wir die Geschichten von Siegfried und Etzel, von Kudrun und dem Kampf auf dem Wülpensand, von Dietrich von Bern und König Alpharts Tod. Ich las und las mit zitternder Stimme, und Anna bügelte, nassen Auges, mit wütendem Eifer.

Oft genug schlief ich auf meinem Platze ein oder wurde ins Bett geschickt. Wenn mich aber, in der ersten Morgenröte, das Zahnweh wieder heraustrieb, dann stand Anna immer noch und schwang das Eisen. Die gebügelte Wäsche lag zu reinlichen Bergen getürmt, und nur ein kleines Häufchen noch, frisch besprengt, deckte den Boden des großen Weidenkorbes. Das Mädchen aber, wie es hochroten Gesichts flink über das weiße Linnen fuhr, glich mir jener Müllerstochter, die in einer Nacht die ganze Stube voller Gold spinnen mußte, und mit scheuen Blicken sah ich mich um, ob ich nicht doch den helfenden Kobold entdeckte...

Kindliche Erwerbsquellen

So dreist wie zehn Jahre später unser jüngster Bruder trieben wirs noch nicht; der fing alle Besucher schon unten an der Haustür ab und bettelte sie um ein Fünferl an, bis ihn einmal ein erziehungsbeflissener Gast verriet und unsere Eltern dem Wegelagerer das Handwerk legten.

Freilich, recht viel edler war unsere erste Bemühung, zu Geld zu kommen, auch nicht; immerhin boten wir Drei- und Vierjährigen eine Gegenleistung. Wir waren in Berchtesgaden in der Sommerfrische, in der Ramsau beim »Wimbacher«, nahe der berühmten Klamm. Damals zog freilich noch nicht ein Heerwurm von Fremden an dem alten Bauernhof vorbei, einzeln und in Trüppchen kamen die Leute; und es waren besonders Damen darunter, die sich vor dem Vieh fürchteten und jede weidende Kuh für einen wilden Stier hielten. Sie getrauten sich nicht ohne weiteres, durch die Gatter zu gehen – und da waren wir als rettende Engel bereit: wir trieben die Kühe und Kälber zur Seite, auf Wunsch – und blieben selbst erwartungsvoll stehen: nur selten wurden wir enttäuscht; wenn auch nicht immer bares Geld, ein Stückchen Schokolade schaute fast immer dabei heraus. Um jedoch das Geschäft einträglicher zu gestalten, trieben wir das Vieh jedesmal wieder zum Gatter hin, ja, wir holten es gelegentlich von den nächsten Wiesen: denn je mehr Kühe den Weg zu sperren drohten, um so größer waren Angst und Dankbarkeit der Klammbesucher.

Unser Spielkamerad war der gleichaltrige Wimbachersohn Schorschl, von uns »Sorgel« genannt, weil wir zwei »sch« hintereinander nicht aussprechen konnten; wahrscheinlich war er ein netter Bub, ich habe ihn im Leben nur noch einmal gesehen, da war er ein Zwölfender in Ingolstadt, ein sturer Büffel und gewiß nicht die Wonne seiner Rekruten. Damals jedoch hatten wir zu dritt großartige Pläne; so gruben wir im tosenden Wimbach einen ganzen Sommer lang an einem riesigen Marmorblock herum, den wir zu Tal schaffen und gegen teures Geld verkaufen wollten.

Wir lernten früh, daß nicht alle Blütenträume reifen, das Felsstück liegt wohl heut noch im Geschiebe des Sturzbachs. Weil wir gerade von Blütenträumen reden: eine alte Häuslerin hatte dort einen weit und breit berühmten Nelkenstock vom Balkon hängen, ein Amerikaner war auf dieses Wunder so versessen, daß er der armen Häuslerin hundert Mark dafür bot; aber sie lachte ihn nur aus. Als wir übers Jahr wiederkamen, war der Stock in dem strengen Winter erfroren.

Daß ich, wie die Bauernkinder, durch den Verkauf von Bergblumen, Schwammerln und Walderdbeeren ehrlich ein paar Pfennige verdiente, versteht sich. Aber, daß ich wenige Jahre später, in Abensberg, unter die Sklavenhalter und Ausbeuter gegangen bin, beschämt mich heute noch. Es war die Zeit, in der sich zwar nicht jedermann, aber jede Frau von der Heilkraft einheimischen Tees Wunder versprach. Ich kam allein mit dem Zupfen von Schwarzbeerblättern dem Bedarf gar nicht mehr nach und trieb ein Dutzend Kinder auf, die auf dem Speicher bei tropischer Hitze für mich arbeiten mußten, nicht anders als die armen Hopfenzupfer, die dort, in Niederbayern, jeden Spätsommer in zigeunerischen Scharen zusammenströmten. Ich paßte scharf auf, daß sauber gepflückt wurde – und ich fürchte, daß ich den Lohn ganz gemein gedrückt habe.

Daß jung gewohnt – alt getan auch zu den Sprichwörtern zählt, die keineswegs immer stimmen, ist durch meine Berufswahl hinlänglich bewiesen; als Kind freilich fragte ich jeden Besucher, vom Hausarzt bis zum Geheimen Kommerzienrat: »Was verdienen Sie pro Tag?«, und je nach ihrer Auskunft war ich entschlossen, dasselbe zu werden, bis ein nächster noch bessere Aussichten bot. Dieser merkantile Zug hat sich aber im Lauf der Jahre verloren, und heute, wo alle Welt sich nur nach dem Geld richtet, vermisse ich ihn sogar mitunter.

Tante Möli

Amalie Schönchen, um die Jahrhundertwende Schauspielerin am berühmten Wiener Burgtheater, war unsre Großtante und verbrachte mehrere Sommer mit uns gemeinsam in Hochgart bei Berchtesgaden.

Die Rolle der »Zwiderwurzen« mußte ihr auf den Leib geschrieben worden sein, uns Kindern jedenfalls war die schrullige alte Frau unheimlich – und auch sie mochte keine Kinder. Als es einmal meinem Bruder, der zu viel Erdbeeren gegessen und hernach zu heftig geschaukelt hatte, zum Erschrecken übel wurde, eilte sie, des armen Buben nicht achtend, an die Unglücksstätte mit dem pathetisch empörten Ruf: »Ach, die schönen Erdbeeren!« Und ein Mädchen, das meine Mutter eingeladen hatte, damit das blasse Großstadtkind auch einmal an die frische Luft käme, zwang sie, da ihr die etwas gequetschte Stimme des Kindes mißfiel, durch die ewige, unfreundliche Ermahnung: »So schneuz dich doch!« zu einer vorzeitigen, tränenreichen Abreise.

Die Tante hatte drei bissige Wesen mitgebracht: eine grantige, herrschsüchtige Haushälterin, die immer umschmeichelt, einen Pinscher, namens Affi, der immer gekämmt werden mußte und einen Papagei, Lora, ein so kluges Tier, daß die Tante schwor, er habe am Morgen ihres siebzigsten Geburtstages ganz deutlich gesagt: »Ich gratuliere!«

Von den tausend Rücksichten, die auf die Tante zu nehmen waren, galten neunhundert diesem verzogenen, kläffenden Wollknäuel und dem tückischen Vogel, den wir später, nach ihrem Tod, noch lange, bis zu den Bomben des zweiten Weltkriegs, ausgestopft und friedlich, als Zierde unsres Biedermeierzimmers betrachten durften, wo auch ein Jugendbild der Tante hing, die ein ungewöhnlich schönes Mädchen gewesen sein mußte.

Damals aber, in Berchtesgaden, ging die alte Dame spazieren, den Papagei auf der Schulter, das ängstlich in Tücher gewickelte Hündchen im Arm, mit Kettchen, Lorgnons und Beutelchen behängt, einer Indianerin nicht unähnlich. Eine greise Bäuerin blieb einmal am Wege stehen, beäugte sie eindringlich und sagte treuherzig: »Jetzt bin i doch froh, daß i di amal g'sehn hab – gel, du bist die Narrische, von der's oan allweil so viel verzähln!«

Der fremde Herr

Mit Hunden sind wir Buben aufgewachsen, der Großvater besaß drei reizende Windspiele, wie sie der Alte Fritz in Sanssouci gehabt hatte – sie scheinen ausgestorben zu sein, nie mehr bin ich solchen Hunden begegnet, vom englischen Schlag, klein, spitzköpfig, gertenschlank und immer ein wenig zitternd, als ob sie's fröre.

Wir lebten lange auf gleicher Ebene mit ihnen, auf dem Fußboden; jeden Tag fuhr der Großvater abends, wenn München wie ausgestorben lag, mit der Pferdebahn und später mit der »Ringlinie« um die Altstadt, damit sie sich auslaufen konnten. Wir sprachen von »Lord«, »Miss« oder »Flock« wie von Familienangehörigen.

Eines Sommertags ging unsere Mutter mit uns zwei Buben und den drei Hunden im Nymphenburger Park spazieren, als ein alter Herr im weißen Bart auf uns zutrat und die schönen Tiere lobte, die ohnehin in der ganzen Stadt berühmt waren. Meine Mutter, die allem Zeremoniellen abhold war, stellte sich unwissend, sie unterhielt sich ganz unbefangen mit dem Greise, bis beim Abschied mein kaum fünfjähriger Bruder die Matrosenmütze zog und laut und fröhlich sagte: »Adieu, Herr Prinzregent!«

Wir begriffen erst viele Jahre später, warum da der alte Herr so herzlich lachte und warum uns die Mutter, wie eine Pfingstrose erglühend, so eilig fortzog.

Erinnerungsblatt

Ich war noch nicht lang in Ettal, in der Klosterschule, um neunzehnhundertzehn mag es gewesen sein, im Herbst, da hieß es, der alte Prinzregent sollte, auf der Fahrt zur Jagd im Ammerwald, vom Kloster und von der Gemeinde feierlich eingeholt werden. Und ich, als ein bereits schulberühmter Poet, sollte ihn, beim kurzen Halt auf der Straße, mit einem selbstverfaßten Gedicht begrüßen.

Von der dreifachen Aufgabe: dichten, auswendig lernen und aufsagen, war gewiß der dritte Teil das bedrohlichste; leutseliger alter Herr hin, harmlose fünf Minuten her – die andern hattens leicht, mir Mut zuzusprechen, ich allein mußte die Sache bestehen, Seiner königlichen Hoheit unter die Augen treten, ihm, dem Landesvater, Verse vortragen, für die ich selber verantwortlich war.

Vielleicht stellt sich der Leser vor, *er* würde dazu ausersehen, oder er entsinnt sich der Anekdote von Girardi, der, von Franz Josef zum Kaffee eingeladen, ganz verzagt dasaß und auf die etwas enttäuschte Frage, wo er denn all seine Munterkeit gelassen habe, gesagt haben soll: »Jausnern Sie amal mit an Kaiser!« Jedenfalls, ich sah der Begegnung mit einer Majestät mit gemischten Gefühlen entgegen – und das ist hier keine abgebrauchte Redensart: stolze Freude, fluchtbereite Feigheit und wurmgekrümmte Qual wechselten in mir vom Herzen bis in die Hosen.

Der bedeutungsvolle Tag, die aufregende Stunde kam heran, am Ettaler Berg stand ein Mann mit einem großen, roten Taschentuch, um im gegebenen Augenblick zu winken; die Mönche und Laienbrüder, der hochwürdigste Herr Abt an der Spitze, die Gemeinde mit dem Bürgermeister, die Schulkinder und wir Zöglinge trippelten an der Straße hin, der Mann hob sein Taschentuch, alle Glocken läuteten, die Berge standen still, die Sonne loderte mit doppelter Kraft, ich warf einen letzten, heimlichen Blick auf mein Gedicht: »Vater Bayerns, edler Fürst, der du von mir bewillkommt wirst.«

Und da kam schon der Wagen mit dem Regenten daher, gefährlich knapp an mir vorbei stampften und schnaubten die zwei Pferde, das Gefährt hielt, und ich, ein Kind noch, stand am Schlag, es war ein offener Jagdwagen, eine nieder gebaute Kutsche, und wenn ich die Hand ausgestreckt hätte, greifbar nahe wäre mir der Bart des hohen

Herrn gewesen – er beugte sich ein wenig vor und lächelte, vielleicht gabs in der engsten Umgebung des Regenten nur wenige Männer, die ihm so nah gestanden sind, Gesicht gegen Gesicht, und ich tat einen tiefen Schnaufer und fing beherzt an: »Vater Bayerns« – aber weiter kam ich nicht – steckengeblieben! denkt der Leser, aber er irrt sich: Der Prinzregent hielt zwei Dackel auf dem Schoß, ich hatte kaum den Mund aufgemacht, als sie schon mit wütendem Kläffen auf mich losfuhren, sie würgten sich aus den Händen des alten Herrn, sie wutzelten sich aus der Decke, sie krallten sich an den Wagenschlag, wanden sich, vor- und übereinander, mit Schnauze und Pfoten heraus und bellten, immer noch beim Läuten aller Glocken, aber beim jähen Verstummen des Lobsprechers, bedrohlich die Zähne fletschend, auf eine Handbreite Entfernung in mein Gesicht, das vermutlich nicht gerade das festlichste war.

Der Regent und sein Begleiter wurden mit Mühe der Hunde habhaft, stopften sie in die Decke, das Gebell erklang nur noch erstickt, und der Greis ermunterte mich mit einem freundlichen Blick, wieder anzufangen. Diesmal kam ich bis »edler Fürst«, da hatten sich die Dackel frei gestrampelt und hingen, mit wütendem Geschimpfe, über den Wagenschlag heraus; und meine tapfer gesprochenen Worte gingen unter im Hundegebell und in den begütigend-drohenden Zurufen des edlen Fürsten, der von mir bewillkommt werden sollte.

Beim dritten Versuch, wo ich gedachte, mit aller Kraft das Hundegebell zu überschreien, gebärdeten sich die Tiere wie rasend. Der geistesgegenwärtige Musiklehrer sah, wie aussichtslos die Lage war, er hob die Hand und alle stimmten das: »Gott mit dir, du Land der Bayern!« an, der Regent winkte und dankte für den Empfang, die Hunde knurrten nur noch leise.

Ob Seine königliche Hoheit dann noch im Chinesenzimmer des Klosters mit dem Abt eine Tasse Kaffee getrunken hat, vermöchte ich nach fünfzig Jahren nicht mehr zu sagen, und der einzige, der mir noch draufhelfen könnte, der Herr Bischof von Passau, Pater Simon Landersdorfer, weiß es wohl auch nicht mehr. Jedenfalls, ein paar Wochen später hat er mir, als mein damaliger Klaßlehrer, ein blaues Schächtelchen überreicht, in dem, auf Samt gebettet, die silberne Prinzregentenmedaille lag – fast ein Orden. Kann sein, das Andenken, um das ich nicht wenig beneidet wurde, liegt heute noch in einer Schublade; wahrscheinlich aber ists mit allem, was ich besaß, am Ende des zweiten Krieges dahingegangen und zu einer großen silbernen Träne zerschmolzen, einer der Tränen, die wir der Kindheit nachweinen und den unwiederbringlichen Zeiten.

Die Braut

Auf einer Radfahrt, noch vor dem ersten Krieg, kamen wir in einem Dorf so um Tegernsee herum mitten in eine große bäuerliche Hochzeit hinein. Das Wirtshaus quoll über von Männern und Frauen, Burschen und Mädeln. Wir setzten uns auf eine abseitige Bank, und der Doktor Billinger fragte leutselig ein altes Weiberl, das dort hockte, wer denn die Braut sei. »Die Braut, ja mei, die Braut waar i!« Und ehe der Doktor, fassungslos, zu einer Gegenfrage ausholen konnte, kuschelte sich die alte Frau zutraulich und verschmitzt nahe an sein Ohr und wisperte: »Wissen S', i hab a Häuserl!«

Gute alte Zeiten …

Es ist schon fünfzig Jahre her, da bekam ich, ein Pennäler in den besten Flegeljahren, von meinen Eltern den Auftrag, einen wertvollen alten Zinnkrug zum Ausbessern zu tragen.

Der wackere Münchner Handwerksmann und Kleingewerbetreibende empfing mich mit jenem hierzulande nicht seltenen mürrischen Augenaufschlag, der ungefähr besagen will: »Ja, muß jetzt der Depp ausgerechnet zu mir kommen, als ob's in der ganzen Stadt keinen andern Zinngießer gäbe!«

Er besah sich den zögernd hingereichten Krug, lange, ohne ein Wort zu sagen. Ich ließ derweil meine Augen durch den finsteren Raum gehen und entdeckte eine Aufschrift in Riesenlettern: »Reparaturen, wo in sechs Wochen nicht abgeholt werden, wird nicht gehaftet!«

Der Meister fing nun tiefsinnig zu grunzen an, es wäre eine saubere Arbeit, und solche Stückln würden jetzt nicht mehr gemacht. Und heutzutage sei die ganze Zinngießerei eine ... worauf ich mich, längere Aufklärungen scheuend, zurückzog.

Die Jahre fliehen pfeilgeschwind. Vom Mädchen reißt sich stolz der Knabe, hat weiß Gott was im Kopf, und so ist es begreiflich, daß auch ich den Zinnkrug völlig vergaß. Aus den Augen, aus dem Sinn – bis eine notwendig gewordene Lötung unserer Suppenschüssel den ganzen zinnernen Komplex unheilvoll an die Oberfläche meines Bewußtseins zerrte.

Schlotternd vor Angst, machte ich mich auf die Suche nach dem Meister. Er konnte ausgezogen oder gestorben sein, ich wußte nur mehr undeutlich, wo er wohnte. Aber siehe da, noch prangte an derselben Stelle die verschmutzte Inschrift: »Alois Hirneis, Zinngießerei.« Und da saß auch der Meister, nur ein wenig gealtert, mürrisch wie einst, auf seinem Platz. Ich stürzte hinein, stotterte, ob er mich noch kenne, ob er sich erinnere, es sei zwar schon lange her... Er unterbrach meine aufgeregte Rede mit den sachlichen Worten: »Ja, ja, Sie möchten Eahna Zinnkrügl, wo S' mir neulich bracht ham. Da drob'n steht's no!« Ich stieß einen Seufzer der Erleichterung aus, den der gute Mann jedoch offenbar mißdeutete. Denn mit jäher Zornröte im Gesicht sprang er auf und bellte mich an: »Ja, meinen Sie, wegen Eahna kann i mi dastürz'n? I bin no net dazukemma! Na trag'n S' halt Ihr Glump zu wem andern, wenn's Eahna gar so pressiert!« Und holte den Krug herunter, stellte ihn vor mich hin und wandte sich, ohne mich eines weiteren Wortes zu würdigen, seiner Arbeit zu. Meine entgeisterten Blicke hingen aber noch lange an der Inschrift: »Reparaturen, wo in sechs Wochen nicht abgeholt werden...«

Ein Unvergessener

Der alte Doktor Hirth, ein großer Münchner Verleger vor fünfzig, sechzig Jahren, war ein reicher Mann, er war, unterm schlohweißen Haar, auch ein Feuerkopf und, zur rechten Gelegenheit, ein rechtes Schreckenskind – er konnte sichs leisten.

Damals, vor dem ersten Krieg, gab es ungeheure Festessen; erlesene Weine wurden gereicht, und auf riesigen Platten lockten getrüffelte Pasteten, köstliche Salate und Sulzen, kunstvolle Speisentürme, deren Zinnen von prachtvollen, leuchtend roten Hummern bekränzt waren. Die Gäste machten sich tapfer über alles her, untergruben die Bollwerke aus Fisch und Geflügel, räumten die Vorfelder der Austern und Kiebitzeier, aber den Mut, den schweren Panzertieren auf den Leib zu rücken, hatten sie doch nicht. Wie sollten sie, zwischen Porzellan und Gläser gezwängt, von hübschen und empfindsamen Nachbarinnen flankiert, waffenlos den Kampf mit den Ungeheuern wagen?

Die Kellner, so untadelig sie in ihren schwarzen Fräkken hin und her schwirrten, so unterwürfig sie jedem Wink der Gäste gehorchten, in diesem Punkt stellten sie sich blind und taub; sie übersahen den Mangel an Brechwerkzeugen, sie überhörten jeden Wunsch danach. Denn sie hatten längst ausgemacht, die unversehrten Krustentiere andern Tags wieder zu verkaufen. Sie hatten aber ihre Rechnung ohne den Hirth gemacht. Denn beim Abschied brach sich der fröhliche Greis mit dem gewinnendsten Lächeln von den ihm erreichbaren Hummern die Scheren ab und verteilte sie mit der Versicherung, sie schmeckten auch zum Frühstück ausgezeichnet, an seine Tischnachbarinnen. Bei einem dieser Festessen hatte Doktor Georg Hirth eine Tischdame, die ihm in ermüdender Ausführlichkeit erzählte, wie ihr Vater schon vor Jahren elendiglich zugrunde gegangen und wie ihre Mutter erst jüngst auf traurige Weise gestorben sei. Hirth hörte ihr scheinbar geduldig zu, nicht abweisend, aber, wie sich zeigen sollte, völlig abwesend; denn als man endlich aufstand, verabschiedete er sich mit der herzlichen Frage: Ihren werten Eltern geht's aber gut?

*

Eine leere Sektflasche wird den meisten Leuten ziemlich wertlos scheinen – den Kellnern des Deutschen Theaters tat sie einst unschätzbare Dienste.

Bei den großen Faschingsbällen, beim Pressefest etwa, wurde viel Sekt getrunken, sehr viel Sekt sogar; aber noch viel mehr Sekt wurde bezahlt. Denn die hurtigen Kellner schenkten, in den großen, gastfreien Logen besonders, ständig alle erreichbaren Kelche voll, am liebsten, wenn außer ein paar Schnorrern niemand anwesend war. Die bezahlten Flaschen, so war es damals ausgemacht, wurden unter den Tisch gestellt oder abgeräumt; was auf dem Tisch stand, galt als noch unverrechnet.

Als nun, während einer Française vielleicht, wieder einmal die Logen ziemlich leerstanden, kamen die Kellner, flink und beflissen wie immer, natürlich nur, um nachzusehen, ob alles in Ordnung sei. Niemand schaute ihnen auf die Finger, der abgekämpfte ältere Herr, der einsam vor sich hindöste, war bestimmt nicht zu fürchten – und so griff jeder Kellner im Vorbeigehen blitzschnell unter den Tisch und stellte eine leere Flasche neben den Eiskübel, bis eine stattliche Batterie beisammen war.

Der vermeintliche Schläfer jedoch – er hat es uns später einmal selber erzählt – packte, kaum daß die Herren Ober den Rücken gekehrt hatten, die Flaschen kurzerhand beim Kragen und stellte sie wieder unter den Tisch. Die Gäste strömten zurück, die Kellner eilten herbei, um wieder einmal abzurechnen – sie machten große Augen, wagten aber nicht, aufzubegehren, denn die Schlafmütze von vorhin zeigte plötzlich ein sehr waches Gesicht und ein Lächeln, das ihnen dringend empfahl, gute Miene zum bösen Spiel zu machen...

*

Doktor Georg Hirth war auch wegen der offenen Hand geschätzt, die er für Künstler und Dichter hatte. Eines Tages, so erzählte der feurige Greis, ließ sich ein Maler bei ihm melden, der beim Eintritt ins Zimmer lange in stummer Ergriffenheit an der Tür verharrte und endlich in die begeisterten Worte ausbrach: »So stehe ich denn wirklich vor dem Manne, dem seit einem Menschenalter meine tiefste Verehrung gilt – was spreche ich von mir! –, dem ganz München, ja ganz Deutschland als einem geistigen Führer, als einem Mäzen verpflichtet ist! Auch ich bin ein Künstler, eine innere Stimme ruft mich nach Italien, ich will Rom sehen, und ich weiß, daß Sie, Hochedler, mir zu diesem Schritt die helfende Hand nicht verweigern werden!«

Der geschmeichelte Gönner hatte schon in seiner Brieftasche nach einem Hundertmarkschein geangelt, drehte sich aber noch vorher zu dem Besucher um und fragte, was der sich eigentlich von ihm erwarte. »Wenn ich Sie«, kam in schöner Inbrunst die Antwort, »um zwei Mark gebeten haben dürfte?«

Seitdem, so berichtete Doktor Hirth, habe er sich angewöhnt, sich nach den Wünschen seiner Bittsteller zu erkundigen, statt blindlings seiner Geberlaune zu folgen. Er habe dadurch viel Geld gespart, damals bare neunzig Mark. Der Maler, mit einem Goldstück entlassen, sei überglücklich gewesen...

Ludwig Thoma

Einmal im Fasching stand meine Mutter mit Ludwig Thoma plaudernd auf der Galerie des Saales, als drunten sich der Vorhang zum Festspiel des Abends hob. Eine Weile hörten sie zu; als aber der Lärm immer größer und der Text immer unverständlicher wurde, sagte meine Mutter lachend zu Thoma: »Geh zu, den Schmarren brauch'n ma doch net anhör'n!« »Hast recht!« antwortete Thoma und wandte sich zum Gehen, ohne auch nur mit einem Wort anzudeuten, daß das Spiel von ihm verfaßt war.

*

Thoma bot seinen Bauernroman »Andreas Vöst« den Münchner Neuesten Nachrichten zum Erstdruck an und verlangte zwölftausend Mark – im Urfrieden eine Summe, wie sie der Verlag noch nicht bezahlt hatte. Direktor Helfreich tat denn auch, als er dem Dichter das Honorar aushändigte, einen tiefen Seufzer und sagte: »Herr Doktor, das ist viel Geld!« »War auch viel Arbeit«, knurrte Thoma und steckte ungerührt die Scheine ein.

Zwischen den Kriegen

Milch

Während des ersten Weltkriegs durften wir uns jede Woche einmal einen Liter Milch in einer Wirtschaft im Tal holen. Der Herr Opernsänger Schratzenstaller hatte uns die kostbare Gabe vermittelt. Er war ein gescherter Oberländler in der Lederhose, mit einem speckigen, gamsbartgeschmückten Hütl, einem großartigen Hosenträger mit dem Bildnis des Märchenkönigs Ludwig und einem riesigen Hirschgeweih-Hackelstecken. Dick war er wie ein Faß, Schweinsäuglein hatte er und einen hingewichsten Schnurrbart, den er sich aber umgehend abnehmen lassen wollte, falls er eine Rolle bekäme.

Er hatte aber noch nie in einer Oper gesungen, ein »Krawattel-Tenor« war er, auf gut münchnerisch, er hoffte, die Feder meines Vaters als Sprungfeder zu seinem Ruhm gebrauchen zu können, und wir waren – zu unserer Schande sei es gesagt und durch unsere Not entschuldigt – so gewissenlos wie der finstere Ehrenmann, der ihn unentwegt ausbildete, solang seine Mittel reichten, vor allem die Lebensmittel, zu denen er geheime Zugänge zu haben schien. Wir nährten seine Hoffnung, und er nährte unsern Leib, er war stolz darauf, unser Gönner zu sein.

Wenn das mit der Milchabholung betraute Familienmitglied – wer halt grade Zeit hatte – in der finstern Wirtschaft an das Küchenfenster klopfte, wurde recht geringschätzig in den Hintergrund gerufen: »Die Milch für den Schriftsteller!«

Im Hausgang dieses alten Gasthofs hielt sich ein Vogelhändler auf, mit vielen Kanarien, Sittichen und Finken, die fast alle frei herumflatterten. Dieser wunderliche

Greis hätte brennend gern gewußt, was so ein Schriftstellereigeschäft sei, wie viel es im Tag abwerfe und ob es mehr zur Schriftsetzerei neige oder zur Vogelstellerei. Meine Mutter erklärte es ihm, so gut es ging, und vielleicht übertrieb sie auch ein bißchen, was da zu verdienen sei. Auf rätselhafte Weise stieg daraufhin der Milchpreis auf das Doppelte – was aber reichlich dadurch ausgeglichen wurde, daß es jetzt hieß: »Die Milch für den *Herrn*
Schrift-
steller!«

Leider nahm das Wunder der weißen-schwarzen Milch ein jähes Ende, just, als wir seiner am meisten bedurft hätten. Wir schickten, allzusicher geworden, eines Tages unser sächsisches Hausmädchen hin, das in jeder Hinsicht landfremd und für einen solchen Auftrag ungerüstet war. Um sie ins Bild zu setzen, an wen sie sich wenden müsse, gab ihr meine Mutter eine äußerst unvorsichtige Beschreibung der Milchspenderin mit; und das Unglückswurm fragte denn auch unverzüglich nach der rothaarigen Köchin mit der Glatze.

Milch brachte unsere Botin keine mit nach Hause; auch die Gelegenheit, neunhundertneunundneunzig Worte Bairisch – vermutlich waren es bare tausend! – in einem Atemzug zu lernen, nahm sie nicht wahr. Der Herr Opernsänger entzog uns sein Wohlwollen, was ich ihm bei ruhiger Überlegung der Umstände nicht verübeln kann. Denn wer weiß, ob nicht durch solch schnöde Kränkung auch sein eignes markenfreies Voressen in ernste Gefahr gekommen war.

Rigorosum

Daß ich meine Doktor-Prüfung machen sollte, war seit Kriegsende das ständige Drängen meines Vaters, ohne daß er mir freilich einen greifbaren Vorschlag zur Finanzierung dieses Unternehmens gemacht hätte. Die Inflation griff immer markzerfressender um sich, es galt, zu verdienen, ich schrieb für Zeitungen, ich übernahm die Schriftleitung eines Winkelblättchens und die Hochschule, von der allmählich auch fast alle meine Freunde und Freundinnen abgewandert waren, sah mich nur mehr selten.

Während des Krieges – ich war schon im Herbst 1914 vor Ypern verwundet worden – hatten sich nicht wenige junge Menschen verschworen, eines neuen Himmels und einer neuen Erde zu warten und den alten Ordnungen einen erbitterten Kampf anzusagen. Jetzt aber waren die Zeiten des Aufruhrs vorüber, die bürgerliche Welt holte sich einen Ausreißer um den andern zurück, die Rebellen von gestern wollten wieder brave Beamte mit Pensionsberechtigung werden, die Verfechterinnen der freien Liebe suchten händeringend nach einem Ehemann, und auch ich wies den Gedanken, den Titel eines Dr. phil. zu erwerben, nicht mehr als eine spießerische Zumutung zurück.

Den Stoff der Dissertation fand ich gewissermaßen im leeren Nest unserer verflogenen Ideale: ich gedachte, dem »Gemeinschaftserlebnis des Göttinger Dichterkreises« nachzuspüren, und träumte davon, höchst aufschlußreiche Funde zu machen, wechselseitige Beweise aus eignen Erfahrungen und historischen Dokumenten zu ziehen und so eine ruhmreiche Leistung zu vollbringen.

Zu meinem Erstaunen war Fritz Strich, den ich in zitternder Bescheidenheit aufsuchte, von meinen Bemühungen sehr angetan, und nicht minder schüchtern, so schien mirs, als ich selbst, sprach er nur von ein paar Verbesserungen, die zum »summa cum laude« nötig wären, in drei Wochen könnte ichs schaffen. Ich aber hatte berechtigte

Angst, ob ich im Mündlichen überhaupt »rite« bestehen würde, und zu seiner Verwunderung schlug ich das Anerbieten aus.

Mein ursprünglicher Plan war, mich neben Deutsch und Geschichte in Kunstgeschichte prüfen zu lassen. Aber ich hatte bei dem berühmten und gefürchteten Wölfflin wohl die öffentlichen Paradevorlesungen (und auch die selten genug) gehört, war jedoch noch nicht eine Stunde in seinem Seminar gesessen. Gewiegte Adepten des Gewaltigen warnten mich, in die Höhle des Löwen mich zu wagen, und schauerliche Anekdoten schreckten mich ab. So soll Wölfflin einem Zögernden in der Zuschreibung eines Bildes mit finsteren Brauen zugebrummt haben: »Sagen Sie nichts – sonst sehe ich, daß Sie von zweien nichts verstehen!« Kurz, sechs Wochen vor dem Termin sprang ich aus und wandte mich in tollkühner Verblendung der Philosophie zu, von der ich heute noch keine Ahnung habe, dergestalt, daß ich, dem Titel nach ein Gelehrter der Weltweisheit, den Fichte kaum von einer Tanne unterscheiden könnte. Mit dem milden Erich Becher einigte ich mich auf das achtzehnte Jahrhundert, bei dem bodenlosen Nichtwissen war mir jedes recht.

Ich ließ mich an Leitfäden in die unbekannten Tiefen hinab oder suchte auf Eselsbrücken die Abgründe zu überqueren. Mit den Engländern hatte ichs am schwersten, da ich der Sprache nicht mächtig war; und doch – grade dies sollte mich retten, denn als der gütige Prüfer nach zwei oder drei halben Versagern mich die Peinlichkeit der Stille fühlen ließ, ehe er zur nächsten Frage ansetzte, gab ich mich schon verloren. Wie der englische Titel von Humes Hauptwerk heiße, wollte er wissen. Und ich, ganz erlöst, plapperte los: »Enquiry concerning human understanding!« – nie hätte ich mirs gemerkt, wenn mirs nicht eingebleut worden wäre von meiner kleinen Schwester. Und nicht minder begierig stürzte ich mich auf das zwischen uns stehende Wasserglas, die letzten fünf Minuten mit der

Erklärung hinziehend, in der Vorstellung von Leibniz bedeute es eine Summe von Monaden. Ich glaube nicht, daß ich den grundgescheiten Becher getäuscht haben konnte; aber ich denke, er war so sehr Philosoph, daß er mir das sokratische: »Ich weiß, daß ich nichts weiß!« hingehen ließ, solange wenigstens die Form von Frage und Antwort gewahrt wurde.

Ernstlich konnte mir nun nichts weiter zustoßen, in Deutsch und Geschichte war es wenigstens kein Ritt überm Bodensee mehr. Der alte Franz Muncker freilich, der geierhälsige Wonnegreis, den ich als letzten gefürchtet hätte, setzte mich gleich in arge Verlegenheit. Ich hatte mit ihm die deutsche Lyrik mit Ausnahme des vorlutherischen Kirchenliedes vereinbart, und da er sichs genau, aber leider falsch gemerkt hatte, krähte er mir strahlend entgegen, er freue sich, daß endlich ein Herr Kandidat sich mit diesem entlegenen Gebiet beschäftigt habe. Nun, ich ließ es darauf ankommen, wir unterhielten uns ausgezeichnet, bis er auf ein anderes Feld übersprang und unvermittelt fragte, was ich von den Sonetten August Wilhelm Schlegels hielte. In der ersten Verwirrung hatte ich keine Ahnung, aber ich sagte dreist, ich hielte nicht viel von ihnen. Es wird von Glücksfällen erzählt, wo ein Kanonier mit dem einzigen Schuß, den er im Rohre hat, den Pulverturm der Festung trifft; so ging es mir. Eine unbeschreibliche Genugtuung leuchtete aus dem alten Gesicht und, ohne daß ich selbst auch nur ein einziges Wort zu sagen brauchte, verfocht er, für den Rest der Prüfungszeit, seine Meinung, die ich noch nie so gerne hatte gelten lassen wollen wie damals.

Nun kam die Geschichte an die Reihe. Geheimrat Erich Marcks, wegen seiner weitschweifigen Variationen um sein einziges Thema von mir kurz »Bismarcks« genannt, erschien, ein aufgeblasener Stumpen, schrägen Kopfes und brillenfunkelnd; unfreundlich näselte er mich an. Ich konnte mir denken, daß er mich hineinlegen wollte: zwei Tage vorher hatte ich ihm aufgelauert, um mich, wie üblich, noch einmal vorzustellen. Den Schlüssel schon in der Tür zum Historischen Seminar, hatte er mich, von unten herauf und doch von oben herab – was immer lächerlich sein muß – angeschnauzt, daß er keine Zeit für mich habe. »Nur eine Minute!« flehte ich ihn an; und, was zweifellos ungehörig war: ich vertrat dem grauen Männchen den Weg in das Mauseloch, in das er schlüpfen wollte. Wer ich überhaupt sei, er kenne mich nicht, wie ich mich unterstünde, mich von ihm prüfen lassen zu wollen: noch nie habe er mich in seinem Seminar gesehen... Ich bin seither ein gutmütiger, oft sogar ein ängstlicher Mensch; aber ich dachte in einer jähen, jugendlichen Wallung: Fahr hin, lammherzige Gelassenheit! und sagte, höflich, ich hoffte, ihm zu beweisen, daß man Geschichte treiben könne, auch ohne das Seminar des Herrn Geheimrats besucht zu haben. Er zahnte und blies mich zornig an, und mit der geschnaubten Drohung, man werde ja sehen!, war der Krieg erklärt, und ich konnte dem schlechten Diplomaten in mir den Vorwurf nicht ersparen, daß ers dümmer hätte kaum machen können. Nicht einmal das wichtige Stichwort »19. Jahrhundert!« war mehr anzubringen.

Ich mußte fürchten, daß der kleine Graue mich nach den Hethitern, Sassaniden oder Hussiten fragen würde; freilich war Geschichte mein Steckenpferd von Kindesbeinen an, durchrasseln würde er mich nicht lassen können; ein stolzes Wort, aber ich wags, es auszusprechen. Ich hätte sogar gewußt, wieso Karl XII. von Schweden ein Wittelsbacher ist oder was es mit dem Krieg der drei Heinriche auf sich hatte, ganz zu schweigen davon, daß ich die römischen Kaiser und die Päpste wie das Paternoster herbeten konnte.

Bismarcks aber, sei es, daß er sichs seinerzeit aufgeschrieben hatte, oder daß er ein so glänzendes Gedächtnis besaß, hielt sich streng an die Abmachung: er wollte sich den Triumph nicht versagen, mich in seinen ureigensten Jagdgründen zur Strecke zu bringen. Er wollte von mir die

Entwicklung des preußischen Eisenbahnwesens in den vierziger Jahren wissen, die Folgen des österreichischen Februarpatents dargelegt haben, die Besonderheit und den Wert der Sybelschen Geschichtsschreibung erfahren, meine Meinung über den Vertrag von Olmütz hören – und er hörte sie, auf die Tischplatte trommelnd, bis er, in ärgerlichem Erstaunen, fragte, woher ich das alles wüßte (ohne ihn, ohne sein Seminar! meinte er natürlich). Und ich sagte durchaus artig, ich hätte es in Büchern gelesen.

Ich will mich nicht rühmen, wie Verdienst und Glück sich ketteten; altes Wissen und sehr flüchtig geschüttelte Lesefrüchte waren es, die ich dem Gnomen bot; aber noch war zum Hochmut kein Grund – mein Gegner würde mir keine Minute schenken, und fast zehn waren es noch, als er zu wissen begehrte, wie die verschiedenen Historiker sich zu Persönlichkeit und Politik Friedrich Wilhelms IV. stellten. Mir war im ersten Augenblick wie einem Tarocker, der sein Bettelsolo doch noch verliert. Aber, hier muß ich Fortunas Beistand vollauf bekennen: wenige Wochen vorher war ich, auf Formblätter wartend, nach Jahr und Tag wieder einmal in der Universität gewesen. Ich sah den kleinen Marcks in einem großen Hörsaal verschwinden und dachte, besser als die Gänge entlangspazieren könnte es ja sein, sich hinten auf eine Bank zu setzen. Und ich hörte wirklich mit halbem Ohr, was mich der erboste Zwerg jetzt mit ganzem Nachdruck fragte; den Rest rechnete ich mir aus: wie sollte sich Ranke oder Treitschke stellen? Heute wüßte ichs nicht mehr. Marcks aber ging grußlos hinaus, der bodenloseste Nichtswisser mag ihn nicht so geärgert haben wie ich, den er so gern gedemütigt hätte.

Der letzte Prüfer blieb, und er galt nicht nur mir, sondern den Kandidaten schlechthin als der gefürchtetste: Karl von Kraus, der Germanist. Ich saß ihm beklommen gegenüber oder vielmehr übers Eck des Tisches, an dessen vier Enden mehr oder minder rigoros gefragt und famos geantwortet wurde.

Vier Wochen vorher hatte ich seine Bekanntschaft gemacht; mit den denkwürdigen Worten: »Herr Geheimrat, ich muß gestehen, daß ich Sie heute zum ersten Male sehe!« war ich in sein Zimmer getreten. Das hieß, den Stier bei den Hörnern packen – wobei allerdings das Bild nicht ganz stimmt, denn Kraus war ein großer, dürrer Mann, mit einem gepflegten Schnurrbart, wenn ich mich recht erinnere. Natürlich hatte ich beim alten Hermann Paul und bei ihm belegt; aber so lange ich Zeit gehabt hätte, war ich nicht hingegangen, und während der letzten Jahre, das gestand ich ihm auch treuherzig, war ich durch Berufsarbeit verhindert. Der strenge Herr trug meine wunderliche Eröffnung gefaßt, beinahe mit Humor; er hatte sich bei der Nennung des Namens verhört und nannte mich Herr Eigenbrot, was ich ihm auch nicht verübeln konnte. Sonst hatten wir uns gut unterhalten.

Nun also kam der spannende Augenblick: welchen Text würde er mir vorlegen? Auf irgendwelche Begrenzung ließ sich Kraus nicht ein; der Prüfling mußte damit rechnen, daß die Stichproben aus dem frühen, dem hohen, ja, dem späten Mittelalter gemacht würden; Lyrik und Epos, Literaturgeschichte und Grammatik waren gleicherweise bereitzuhalten. Ich warf einen Blick auf das offen hingereichte Buch und atmete erleichtert auf: es war ein Gedicht von Walther. Einem Bayern fällt es nicht schwer, dergleichen zu lesen: »Bin ich dir unmaere, das enweiz ich nicht; ich liebe dich...« Kurz und gut, ich vermochte Rede und Antwort zu stehen, des Meisters Stirn entwölkte sich, ich hatte, um einen alten Militärwitz anzubringen, das in mich gesetzte Mißtrauen verbraucht. Wir gerieten sogar in einen gelinden folkloristischen Streit, die halbe Stunde war im Flug vergangen, er sagte – man verzeihe mir die Eitelkeit, aber herschreiben muß ichs – »Danke, ich war ausnehmend zufrieden!«

Die Prüfung war damit beendet und sichtlich bestanden, dem Übermut dieses entspannenden Augenblicks mag man die Dreistigkeit zugute halten, daß ich lachend herausgab: »Und ich, Herr Geheimrat, bin sehr erstaunt. Ich hatte mirs, bei dem fürchterlichen Ruhm, der Ihnen vorausgeht, weit schlimmer vorgestellt!«

Der ernste Mann war guter Laune, ein paar Minuten waren frei, da sein letzter Prüfling noch in den Fängen eines andern zappelte, und so gab er mir Auskunft. Es stimme schon, sagte er, daß er nach zwei Zeilen Lesen einen Kandidaten auffordere, das Buch zu schließen und abzutreten. Beim ersten Wort merke ers, was zu erwarten stünde, und die Herren, die glaubten, es genüge, in vierzehn Tagen die Lautverschiebungen durchzupauken, empfinde er als eine persönliche Beleidigung. Er habe es ohnehin schwer, sein Fach den öden Zweckstudenten gegenüber in seiner Würde zu wahren. Und zum Schluß mir die Hand reichend, fragte er geradezu, ob ich nicht Lust hätte, mich ganz den Minnesängern zuzuwenden. Ich kannte meine Grenzen jedoch besser und dankte bescheiden.

Eine Weile hieß es nun noch im Flur herumstehen, die erste Zigarre mag – vielleicht durfte ich sie erst später rauchen – köstlich geschmeckt haben. Dann kam der Glückwunsch des Dekans und, soweit sie noch zur Stelle waren, der Professoren. Und dann ging ich auf die Straße hinaus, die große, breite Ludwigstraße. Ich müßte jetzt schreiben, sie wäre zu eng für mein Glück gewesen, aber da würde ich lügen: meiner Lebtage hat es mir an der Kraft gefehlt, mich gründlich zu freuen.

Niemand wartete auf mich, kein Freund, keine Frau; Geld, um richtig zu feiern, hatte ich auch keins. Zuerst meint man immer, das Glücksgefühl müsse sich an einem Punkte fassen, halten lassen; aber dann merkt man, es ist gleitend, noch von Angst gemischt, noch nicht bewußt – schon vorüber, schon selbstverständlich. Übrigens kam noch dazu, daß mir gar nicht gut war: meine Mutter hatte, in bester Absicht, das magere Mittagessen jener Jahre durch ein fettes Schweinsschnitzel ersetzt – und das ging mit der Angst und Aufregung eine unbekömmliche Verbindung ein.

Zu Hause gabs eine kleine Feier, mein Vater machte Verse aus dem Stegreif – aber meine Sehnsucht ging weit aus dem Familienkreise in eine Welt, die damals schon, im Grunde für immer, für mich versunken war.

So verlief mein Doktorexamen, wers genau wissen will, am 3. März 1922. Ich brauchte lange, bis ich mich an die neue Anrede gewöhnte, aber schließlich fiel sie mir nicht mehr auf, und ich gedenke, ohne Ehrgeiz nach einem andern, diesen Allerweltstitel bis zum Tode weiterzuführen.

Verspielte Sekunde

Vielleicht habe ichs schon einmal niedergeschrieben, was mir gestern, nach vier Jahrzehnten, im Verlauf eines politischen Gesprächs, wieder lebendig vor Augen getreten ist. Diesmal, jedenfalls, erscheint es mir so wichtig, daß ichs festhalte: am Abend des achten Novembers neunzehnhundertdreiundzwanzig habe ich, eine Sekunde lang, das Schicksal der Welt in Händen gehalten und habe es dann doch den Lauf nehmen lassen, den es genommen hat, schaudervoll, wie wir alle wissen, die diese Zeit seither miterlebt haben.

Höchst überraschend hatte an diesem Tag Adolf Hitler, damals vielen noch ein fast Unbekannter, seine Sturmabteilungen in Marsch gesetzt, und am Abend sollte die große Versammlung im Bürgerbräukeller stattfinden, in der Doktor von Kahr, der Generalstaatskommissar, in einer großen Rede seine Pläne zu entwickeln gedachte. Wer das im einzelnen wissen will, möge es an anderer Stelle nachlesen, es ist ja heute längst Geschichte geworden, was damals im Flusse war, sagen wir, was sich wie in völlig unerwartetes

Hochwasser über die Stadt München ergoß, über das Land, das Reich, über die Welt.

Hier soll nur die eigne Erinnerung stehen. Ich wollte an der Versammlung teilnehmen, um auswärtigen Blättern zu berichten, deren Vertreter ich war. Ich war wie vor den Kopf geschlagen, daß mich die Ereignisse so überrumpelt hatten, mein Trost, daß es größeren Kollegen nicht besser gegangen war, half wenig gegen meine üble Stimmung. Ich wußte, daß sich, vor meinen blinden Augen, meinen tauben Ohren die Weltgeschichte verwandelt hatte – genug, von nun an wollte ich, zu spät freilich, als Späher und Horcher auf dem Posten sein.

Und abermals kam ich zu spät. Wir wohnten in der Karlstraße, ungefähr dort, wo zehn Jahre später die Bauten des Dritten Reiches aufgeführt wurden. Ich fuhr mit der Straßenbahn, der Linie vier, bis an die Maximiliansbrücke, es war schon finster, als ich durch die herbstlichen Anlagen gegen den Gasteig ging. Da sah ich im Dämmern verwegene Gestalten, ins Gebüsch geduckt, da sah ich Waffen blinken, hörte halblaute Befehle und Zurufe, vernahm das Klappern von Metall, das Rascheln welken Laubs – kurz, all die Geräusche, wie ich sie vom Feld her so gut kannte, die gedämpfte, klirrende, wispernde Vorbereitung eines Angriffs.

Unangefochten trat ich beim Nikolaikirchlein auf die erleuchteten Straßen heraus und hier, inmitten eines wogenden Volksgewühls, standen, den Rosenheimer Berg hinauf bis zum Kellereingang, die Hitlerleute in Marschordnung, unbewaffnete Männer, zum Teil in Uniformen, die meisten aber in jenem Aufzug, den man »Räuberzivil« nennt, mit verwegenen Hüten und Mützen, mit Windjacken und Wikkelgamaschen. Sie standen deutlich zur Schau ihres friedlichen Willens, dergestalt, daß niemand bei ihrem wohlgeordneten Anblick Verdacht schöpfen sollte. Ob diese Männer von den bedenklichen Zurüstungen ihrer finsteren Brüder etwas wußten, ist mir bis heute verborgen geblieben.

In den Saal oder auch nur in seinen Umkreis noch einzudringen, daran war trotz Presseausweis nicht mehr zu denken. Die Polizei hatte abgesperrt und schob die Menschenmassen in die Seitenstraßen ab. Ich hatte keine Lust, in diesem wilden Strom mich mittreiben zu lassen, ich kannte die Gefahren, in eine leidenschaftlich bewegte Masse gepreßt zu werden – ich beschloß, unverzüglich nach Hause zu gehen.

Ich schritt über die Ludwigsbrücke, der düstersten Gedanken voll; die Leute hatten sich verlaufen, etwa auf der Mitte der Brücke war ich, auf der Museumsseite, fast der einzige Fußgänger.

Da kam mir von der Stadt her, in mäßig schneller Fahrt, ein großer Kraftwagen entgegen, er war erleuchtet, und in seinem Grund sah ich deutlich den Herrn von Kahr im Polster sitzen, den melancholischen Chinesenkopf mit dem Hängeschnurrbart, der nicht zu verkennen war. Er blickte starr vor sich hin.

Ich kannte ihn gut, seit vielen Jahren war er mit meinen Eltern befreundet, und auch ich hatte, ehe er der mächtige Mann in Bayern geworden war, öfters mit ihm gesprochen. Einen Augenblick ging es mir durch den Kopf, schlug es mir rasend durchs Herz: ich wollte dem Fahrer winken, rufen, ihn aufhalten – und wollte an den Mann im Wagen die einzige Frage richten: »Herr Doktor, ist Ihnen bekannt, daß die ganzen Anlagen voller Bewaffneter stecken?«

Aber im selben Nu widersprach mir eine andere Stimme, die mich einen Wichtigtuer schalt, der sich in Dinge mischte, die ihn nichts angingen. Der Doktor von Kahr, der Herr der Polizei, Geheimpolizei und Schutzmannschaft, der Mann, dem die Reichswehr, dem der ganze, in höchster Alarmbereitschaft fiebernde Sicherungsapparat zu Gebote stand, fuhr doch nicht in eine Mausefalle, ohne vorher genauestens sich erkundigt zu haben, was da gespielt wurde...

Ein huschendes Licht, das Auto war vorüber; von Schutzleuten stramm begrüßt, fuhr er in den schwarzen Kreis der Wartenden hinein, der sich hinter ihm schloß.

Die Tatsachen sind bekannt, jener Abend ist welthistorisch geworden. Ich erlebte jene aufregenden Tage mit, die wütenden Ausbrüche des Jubels und des Hasses, die Schießereien, die sich widersprechenden Aufrufe und Zeitungsberichte, schließlich den Zusammenbruch der Bewegung.

Erst nach Jahr und Tag traf ich den Doktor von Kahr, den stillen, entmachteten und geschmähten Mann, auf einem einsamen Spaziergang an der Isar. Länger als eine Stunde gingen wir zusammen den Fluß entlang, und er erzählte mir, dem so viel Jüngeren, manches aus jenen Tagen, was vielleicht in keinem Buche steht, er berichtete von vertraulichen Gesprächen mit Hitler und von den verworrenen Ereignissen jenes Abends. Und da stellte ich, zu spät, unwiderbringlich zu spät, die Frage an ihn, die ich damals, zur rechten Zeit nicht gewagt hatte, aus Schüchternheit, aus Unfähigkeit, den Augenblick zu ergreifen. Und siehe da, er hatte nichts gewußt von den Bewaffneten in den Anlagen, von den Männern, die der wortbrüchige Hitler im entscheidenden Augenblick in die Waagschale warf. Hätte er, Kahr, davon gehört, er wäre auf der Brücke noch umgekehrt.

Es ist müßig, hinterher sich vorzustellen, wie anders alles hätte kommen können. Aber damals haben wir doch eine Weile geschwiegen, wir Wanderer am Flusse, der große Mitwirkende und der kleine Unbeteiligte – und haben der versäumten Sekunde nachgesonnen. Noch war damals alles in Schwebe, und ob Hitler die Macht ergreifen würde oder nicht, darüber stritten die Leute in Eifer und Hohn. Ein Jahr später lag der alte Mann, den ich den Fluß entlang begleitet hatte, erschlagen im Graben der Dachauer Landstraße...

Die vergessene Mappe

Mit meinem Schwager, der ab und zu die bayrischen Kreise bereist, um im Auftrag der Regierung die Kirchen und Denkmäler zu besichtigen und zu pflegen, bin ich einmal, vor dem letzten Krieg, vierzehn Tage lang im Kraftwagen durchs obere Franken gefahren. Ich habe schöne Dinge gesehen, vom kleinsten Bildstöckl und Kapellenkind, das verloren am Wegrand vor wogenden Kornfeldern oder an schlanken Buchenwäldern stand, bis zu den wehrhaften Kirchenburgen und den reichen Klöstern, Wallfahrten und Stadtkirchen. Ich mußte alles genau anschauen, denn der Schwager machte es gar gründlich mit Begutachten und Nachfragen, und wenn ich mich auch manchmal derweil in einem Apfelgarten ins Gras legte oder beim nächsten Wirt ein Schöpplein trank, die meiste Zeit mußte ich doch dabei sein mit Rat und Tat und allerlei gelehrten Mutmaßungen, denn ein bißchen versteh ich auch was von der Kunst. Wir sind vom Fränkischen in die Oberpfalz herüber und hinüber gewechselt, haben die lutherischen Landstriche mir nichts, dir nichts dreimal an einem Tag mit den katholischen vertauscht, so wie sie dort oben aneinanderstoßen seit dem unseligen Dreißigjährigen Krieg und noch früher. Wir sind bei den kinderreichen Pastoren und den einschichtigen Pfarrern zu Gast gewesen und haben hier wie dort umgängliche Herren und querköpfige Narren kennengelernt, haben in heiterem Frieden unsere Sache erledigt oder in hitzigem Streit gegen die Bretter gehämmert, die der oder jener vorm Hirn hatte.

Es ist ganz hoher Sommer gewesen, so glühend und dürr, wie er im grünen, wasserdurchrauschten Oberbayern, bei uns daheim, gar nicht sein kann, viel Sand und Staub hat auf den Wegen gelegen, und wir sind auf den schlechtesten Sträßlein gefahren, um in irgendein elendes Nest zu kommen, wo dann oft, wie ein Wunder aus einer anderen Welt, die edelsten Bauten von einer verschollenen Zeit geträumt haben.

So fuhren wir auch einmal auf sandigen und holperigen Spuren über einen Heidehügel, es war schon Abend, voll zittriger Hitze noch, aber blau schon rauchend aus den Gründen, und die Sonne glitt riesengroß und dunkelrot in eine veilchenschwere Dämmerung hinunter. Es war hinreißend schön, gewiß, aber es war auch eine elende Fahrerei, und mein Schwager, am Steuer, hat mehr als einen Fluch durch die Zähne gestoßen über die verdammten Wege. Und auf einmal, wer weiß, wie ihm der Gedanke plötzlich an die Oberfläche gerüttelt und geschüttelt worden ist bei dem wüsten Dahinkutschieren, auf einmal sagt er ganz blaß und leise: »Meine Mappe!?« und hält mit einem Ruck den Wagen an.

Richtig, die Mappe ist nicht mehr dagewesen, die schwarze Aktenmappe mit den wichtigen Papieren, und wir haben auch gar nicht lang zu suchen brauchen, denn jetzt, wo es zu spät ist, fällt es meinem Schwager ganz klar und schön ein, daß er sie droben in Heiligenstein hat liegenlassen und daß sie dort noch liegen muß, auf der letzten Kirchenbank links...

Mißmutig genug drehen wir unseren Wagen um und fahren in die Nacht hinein, den erbärmlichen Weg wieder zurück, mit tausend ängstlichen Vorstellungen im Kopf, wie gerade, vielleicht im letzten Augenblick, ehe wir ankommen, krallige Hände die Mappe ergreifen und ausweiden, wie es, selbst im günstigsten Fall, hundert Scherereien und Rückfragen gibt, bis wir die Mappe wiederhaben, das gute, das unersetzliche Stück.

Die Kirche auf dem Berg hat schwarz und still dagestanden. Kein Dieb ist verdächtig drum herumgeschlichen. Die Tür war offen. Vor dem heiligen Antonius haben golden die Kerzen gebrannt, und ein altes Mütterchen hat ganz eingesunken davor gekniet. Die Mappe aber lag friedlich in der letzten Bank links... Wir haben sie aufatmend an uns genommen und sind, jetzt schon bei völliger Finsternis, mit tastenden Lichtern, zum viertenmal den Weg gefahren.

In Auerbach haben wir dann ein leidliches Quartier gefunden, und am anderen Tag, als wir auf der großen Straße zügig dahinfuhren, ist die ganze aufregende Geschichte mit der vergessenen Aktenmappe zu einem fast heiteren Reiseabenteuer zusammengeschrumpft.

Wir sind in eine größere Stadt gekommen, eine langweilige Stadt, und mein Schwager hat nur rasch einen Blick in die dortige evangelische Kirche tun wollen, ob eine befohlene Ausbesserungsarbeit an der Orgel auch sinngemäß gemacht worden ist.

Die Kirche ist offen gewesen, weil der Verwalter gerad drin war, um irgendwas in Ordnung zu bringen. Wir stellen also unseren Wagen in den Turmschatten und spazieren gemächlich hinein, als Leute, die ein Recht dazu haben, auch am Werktag in die Kirche zu gehen. Aber wir hatten nicht mit dem Machtgefühl des Küsters gerechnet, der, gelbhäutig und stechäugig wie er war, hager und frostig uns in den Weg trat und uns böse fragte, was wir hier zu suchen hätten. Er war der unbeugsamen Meinung, das sah man ihm an: nichts, aber rein gar nichts!

Mein Schwager ist gerad so gut aufgelegt, daß er den galligen Burschen ein bißchen tratzen muß, er zieht also nicht gleich seine Beglaubigungsschreiben aus der Tasche, sondern versucht es mit einer spöttischen Liebenswürdigkeit. Aber der hohlwangige Schwarzbart versteht keinen Spaß, er geht in die Luft wie eine Kette von Knallfröschen, und als wir ihm nun amtlich, schwarz auf weiß, kommen, ist es fast zu spät, er mißtraut uns gründlich, er behält uns im Auge, wie wir jetzt durch das Schiff wandeln, zur Orgel hinaufsteigen, um den Altar herumpirschen.

Die Sache selbst ist leidlich in Ordnung, wir haben auch keine Lust mehr, uns mit dem Grobian in ein Gespräch einzulassen, das Nötigste kann von München aus schriftlich gemacht werden – kurz, wir empfehlen uns in dem berühmten unbewachten Augenblick, ohne Abschied; aber die schwarze Mappe, die mein heillos vergeßlicher Schwager wieder im Gestühl hat liegenlassen, nehme ich mit, werfe sie, ohne daß er's sieht, hinten auf den freien Sitz des Wagens, und wir brausen los in voller Fahrt diesmal, auf breiter, glatter Straße, in den glühenden Sommertag hinein. Eine halbe Stunde vielleicht sind wir gefahren, da halte ichs nicht mehr aus; ich muß, wenn ich nicht platzen soll, meinen ungeheuren Trumpf ausspielen, und ich frage, so beiläufig, wie mirs gelingt, den aufmerksam Steuernden neben mir, ob er nicht am Ende wieder einmal seine Mappe liegengelassen hätte. Mein Schwager, ohne weiter aufzublikken, sagt gleichgültig, indem er ein Bauernfuhrwerk überholt, die Mappe habe er diesmal gar nicht in die Kirche genommen, die liege hinten im Wagen; heute früh wenigstens, davon habe er sich überzeugt, hätte sie noch dort gelegen. Aha, denke ich, der hat was gemerkt und zahlt dir deinen schlechten Spaß heim. Aber unheimlich wird mirs doch, und ich frage ihn noch einmal dringlicher. Und er, schon etwas unwirsch, sagt, ich solle ihn doch mit der saudummen Mappe in Ruhe lassen.

Jetzt ist das Erschrecken an mir, und ich sage, wenn das wahr ist, dann habe ich, Himmelherrschaftseiten, die Mappe von dem galligen Schwarzbart mitgenommen!

Mein Schwager lacht häßlich, er fährt an den Straßenrand und zieht die Bremse. Natürlich, jetzt seh ichs auch: Es ist nicht unsere Mappe. Aber das Massenzeug sieht sich ja so ähnlich wie ein Ei dem anderen. Wir schauen in die fremde Mappe hinein, Geld ist darin, viel Geld und ein Rechnungsbogen über vereinnahmte Kirchensteuern, an die tausend Mark.

Wenn so ein Abenteuer einem Geschichtenschreiber in die Hände fällt, der macht einen Roman daraus mit vielen lustigen Verwicklungen und peinlichen Zwischenfällen. Auch ich hätte nicht übel Lust dazu. Aber ich will bei der Wahrheit bleiben – der Roman ist uns erspart geblieben. Wir sind auf der Stelle zurückgefahren, bei jedem Ortseingang haben wir schon gedacht, jetzt steht ein Gendarm da oder ein Leiterwagen ist quer über die Straße gestellt, um die flüchtigen Banditen aufzuhalten. Aber es ist alles noch gut gegangen, wir haben den finsterbleichen Mann in seinem ersten ratlosen Schrecken abgefangen, als er zur Polizei hat gehen wollen. Es ist nicht leicht gewesen, ihm klarzumachen, daß es sich um ein Versehen gehandelt hat. Er ist aber dann höflich genug gewesen, so zu tun, als ob er uns glaube. Ja, er hat sogar der Versuchung widerstanden, vor unseren Augen das Geld abzuzählen, ob auch nichts daran fehle. Aber für Hochstapler und ausgemachte Spitzbuben, die's dann doch mit der Angst gekriegt hätten, hält er uns sicher heute noch.

Zeppelin

Im Spätsommer 1929 sollte ich, von Friedrichshafen aus, die Jungfernfahrt des Luftschiffes »Graf Zeppelin« mitmachen; die »Münchner Neuesten« waren bei diesem Ereignis stark vertreten, Doktor Trefz mit einer Sekretärin, mein Vater und ich hatten sich im Hotel »Kurgarten« eingenistet, das von Presseleuten der ganzen Welt bevölkert war.

Das Wetter war ungünstig, der Aufstieg des Zeppelins verzögerte sich von Tag zu Tag; wir brachten die Zeit mit unerquicklichem Nichtstun hin, nur auf die Nachricht lauernd, daß das Luftschiff startbereit sei. Nicht einmal zum Baden wagte ich zu gehen, denn jeden Augenblick konnte die Meldung eintreffen. Schließlich reisten, des Wartens müde, diese und jene ab und auch die »Neuesten« vertrat nur noch ich allein.

Just in dieser Zeit hatte ich den Plan, mir einen Bart stehen zu lassen; aber das ging noch langsamer, als die Flugvorbereitungen; und nur durch scharfes Ausrasieren konnte ich den Trennungsstrich ziehen zwischen glatter Wange und beabsichtigter Manneszierde; recht wohl fühlte ich mich trotzdem nicht, denn wie sollte ich jedem, der mich mit scheelen Augen ansah, mein Vorhaben erklären – die Zeit der Existenzialistenbärtchen lag noch in weiter Zukunft.

Das Wetter blieb zweifelhaft und ich legte mich getrost zu Bett; wenn das Luftschiff wirklich aufsteigen sollte: der oft und eindringlich gemahnte Hausknecht, der ja wußte, daß wir alle nur um dieses Ereignisses willen in Friedrichshafen weilten, würde uns gewiß rechtzeitig wecken, abgesehen davon, daß der Trubel von zwei Dutzend Pressevertretern gewiß nicht zu überhören sein würde. Meinen Bart aber hatte ich wachsen lassen, um so kurzfristig wie möglich den Verdacht, es handle sich nur um die Stoppeln eines Ungeschabten, durch eine besonders genaue Rasur zu entkräften.

Wer mich am Morgen weckte, war nicht der Hausknecht und nicht der Aufbruchslärm der Kollegen, sondern die Sonne, die schon verdächtig hoch am Himmel stand. Ich fuhr auf und lauschte ahnungsvoll – es war beängstigend still im ganzen Haus und ein Blick auf die Uhr belehrte mich, daß der Zeppelin zur selben Stunde schon aus der Halle gezogen wurde, wenn er nicht überhaupt bereits in den Lüften schwebte, mir vor der Nase davon.

Zum Waschen oder gar zum Rasieren hatte ich keine Zeit, ich schlüpfte in meine Hose, warf den Rock über, den Schlips konnte ich mir unterwegs noch binden, ich raste aus dem Haus, ich lief um mein Leben – es ist eine Redensart, ich weiß es, aber ich nehme es nicht zurück; und da ich ein Schnelläufer war, vom Brummen der Motoren gehetzt wie von einem Hornissenschwarm – nur daß der vor mir brauste statt hinter mir –, kam ich, ausgepumpt, atemlos und mit wild schlagendem Herzen gerade auf dem Flugfeld an, als der graue Riese, aus der Halle gezogen, daherschwebte, an Seilen noch gehalten von vielen schwäbischen Soldaten – und noch mehr Soldaten sperrten den Platz ab gegen das herbeigeeilte Volk, kurz, es war wie in der Bürgschaft von Schiller, ich stand am Tor und sah das Luftschiff schon erhöhet, das die Menge gaffend umstehet, an dem Seile schon zog man das Schiff empor – da zertrennte ich gewaltig den dichten Chor, aber nicht »da bin ich!« rief ich, sondern »Lehmann! Lehmann!«. Denn ich hatte den Kapitän Lehmann erblickt, der, keine zwanzig Schritte von mir entfernt, von der Erde aus das Abflugmanöver leitete – erlaube, lieber Leser, daß ich selbst diesen spannenden Augenblick unterbreche, um mich eines Unvergeßlichen zu erinnern, des freundlichsten der Freunde, der dann später bei dem Brande des »Hindenburg« so grausam ums Leben gekommen ist.

Ein Soldat packte mich, den vermeintlich dreisten Schreier oder vielleicht gar Attentäter, grob vor die Brust und wollte mich, ungeachtet des aufgeregt geschwungenen Passierscheins, in die Menge zurückstoßen, da hatte Kapitän Lehmann meine Hilferufe gehört, er erkannte mich, trotz meines verwilderten Aussehens, und wenn ich auch nicht behaupten kann, wir wären uns in den Armen gelegen, ich jedenfalls war nah dran, vor Schmerzen und Freude zu weinen; und gar nicht zu leugnen ist, daß Erstaunen das Volk umher ergriff, als mich verdächtigten Burschen der erste Offizier zu der schwankenden Strickleiter führte und wir beide, zwischen Himmel und Erde, in das Luftschiff stiegen, das eben wiederum – und diesmal endgültig, seine Motoren brummen ließ.

Der Doktor Eckener freilich, der Kommandant, maß mich mit einem vernichtenden Blick: »Was sind denn Sie für einer?« In die Erde hätte ich versinken mögen, aber das ging nicht mehr an, denn die lag bereits hundert und mehr Meter unter uns. So setzte ich mich denn bescheiden auf mein Plätzchen, noch immer schlagenden Herzens und von Schweißausbrüchen überströmt, und murmelte über den verdammten Hausknecht Verwünschungen in meinen Bart – aber so bedeutend war der auch wieder nicht, es waren nur die kaum unterscheidbaren kürzeren oder längeren Stoppeln eines Unrasierten. Und daß ausgerechnet die noch immer schöne Lady D. und der piekfeine Mister W., die Vertreter amerikanischer Blätter, meine Nachbarn waren, dergestalt, daß ich, der englischen Sprache unkundig, auch noch als Tölpel gelten mußte, machte mein Mißgeschick noch grausamer – bis wir alle, über dem starken Eindruck der Luftreise, unser Selbst vergaßen.

Übrigens habe ich an diesem Tag ein zweitesmal eine beachtliche Leistung im Laufen vollbracht: wie ich als der letzte in das Luftschiff gekommen war, so verließ ich es als erster wieder. Es schwebte, vor der Halle, noch zwei, drei Meter über dem Boden, als ich heraussprang und, so schnell mich meine Füße trugen – und das war sehr schnell –, in das Sonderpostamt stürzte und dem wartenden Beamten das halbe Dutzend Zeitungen nannte, denen ich über den Flug zu berichten hatte. Bis die anderen Presseleute vorschriftsmäßig ausgestiegen waren, bis sie ihre abgestellten Wagen gefunden und in Gang gesetzt hatten, war ich schon halb heiser vom Schreien, denn so weit war die Technik noch nicht wie heute, wo mans der Stimme kaum anmerkt, ob sie vom Ort oder von Hamburg oder Berlin kommt. Und als ich endlich, wieder in Schweiß gebadet wie am Morgen, die Zelle verließ, und mitten durch den Schwarm Kollegen ging, die vor Ungeduld von einem Fuß auf den andern traten, da trafen mich nicht mehr, wie in der Früh, mitleidig-belustigte Blicke, sondern neidvoll-zornige; aber weh taten sie nicht mehr.

Der Zwischenruf

In gefährlichen Augenblicken des Lebens kann sich eines Menschen oft eine verzweifelte, aber auch eine heitere Kühnheit bemächtigen und er spricht oder handelt dann, wie im gläsernen Traum, in einer weit über ihn hinauswachsenden Verwegenheit.

Von solchen Augenblicken könnte auch ich erzählen, mehr als einmal habe ich mich durch ein dreistes Wort der Gefahr ausgesetzt; ich will aber nur von einem Fall berichten, der noch gut hinausgegangen ist, ja, der heute und hinterher ganz und gar harmlos erscheint, ders aber damals nicht war, im Jahr fünfunddreißig, als die Schlagetote an der Macht waren und ihre übereifrigen Helfershelfer, die schnell bereit waren, einen unbesonnenen Tellen beim Wort zu nehmen und ihn nicht mehr ungestraft laufenzulassen.

In Nürnberg beging man das hundertjährige Gedenken der ersten deutschen Eisenbahn; ich hatte das Festspiel geschrieben, als eine Art Ehrengast entließ man mich in die weitläufige Ausstellung, die zu diesem Anlaß eröffnet werden sollte. Allein schlenderte ich durch die Räume, bis an eine abschließende, helle Wand drang ich vor, an die als einziges Zugeständnis an die fragwürdige Gegenwart, ein Künstler das schaffende Volk mit hochgereckten, heilhitlergrußfreudigen Armen in derben Strichen gezeichnet hatte.

Mir fiel das Bild von Cézanne ein und das Wort von ihm oder über ihn, daß ein gut gemalter Arm gar nicht lang genug sein könne; aber diese hundert Arme waren so gut nicht gemalt, sie waren wirklich nur über die Maßen zu lang, liebedienerisch lang waren sie.

Und das sah nicht nur ich allein, das sah auch eine Gruppe von Männern und Herren, SS-Männern nämlich und hohen Herren, die ziemlich unvermutet, aus einem andern Raum gekommen, vor das Bild getreten waren. In ihrer Mitte stand der Reichspropagandaminister Doktor Goebbels; respektvolles Schweigen harrte seines Urteils, dem niemand vorgreifen wollte. Endlich meinte er, spöttisch, die Arme der Leute seien doch wohl zu lang geraten. Und in das neuerliche Schweigen sagte ich, und gewiß grimmiger im Ton, als es ratsam gewesen wäre: »Die werden schon noch so!«

Eisige Stille. Ich begriff im Nu, was ich da zu gewärtigen hatte, wenn das dreiste Wort dem Minister oder auch nur einem aus seinem Gefolge in die falsche oder gar in die richtige Kehle gekommen war. Vermutlich habe ich obendrein ein dummes, ja gereiztes Gesicht gemacht, auf das Schlimmste gefaßt: gleich würde einer der Herren auf mich zutreten: »Sie haben sich soeben in der Gegenwart des Herrn Reichsministers eine unziemliche Bemerkung erlaubt, ich muß Sie um Ihre Personalien bitten, das Weitere werden Sie hören!« Um meine Personalien stand es nicht gut: ich war ein entlassener, beschatteter Schriftsteller, ich würde viel Weiteres zu hören bekommen.

Die Schrecksekunde, die Trotzsekunde, die Angstsekunde gingen vorüber, nichts rührte sich, kein Gesicht, keine Hand, kein Fuß. Aber jetzt, mitten in die kalte Erwartungssekunde, platzte ein Gelächter, ein ehrliches Lachen, und es pflanzte sich fort in alle Arten von Gelächter, hölzerne und blecherne, widerwillige, diensttuende und herzliche, in echte und falsche. Und der Minister selber, von dem wir dann viele Jahre, bis ihm das Lachen verging, erfahren mußten, daß er lachen konnte wie ein Teufel und wie ein Engel, hob scharmant die Hand, als entließe er mich huldvoll aus einer Audienz, und ich entfernte mich auch eilig, als ein Unbekannter, der einen guten Witz gemacht hatte, den die meisten gewiß bald vergaßen; aber einige mußten ihn doch in Umlauf gesetzt haben, von Mund zu Mund, wie es damals üblich war. Denn eine Woche später wurde er mir in München erzählt, von einem Bekannten, bereits stark übertrieben und mit der besorgten Bemerkung: »*Ihnen* wäre so was auch zuzutrauen!«

Valentins Gruselkeller

An den lebendigen und mehr noch an den toten Karl Valentin haben sich so viele Leute angewanzt, die alle behaupten, jahrelang mit ihm aufs engste befreundet gewesen zu sein, daß denen, die ihn wirklich gut gekannt haben, die Lust vergeht, sich dessen zu rühmen. Aber eine von den vielen Geschichten möchte ich doch erzählen.

Ausgerechnet im Frühsommer des Jahres dreiunddreißig eröffnete Karl Valentin seinen Gruselkeller in der Nähe des Altheimer Ecks und lud mich zu einer Vorbesichtigung ein. Ich kannte den schwarzen Humor des abgründigen Linksdenkers und ging mit Unbehagen hin; aber die Ungeheuerlichkeiten dieses verbohrten Hirns, dieses kranken Gemüts übertrafen weit meine schlimmsten Befürchtungen. Kaum war ich im Finstern auf eine quappige Wasserleiche getreten, sah ich durch ein Eisengitter einen verhungerten Sträfling, wurde ich durch ein schauerliches Gespenst genarrt, mußte ich an scheußlichen Folterknechten vorüber – mir stockte der Atem, mir gefror das Blut, während mein unheimlicher Führer, grausam lächelnd, immer wieder mich bereden wollte, das alles für harmlos und witzig zu nehmen. Zum Schluß, als wir aus dem gräßlichen Spukbereich wieder ans Tageslicht getreten waren, sagte ich ihm rundheraus, daß ich für diese Abart seines Humors nichts übrig hätte, und zur Zeit schon gar nicht, wo eine schaudervolle Wirklichkeit jeden fühlenden Menschen mit Abscheu und Entsetzen erfülle – ob er denn von den Untaten in Dachau und in den Schinderstätten überall noch nichts gehört hätte.

Valentin machte ein dummlistiges Gesicht, pfiff ein kurzes »So!« durch die Zähne und entließ mich, enttäuscht, daß ich an seinen tolldreisten Einfällen kein Vergnügen gefunden hatte.

Nicht lange hernach traf ich ihn auf der Straße, er kam auf mich zu und lachte triumphierend: »Sie, weil Sie g'sagt hamm, daß Ihnen mein Gruselkeller net g'fallt – am selben Nachmittag noch war der Gauleiter Wagner da, was meinen S', wie der g'lacht hat! I hab ihm des erzählt, der Doktor Roth, hab i g'sagt, der hat sich aufg'regt, so was, hat er g'sagt, braucht man jetzt net künstlich machen, wo's doch in Dachau und so an der Tagesordnung ist!«

Seitdem bin ich überzeugt, daß der Mensch einen Schutzengel hat und daß er ihn unverhofft brauchen kann – selbst gegen den großen Komiker Karl Valentin.

Der verwandelte Felix

Die Liebe zu Katzen kann übers Grab hinausgehen; ob das noch recht ist, mag dahingestellt bleiben, aber jedenfalls, Tante Petronilla, von Bomben aus ihrem Heim vertrieben, aufs Land hinaus verjagt, hat ihren Kater Felix VII. mitgenommen, ja, den siebenten unumschränkten Herrscher der Wohnung und des Gartens. Und der ist nun im Exil gestorben, eingegangen, wie wir roheren Mitmenschen sagen würden; und Tante Petronilla war ebenso untröstlich wie fest entschlossen, auch Felix VII. im Erbbegräbnis beizusetzen, im Garten des von Eisensplittern arg mitgenommenen, völlig verstaubten Stadthauses. Und die Reise unverzüglich anzutreten, denn – wie sagte der alte Oberst-hofzeremonienmeister? – Hoheit hielten sich nicht länger.

Zu einem richtigen Sarg, vor dessen Anschaffung Tante Petronilla keineswegs zurückgeschreckt wäre, reichte es im fünften Kriegsjahr leider nicht; aber eine schöne, starke, buntbedruckte Biskuitschachtel, Friedensblech, wurde wohlriechender Kostbarkeiten entledigt und Felix VII., wenn auch etwas gerollt, darin untergebracht. In Packpapier wohlverschnürt, trat er die letzte Reise an, um neben Felix dem Grausamen, Felix dem Gebissenen, Felix dem Roten und wie sie alle hießen, unter dem Tuffstein beim Springbrunnen für immer zu ruhen als Felix der Unvergeßliche.

Die Tante war von Afra, der alten Magd, begleitet, die beiden Greisinnen wollten nur über Mittag in der Stadt bleiben und am Abend wieder hinausfahren; denn wozu nahmen sie sonst Mühsale und Entbehrungen der Verbannung auf sich, wenn in der einzigen Nacht, die sie in der Stadt verbrachten, die Flieger kamen? Am liebsten, sagte übrigens Petronilla, wenn das Gespräch auf solche Dinge kam, am liebsten sei ihr eine kleine Sprengbombe.

Die Amerikaner aber kamen an diesem hellen Vormittag mit großen Sprengbomben und zwar in dem Augenblick, als der Zug in den Bahnhof fuhr. Alles griff in den übervollen Wagen nach seinem Gepäck, und Petronilla, weit entfernt, den Kopf zu verlieren, fragte Afra mehr als einmal, ob sie auch Felix den Unvergeßlichen habe, und erst als ihr das immer wieder zugesichert worden war, stieg sie getrost in den Bunker hinab und beklagte nur, daß der arme Felix das noch erleben mußte. Und während es ringsum krachte und heulte, berechnete sie ruhig, wie sie trotz der Verzögerung mit den Beisetzungsfeierlichkeiten noch zurecht kommen würde. Währenddessen fiel, im Halbdunkel des Kellers, ihr Blick auf das Paket und schien ihr kleiner zu sein, und sie brauchte es nur aufzuheben, um zu merken, daß es auch leichter, mit einem Wort, daß es nicht Felix der Unvergeßliche war, sondern daß Afra als eine Pflichtvergessene gehandelt hatte. Tante Petronilla setzte tatkräftig ihr Herz, das ihr stillzustehen drohte, wieder in Bewegung und spähte um sich, ob nicht etwa Mitreisende aus ihrem Abteil in der Nähe wären. Vergebliche Mühe! Auch nach beendetem Alarm blieben alle Anstrengungen, Rückfragen beim Bahnhofsvorstand und im Fundbüro fruchtlos. Es werde sich doch, war der Tante letzte Hoffnung, in dem Paket selbst ein Anhaltspunkt finden, der die unheilvolle Verwechslung wiedergutmachen ließe. Aber die Umhüllung war ohne jedes Zeichen einer Anschrift; und in der Schachtel, der ein kräftiger Geruch entströmte, befand sich lediglich ein Zettel des Wortlauts: »Anbei 3 Kilo Kaffee, wie vereinbart, 1200 Mark.« Und Kaffeeduft war es ja auch, der den Tüten entstieg, so kräftig, daß er schon Leute herbeizulocken drohte, so daß Tante Petronilla hastig den Deckel schloß.

Viel ist nicht mehr zu erzählen. Sollte es unter unsern Lesern Unschuldslämmer geben, die noch nie was von Schwarzhandel gehört haben, so sei es ihnen mitgeteilt, daß dieser Kaffee sogar recht preiswert war, denn es war guter Kaffee, wie wir späterhin öfters feststellen konnten. Denn nachdem die Tante wochenlang gewartet und selbst eine Anzeige in die Zeitung gesetzt hatte, ohne daß sich, begreiflicherweise, der unfreiwillige Besitzer der sterblichen Hülle von Felix dem Unvergeßlichen gemeldet hatte, ließ sie sich erweichen, die kostbare Gabe Fortunas an ihre Nichten und Neffen abzugeben, zuerst wenig, dann aber mehr und mehr. Unglücklich allerdings ist sie geblieben, denn mit Recht hat sie annehmen müssen, daß die Beisetzung von Felix VII., dem Unvergeßlichen, unter besonders unwürdigen Formen vor sich gegangen sein dürfte. Denn, ob nun der Kaffee schon verkauft war oder nicht – stellen Sie sich, verehrte Leser, doch einmal selbst die ohnmächtige Wut und Enttäuschung vor, wenn Sie ein Paket öffnen, in dem Sie mit gutem Grunde Kaffee vermuten, und es liegt ein toter Kater drin, zu dem Sie keinerlei Beziehungen des Herzens hatten.

Zufall

Ein Augusttag in der Stadt, obendrein im fünften Stock, unterm unbarmherzig angeglühten Blechdach: da kann einer vor dumpfer Hitze rasend werden, gar wenn er was schreiben soll, was bis zum Abend fertig sein muß.

In Hemd und Hose sitze ich da, ächzend, vor den Kopf geschlagen, schweißüberronnen. Der einzige gute Einfall, der mir kommt, ist, mich ganz auszuziehen und in die Badewanne zu steigen, am hellichten Nachmittag.

Meine Frau muß rasch einmal zum Einkaufen gehen, sie findet den Schlüssel nicht gleich, macht nichts, sie wird läuten, wie immer, einmal kurz, einmal lang. Und sonst wird eben niemand hereingelassen.

Splitternackt laufe ich in der heißen Wohnung herum, richtig, da klingelts schon, kurz-lang, wie vereinbart. Ich hüpfe rasch an die Tür, und schiebe den Riegel zurück, laufe in mein Zimmer zurück, ohne abzuwarten, bis meine Frau hereingetreten ist und frage, von meinem Platz aus, in den Flur hinaus, allerhand läppisch-belangloses Zeug, kriege keine Antwort und höre doch das Gewispel im Hausgang – schließlich werde ich zornig, schreie hinaus, was ist denn los?, reiße die Tür auf – und sehe zwei fremde Menschen ratlos zwischen dem Stiegenhaus und dem offnen Flur stehen, eine junge Dame und einen Mann.

Ich springe zurück, haue die Tür zu, stoße mich an der nackten großen Zehe, das tut höllisch weh, aber wenn ich jetzt brülle oder auch nur winsle, halten mich meine unverhofften Besucher für völlig verrückt und holen den Rettungsdienst; ich führe also nur einen kurzen, stummen Schmerzenstanz auf, dann luge ich vorsichtig durch den Türspalt – das Fräulein ist verschwunden, nie habe ich erfahren, wer es gewesen ist, aber der Mann ist ausdauernder, denn er hat, wie ich jetzt zwischen Tür und Angel höre, die feste Absicht, mich zum Bezieher einer Zeitschrift zu machen. Zum Glück kommt jetzt wirklich meine Frau, die eine schätzenswerte Begabung hat, derlei Ansinnen rasch niederzukämpfen.

Wieso ich, fragt sie, in so verfänglichem Zustand, überhaupt aufgemacht hätte? Vermutlich ein Zufall, sage ich, es waren zwei, die sich an der Tür getroffen haben: Das Fräulein hat einmal kurz und der Mann gleich darauf lang geklingelt.

Und seither...

Ein Erlebnis

Im Sommer 1945 war ich Stadtrat – keine vierzehn Tage, dann war ich »abgeschossen«. Ich kam gerade, nach Ablieferung meiner Amtskette, nach Hause – es hieß, ein Herr warte auf mich. Ein mir völlig Unbekannter streckte mir strahlend beide Hände entgegen; mit vor Rührung bebender Stimme sprach er: »So sehe ich Sie glücklich wieder, lieber, verehrter Freund, nach all den Jahren...« »Ehe Sie weitersprechen«, sagte ich ahnungsvoll, »möchte ich Ihnen mitteilen, daß ich seit heute nicht mehr Stadtrat bin!« »So!« rief er zornig, »und da laufe ich den weiten Weg bis zu Ihnen heraus bei *der* Hitze!« Und verließ, ohne mich noch eines Blickes zu würdigen, das Zimmer.

Mißverständnis

Am Samstagabend, im Hochsommer, gehts wild auf in dem Bergwirtshaus, in dem ich grad noch eine Kammer zur ebnen Erde zum Übernachten erwischt habe.

An einen Schlaf ist freilich nicht zu denken; zwei Burschen sind, stinkbesoffen, wie sie waren, hinausgeschmissen worden und brüllen jetzt draußen wie röhrende Hirsche. Mit Gewalt möchten sie wieder herein. Sie versuchens an der Haustür mit dem Werfen von Holzscheiteln, sie prüfen mit der Schläue, die mitten im Rausch so gefährlich ist, ob nicht vorn oder hinten ein unverhoffter Einschlupf ist.

Mein Fenster ist zwar vergittert, aber die Lackl sind ja imstand und reißen die Eisenstäbe samt dem Fensterstock heraus; es ist recht ungemütlich, in die Mondnacht hinauszuspähen, zu horchen, ob die Belagerer noch immer nicht abziehen wollen. Endlich, lang nach Mitternacht, machen die von drinnen, weil sie doch auch einmal heim wollen, einen Ausfall, der Lärm der homerisch sich beschimpfenden Helden verliert sich in der Ferne, Totenstille tritt ein. Und am andern Morgen, der warm und strahlend schön sich über die Wiesen, Wälder und Felsen legt, ist das wilde Wirtshaus von gestern die unschuldigste Idylle, die sich denken läßt.

Die junge, dralle Magd bringt mir das Frühstück, und ich sage zu ihr: »No, das war ja a schöne Gaudi heut nacht! Ich hab schon g'meint, sie kommen gleich zu mir ins Bett herein!« Sie errötet, schaut mich geschämig an – und hat mich gründlich mißverstanden: »I waar scho kumma«, sagt sie, »wenn i g'wußt hätt, daß Ihnen das recht ist!«

Wiedersehen mit dem Jugendfreund

»Wenn du wieder mal nach Steinburg kommen solltest, dann weißt du, was deine heiligste Pflicht ist: uns besuchen! Meine Frau und ich, wir wären dir ewig böse, wenn du vorbeiführest. Es kann Mitternacht sein, du mußt uns aufwecken. Wir werden Orgien des Wiedersehens feiern!«

Also schrieb mir mein Jugendfreund Paul, der in Steinburg Bezirksarzt war.

Gewöhnliche Menschen kommen nicht nach Steinburg. Ich kam hin, dreißig Jahre nachdem ich meinen Freund nicht mehr gesehen hatte, aber schon vierzehn Tage nach seiner dringenden Einladung.

Ich kam nicht um Mitternacht, ich kam mittags um halb zwei Uhr, gegessen habend, höchstens auf eine Tasse Kaffee erpicht, ich kam im Wagen meines Vetters, der in der Nähe zu tun hatte und der nicht mehr als eine halbe Stunde für die Orgien des Wiedersehens bewilligen wollte.

Wir erfragten das Haus, eine geschmacklose, aber herzliche und von guter Praxis zeugende Villa, ich schellte, klopfenden Herzens, ob ich den Jubelstürmen der Begegnung gewachsen sein würde.

Eine Frau trat endlich aus der Tür, zweifellos die mir auf Grund eines Lichtbildes bekannte Gattin. Sie fragte, über den Garten weg, was ich wollte. Den Herrn Doktor! Nicht daheim, kam es unwirsch zurück. Wann und wie und wo er zu treffen wäre? Heute nicht mehr. Ich gedachte, glühende Kohlen auf das Haupt dieses Weibes zu sammeln, und nannte meinen Namen. Sie wird jetzt, wähnte ich, ja, was wird sie alles in ihrer Zerknirschung, in ihrem Jubel tun.

Sie sagte, alles über den Garten hin, ohne die Gittertür zu öffnen: So! Mehr sagte sie vorerst nicht. Dann aber erklärte sie, daß sie leider schon gegessen hätten, daß sie stöbere und mich nicht ins Haus bitten könnte. Und ihr Mann sei zum Fischen.

Nun, dann grüßen Sie ihn, bitte! »Ist recht!«

Meine Aufwartung war beendet, ohne Orgien des Wiedersehens.

Aber, dachte ich, die Frau kann sich freuen, wenn Paul heimkommt. Kaum meinen Namen gehört habend, wird er rasen, sie mit Vorwürfen überhäufen, sich in seinen Wagen werfen, den Telegraphen spielen lassen, die Schandarmerie der umliegenden Bezirksämter verständigen – und am Abend werde ich im Triumph eingeholt sein, und die Orgien werden doch noch fällig.

Das Schicksal wollte uns Freunden aber noch viel wohler. Mitten auf der Strecke, bei einem malerischen Dorf, rasen wir über eine Brücke – halt halt! schreie ich, und mein Vetter haut die Bremse hinein, daß es nur so ächzt und knackt.

An der Brücke steht nämlich, oder vielmehr halbrechts an und unter der Brücke steht mein Freund Paul, Schulkamerad, Bankgenosse, Mitabsolvent, Regimentskamerad; was sage ich: Mitverschworner, Eingeweihter, Aufgabenabschreiber, schwärmerischer Gefährte des Absolvia-Wahlspruches: Licht, Liebe, Leben! Waffenbruder, Blutsbruder, Inbegriff unverwelkbarer Treue, Jugend des Herzens: Paul!

Ich stürze aus dem Auto, ich eile auf ihn zu – die Überraschung könnte ihn töten, er könnte vor freudigem Schreck das Gleichgewicht verlieren und in den Mühlschuß fallen. Ich will rufen, aber er hat mich schon beobachtet, er winkt mit der Hand, er legt den Finger an den Mund.

Ich bleibe stehen, wie erstarrt. Er blickte nicht auf. Dann sagt er, ohne Gruß, ohne irgendwelchen Ansatz zu einer Orgie des Wiedersehens, nein, verweisend und gekränkt sagt er: »Beinah hätt einer gebissen!«

Und ich sage: »Auf Wiedersehen!« Und »Petri Heil!«. Ich eile zurück, werfe mich in den Wagen und rufe: »Los, fertig!«

Mein Vetter, schon in voller Fahrt, sagt: »Gelt, er war es gar nicht!«

»Nein«, sage ich, »er war es nicht; hat ihm eigentlich nicht einmal ähnlich gesehen!«

Ein Hilferuf

Die Wiener waren, nach 1938, beileibe nicht alle mit dem Anschluß einverstanden. Sie rächten sich mit Nadelstichen an den »Preußen« aus dem Altreich, die ihre Stadt überfluteten – zum Beispiel dadurch, daß sie die Ortsunkundigen in die Irre schickten. Eine unsrer Bekannten brach völlig übermüdet endlich in den Verzweiflungsschrei aus: »Bittschön, ich bin katholisch und aus Bayern – Sagen S' mir doch, wo die Herrengasse ist!«

Der Besuch

Die freundlich-unverbindliche Aufforderung, gelegentlich bei uns vorbeizuschauen, hatte ein weitläufig Bekannter so ernst genommen, daß er schon am nächsten Nachmittag vor der Türe stand. Ich hätte, von Terminen bedrängt, weiß Gott Wichtigeres vorgehabt als ein Plauderstündchen, aber ein Mann, ein Wort – ich begrüßte den hereingeschneiten Gast mit so viel Wärme, daß er hätte auftauen müssen, wenn er nicht eben ein Eiszapfen gewesen wäre, bei dem alle Schmelzversuche vergeblich waren.

Ich wußte nicht, wozu er gekommen war, einsilbig saß er da, schweigend trank er den Kaffee, den ihm meine Frau brachte, linkisch stocherte er im Kuchen herum, in stummer Bedächtigkeit rauchte er seine Zigarre, umständlich sog er an seinem Kirschwasser: nichts wußte er zu rühmen. Die Zeit ging und ging, aber ich unterdrückte jede Anwandlung von Ungeduld; der Nachmittag ist sowieso schon hin, dachte ich, also mache ichs gleich ganz ab und sühne meine Leichtfertigkeit. Ein Dutzend von Gesprächen suchte ich einzufädeln, meine Bücher zeigte ich ihm und meine Sammlungen, ich kann es auf meinen Eid nehmen, daß ich selten einen Gast liebreicher und aufmunternder gepflegt habe als diesen Mann, der obendrein Freudensprung hieß. Hätte er mehr Format gehabt, hätte es wenigstens zu einem steinernen Gast gereicht, es blieb aber nur ein hölzerner; ein Pfahl in meinem Fleische. Und als er endlich aufbrach – ich stelle noch einmal fest, daß ich alles an ihn verschwendet hatte, was zu bieten war: Zeit, Kaffee, Kuchen, Zigarre und Schnaps und wiederum Zeit – da tat er es mit den Worten: »Ich sehe schon, daß ich Ihnen heut ungelegen gekommen bin, vielleicht darf ich ein andermal mein Glück versuchen!«

Unter Brüdern

Der Schwur

Der vierjährige Thomas ist ein liebenswürdiges und hilfsbereites Kind; und wo er sich im Hause nützlich machen kann, tut ers. Vorausgesetzt natürlich, daß es ihm selber Spaß macht. Wie zum Beispiel, zum Gärtner Schammerl zu gehen und die Viktualien fürs Mittagessen einzukaufen.

Der Gärtner Schammerl hat, keine zweihundert Meter von uns, auf einem von mannshohem Unkraut überwucherten Trümmerfeld, eine Baracke bezogen, in der er allerlei Gemüse, Obst und Grünzeug feil bietet, nichts besonderes freilich, denn grad erst beginnt der Währungsschnittlauch zu wachsen, das dicke Butterbrot des Wirtschaftswunders wagt noch kein Mensch zu ahnen.

Zwar liegt der kleine Laden an der Hauptstraße, aber auf unserer Seite, so daß der Thomas ungefährdet seinen Weg machen kann. Und wenn er in spätestens zehn Minuten nicht zurück ist, schauen Vater, Mutter oder Magd um die Ecke, ob er noch nicht herantrabt.

Er beeilt sich auch immer, denn die ärgste Beschämung für ihn ist, daß ihn wer im Geschäft selbst abholt und damit zeigt, daß man ihm eine so wichtige Aufgabe doch allein noch nicht anvertrauen kann. Da wird er dann rasend vor Wut, wirft alles hin und rennt heulend heim, sich im Garten zu verstecken.

Der Gärtner Schammerl ist ein gutmütiger, fröhlicher Mann mit einem Rübenkopf, kräftig, jung noch, aber im Krieg ist ihm der linke Arm lahm geschossen worden und an der rechten Hand fehlen ihm drei Finger, es schaut ein bißchen grauslich aus, wenn er mit Daumen und Zeigefinger, wie mit einer Krebsschere, die gelben Rüben ergreift oder einen Kohlkopf mit einer schleudernden Bewegung an die Brust drückt, um ihn zur Waage zu tragen. Aber Thomas liebt ihn, wegen seiner Späße und wohl auch wegen der Kirschen und Pflaumen, die für ihn abfallen.

Übrigens ist der Knirps, gottlob und im Gegensatz zu uns Schüchterlingen seinerzeit, die wir als Kinder uns in keinen Laden trauten, ein mutiger, ja ein gestrenger Einkäufer; und wenn wirklich der Kunde König ist, dann ist der Thomas der verheißungsvollste Kronprinz, der sich denken läßt.

Er behauptet – wenns sein muß, mit kühner, aber nicht frecher Rede – seinen Platz, wenn ihn die Großen wegdrängen möchten, er schaut wie ein Luchs, er richtet auch tapfer und treu aus, daß der Rettich gestern pelzig war, und er ruft dem Gärtner Schammerl mit seiner Pipsstimme warnend zu: »Daß Du mir fein was Gutes gibst, sonst komm ich nimmer!«

Wieselflink läuft er und atemlos stellt er das Körbchen auf den Küchentisch und nun will er aber auch noch gelobt sein, daß nichts vergessen ist, weder die Petersilie noch die Zwiebeln, und es erfreut ihn unbändig, wenn die Mammi sagt, daß das die schönsten Radieschen sind, die sie seit langem gesehen hat. Er ist sich seiner Wichtigkeit voll bewußt und nimmt es für bare Münze, wenn wir sagen, ohne ihn ginge es nicht.

Wo viel Licht ist, da ist viel Schatten. Der Thomas hat also irgendwas angestellt, eine Blume geknickt, ein Loch gegraben, einen Löffel verworfen – es gibt einen Klaps und den herben Tadel, daß er ein böses, ein ganz und gar unnützes Kind sei.

Den Klaps und das böse Kind hätte er noch hingenommen; aber unnütz? Das ging gegen seine Ehre. »Nie wieder gehe ich für Euch zum Gärtner Schammerl!« ruft er drohend. Wir ertragen es mit Fassung, sehr zum Schmerz des zürnenden Achill.

Am andern Tag, die Mammi hätte gern ein paar Stangen Lauch gehabt, erinnert sich Thomas rechtzeitig seines Schwurs: »Nie wieder gehe ich für Euch zum Gärtner Schammerl«, ruft er grollend und bemerkt gar nicht, daß ihn niemand darum gebeten hat. Der Vater geht selbst die paar Schritte, um die Kleinigkeit zu besorgen. Am dritten Tag zieht es ihn schon an allen Fingern nach dem Körbchen; und in seiner Zornesstimme ist schon ein ersticktes Schluchzen: »Nie wieder...« – »Ja, wir wissen es bereits, auf Dich ist nicht mehr zu rechnen!«

Niemand schickt ihn, niemand bedarf seiner. Er fühlt sich völlig übersehen. Um so lauter brüllt er: »Nie wieder gehe ich für Euch zum Gärtner Schammerl!« Unversöhnlich, unbeugsam ist sein Wille. Sogar abends, im Bett, anstelle des Nachtgebets, muß ers uns noch einmal mitteilen, daß er eisern entschlossen sei, uns seine unentbehrlichen Dienste, den Gärtner betreffend, nie mehr zur Verfügung zu stellen.

Länger wollen wir ihn nicht leiden lassen. Am vierten Tag streicht er sehnsüchtig in der Küche herum. »Jetzt brauchten wir halt ein liebes Kind«, klagt die Mammi, »das uns zwei Pfund schöne, rote Tomaten beim Gärtner holt!« Noch steht er verstockt in der Ecke, das »Nie wieder...« zuckt und zerrt schon an seinen Lippen. »Kann nicht ich...?« frage ich scheinheilig; aber die Mammi sagt: »Nein, das kann nur der Thomas!«

Und der Thomas weint und lacht zugleich, Erlösung und Jubel überströmen sein Gesicht, er reißt das Körbchen an sich, wartet das Geld gar nicht erst ab – »zwei Pfund?« fragt er noch zurück und wie ein Pfeil dahin schnellt er zum Gärtner Schammerl.

Bange Augenblicke

Meine Frau ist verreist, der Zimmerherr ist fort, die Kinderschwester ist mit dem Thomas spazierengegangen. Das sonst so unruhige Haus liegt in Sonntagsstille, ich sitze an meinem Schreibtisch, die Helma, auch schon halb zum Ausgehen gerüstet, bewacht in der Küche den Festtagsbraten, und der dreijährige Stefan ist in seinem Zimmer eingesperrt – mag er dort anstellen, was er will, viel Schaden kann er ja nicht tun: das Fenster ist verriegelt, das Spielzeug zertrümmert, die Wände sind ohnehin verschmiert und zerkratzt. Die blonde Bestie ist so gut aufgehoben wie ein Tiger in seinem Käfig. Draußen ist es auch ruhig, in Gärten und Straßen rührt sich kein Mensch, es ist ein urgemütlicher, einsamer, schier ländlicher Vormittag, heraußen vor der Stadt, Fenster und Türen sind wohl verschlossen, niemand kann stören, sogar gegen unerwünschten Besuch können wir uns totstellen.

Plötzlich zerreißt gräßliches Geschrei die göttliche Ruhe des Hauses: Stefan hat also doch eine unvorherzusehende Möglichkeit gefunden, zu spielen, uns einen Streich zu spielen – ich stürze hinüber, sperre die Tür auf – da hängt der Knirps im halben Klimmzug am Schrank und angelt verzweifelt mit den Beinen nach einem Halt. Er hat einen Stuhl auf das Schaukelpferd gestellt, das schwankende Gebäude ist unter ihm weggerutscht, und nun zappelt er brüllend zwischen Himmel und Erde, bis ich ihn mit raschem Griff umfasse und auf den Boden stelle.

Auch Helma, das junge Hausmädchen, ist auf das Wehgeschrei herbeigelaufen, sie war gerade auf einen Sprung in ihrem Stübchen gewesen, um ihre Verwandlung von einer Werktagsraupe in einen Sonntagsschmetterling fortzusetzen – wie sie geht und steht, saust sie die Treppe herunter; und schnauft erleichtert auf, wie sie den kleinen Bösewicht heulend, aber unbeschädigt am Boden stehen sieht: Mein Gott, was hätte nicht alles geschehen können!

Wir schelten den Burschen, während wir an unserm Geiste alle Unglücksmöglichkeiten schaudernd vorüberziehen lassen, heftig aus, er entzieht sich wieselflink solch unerwünschter Predigt durch die Flucht – »Du bleibst da!« drohe ich, »sofort gehst du her!« ruft ihm Helma nach, wir lachen noch und denken nichts Arges – da hat er schon die Tür hinter sich zugeworfen, wir schießen beide drauf los, drükken die Klinke nieder – zu spät, mit einer unbegreiflichen

Fixigkeit hat der Bösewicht den Schlüssel im Schloß umgedreht – wir sind gefangen!

Wir schauen uns an und lachen schallend. Eine lustige Geschichte, denken wir. Und ich gar, ich alter Esel, überlege mir, ob da nicht Gott Amor höchstselbst in das Büblein gefahren sei, der Schalk. Denn wenn's wahr ist, daß Gelegenheit Liebe macht, was für eine Gelegenheit hat der kleine Kuppler da listig geschaffen! Aber das schäkermütige Wort erstirbt mir im Munde, und meine liederlichen Betrachtungen stellen sich umgehend als höchst unzeitgemäß heraus. Wohl hat auch Helma fleischliche Gedanken, aber ihr Schreckensruf: »Der Kalbsbraten!« weist in eine ganz andere Richtung...

Wir hören Stefans tappende Schritte sich entfernen, wir rütteln an der Tür, wir schreien: »Aufmachen!« Wir hören ein silbernes Lachen, es muß ein Riesenspaß für ihn sein, daß *wir* jetzt als Gefangene toben. »Willst du aufsperren?« »Nein!« klingt es fröhlich aus dem Treppenhaus. Ich versuche es mit Drohungen, Helma setzt mit Sirenengesang ein, wenn mir der Atem ausgeht. Stefan sagt: »Nein!«

Uns beiden wird immer klarer bewußt, wie dumm unsre Lage ist: auf die Rückkehr der Schwester können wir nicht warten. Nachbarn zu erreichen, müßten wir gellend um Hilfe rufen – wer tut das gern? Und sie könnten höchstens uns mit einer Leiter aus dem Zimmer holen – aber ins Haus, in die Küche vor allem, würden wir nicht anders als durch ein eingeschlagenes Fenster gelangen. Und was kann dem Stefan alles zustoßen, wenn er in seiner dreisten Art auf Entdeckungsreisen geht?

Der Braten schmort im Rohr, die Kartoffeln dampfen auf dem Gas, wer weiß, ob noch genug Wasser im Topf ist. Die kostbaren Minuten verrinnen. Wir betteln, wir lokken, wir beschwören. Und Stefan jauchzt. Eine solche Heidengaudi hat er noch nicht erlebt. Endlich fällt mir etwas ein: der Bär! Es ist ein ganz kleiner, billiger, arg geschundener, augenloser, schmutziger Wollknäuel – aber Stefan verehrt ihn abgöttisch. Der muß uns helfen. »Stefan!« rufe ich hinaus und mache ein herzzerreißendes Gestöhne und Gebrumm dazu, »der arme Bär ist so krank, er will dir etwas sagen!« Gottlob, die Kinderschritte tappen näher. Ich schildere die Leiden des armen Tieres und seinen glühenden Wunsch, zum lieben Stefan hinauszukommen, in allen Tönen. Schon scheint's halb gewonnen: der liebe Stefan rüttelt an der Klinke. Noch einmal werden wir blaß, wie, wenn das Kind jetzt zwar öffnen möchte, aber nicht kann? Zusperren ist leichter als aufsperren, auch sonst im Leben... Endlich, auf die Bitten und Belehrungen des Bären hin, dreht sich der Schlüssel – die Tür ist doppelt verschlossen. »Anders herum!« fleht der Bär. »Geht nicht!« ruft der Stefan von draußen; gleich wird er zu heulen anfangen. Wenn er zappelig wird, ist alles verloren. Aber die Liebe zum Bären, die schafft's. Zweimal knirscht der Schlüssel, wir reißen die Tür auf, und während der Stefan seinen Bären begeistert an sich drückt (und sich weder um meine Zornes- noch Freudenausbrüche schert), rennt Helma in die Küche, um in letzter Minute mit Wassers Schwall die verschmachtenden Kartoffeln und den verbrutzelnden Braten zu retten...

Flunkereien

»Oh weh, oh weh!« sagt der Vater beim Frühstück und er scheint ehrlich erschrocken: »es steht sogar schon in der Zeitung, daß der Thomas so ungezogen ist. – Hör zu, Mammi!«

Auch die Mutter ist nun sichtlich betroffen und gar der Thomas rutscht unbehaglich auf seinem Stuhl herum, wie jetzt der Vater ohne Stocken aus dem Morgenblatt vorliest, daß der fünfjährige Sohn Thomas des bekannten Schriftstellers Doktor Eugen Roth in der Fuststraße sich zu einem

Lausbuben zu entwickeln scheine, der bereits der Schrecken der gesamten Nachbarschaft zu werden drohe. Dem in der Gegend patrouillierenden Schutzmann werde geraten, ein wachsames Auge auf den Burschen zu haben.

Thomas ist von dieser Nachricht offenbar tief beeindruckt, aber sein Wissensdrang ist noch stärker als seine Angst. »Papi, was heißt das: patrulieren?« Die Mammi lacht! Der Vater aber bleibt ernst: »Patrouillieren«, sagt er sachlich, »kommt aus dem Französischen und heißt soviel wie beobachtend durch das Gelände marschieren – Du hast ja wohl selbst schon den Schutzmann vorn an der Ecke stehen sehen; aber«, so fährt der Vater drohend fort und wirft einen strengen Blick auf die Mutter, »wenn auch die Mammi lacht, es ist nichts zum Lachen, wenn man sehen muß, daß alle Welt schon weiß, was für ein Bösewicht Du bist – und dabei versprichst Du immer, daß Du ein liebes Kind sein willst!«

Thomas lächelt nicht; würdevoll und bescheiden bittet er, einen Blick in die Zeitung tun zu dürfen. »Du kannst ja noch gar nicht lesen!« will der Vater abwehren, aber schon hat Thomas das Blatt ergriffen und läßt seine Augen, ohne auch nur eine Miene zu verziehen, über die Seite schweifen. Und – »Halt!« ruft er plötzlich: »da steht ja noch was!« Und er liest den staunenden Eltern ernsthaft und fließend vor: »Thomas könnte vermutlich ein liebes Kind werden, wenn er nicht immer gehaut würde.« Legt die Zeitung hin und frühstückt weiter, als ob nichts gewesen wäre.

Technik

Alle Pädagogen und Seelenschützer sind sich darüber einig, daß man ein Kind nicht mit solchen Sprüchen wie: »Das verstehst Du nicht!« abspeisen darf. Aber nirgends steht geschrieben, was ein armer, alter Vater mit leidlicher humanistischer Bildung tun soll, wenn der technische Herr Sohn, sieben oder acht Jahre alt, mit so schnödem Wort zu verstehen gibt, daß er jeden Versuch für hoffnungslos hält, dem rückständigen Greis die Eingeweide eines Radios zu erklären.

Immerhin traut mir dieser Sohn auf einigen Randgebieten noch ein bestimmtes Wissen zu. »Päppingen«, fragt er, »bei wieviel Grad schmelzt Aluminium?« »Es heißt nicht ›schmelzt‹, Thomas, sondern ›schmilzt‹!«

»Ja, gewiß; danke! aber wir treiben jetzt nicht Wortkunde, wir reden über Leichtmetall!«

Wir haben den Thomas auf einen Autobummel ins Salzkammergut mitgenommen, obwohl es mühsam ist und kostspielig, denn auch ein Kind wird spielend mit seiner Wirtshauskost fertig und das Bett wird dadurch nicht billiger, daß der kleine Kerl es nicht ganz ausfüllt.

Aber – erstens ist es nicht ratsam, die beiden feindlichen Brüder Stefan und Thomas daheim aufeinander oder gar gemeinsam auf die hilflose Magd loszulassen, – und zweitens soll ja der Knabe allmählich die Schönheit der Heimat kennenlernen: ein voreiliger Plan, ein völliger Trugschluß, wie sichs alsobald herausstellte, denn ein Bub von acht Jahren bringt weder für liebliche Landschaften noch für alte Bauernhäuser große Gefühle auf. Es war dumm von uns Eltern, daß wir uns darüber ärgerten.

Wir fuhren mit der Gondelbahn auf einen Aussichtsberg – Thomas sah nur die Technik und schwelgte geradezu in Schilderungen der mutmaßlichen Folgen eines Seilrisses oder Bolzenbruches. Wir überquerten bei klarstem Sommerwetter den Wolfgangsee; aber Thomas beschwor in unerschöpflicher Phantasie die schwersten Gewitter herauf, deren wilde, starkstromgeladenen Blitze in das Schiff schlagen könnten. Und nun fängt es wirklich zu hageln an, mitten im glühenden, blühenden August: Es hagelt Fragen, die Thomas pausenlos auf uns niederprasseln läßt, wieviel Volt so ein Blitz hätte, falls er käme, und ob der Schiffsmast durch einen Blitzableiter gesichert sei oder vielmehr wäre, wenn er von einem ganz starken Blitz getroffen würde, und ob wir in diesem Fall ungefährdet auf dem Verdeck stehen bleiben dürften und wie wir einem Kugelblitz ausweichen müßten, vorausgesetzt, es käme einer über das Wasser gelaufen.

Und nun stehen wir im herrlichen Abendlicht, in den Anblick des mächtigen und wilden Dachsteins versunken. Das einzige, was uns stört, ist eine Überlandleitung, quer über das grüne Tal gespannt. Aber gerade sie ist wiederum das einzige, das unsern Thomas mit einer nichtswürdigen Ausschließlichkeit beschäftigt. Er zupft mich am Ärmel, er tritt von einem Fuß auf den andern, er deutet mit beiden Zeigefingern: »Papi!?« »Laß mich in Ruh!« sag ich ahnungsvoll und ärgerlich, aber er kann sich nicht halten: »Papi, wie viel Volt sind in der Starkstromleitung?«

Mir reißt die Geduld. »Thomas!« rufe ich streng, »wir stehen hier an einer Stelle, die zu den schönsten zählt, die es auf der ganzen Welt gibt! Wir haben das unwahrscheinliche Glück, einen märchenhaft schönen Sommerabend vom Lieben Gott geschenkt zu kriegen – es sind schon Leute bis von Amerika und Australien eigens hierhergefahren, für einen Haufen Geld – und dann hats geregnet und sie haben nichts gesehen als die blöden Stangen und Drähte da, die sie daheim viel billiger hätten anschauen können. Und Du!? du glotzst diese scheußlichen Spinnweben an, die da irgendwelche Idioten über die schöne Erde gezogen haben und willst wissen – weiß der Teufel, was Du alles wissen willst!«

Thomas schweigt, eingeschüchtert, aber natürlich nicht überzeugt und ich schweige auch, in dem unbehaglichen Gefühl, es grundfalsch gemacht zu haben. Wenn der junge Verfechter der Technik jetzt mit ernsthaften Gründen kommt – und ich weiß, daß er dessen durchaus fähig ist –, dann habe ich mit meinem Geschimpfe einen schweren Stand. Aber, vornehm und wohlerzogen wie er ist, hält er sich zurück – freilich, er rebelliert inwendig. Und auch mir ist eine Wolke vor das schöne Bild des Berges gezogen, wir steigen in den Wagen und fahren nach Ischl.

Dort gibts manche Müh, bis wir, oft abgewiesen, endlich im Goldenen Kreuz Quartier haben, sündteuer, mit einem eignen Zimmer für den Herrn Sohn, der – aber zum Kochen laß ich den Ärger nicht mehr kommen. Gemütlich und entspannt sitzen wir beim Abendessen, Thomas verzehrt ein großes Schnitzel mit gesegnetem Appetit, ich zünde mir eine Virginier an, trinke meinen Tiroler Roten und freue mich des geglückten Tages, der braven Fahrerin und des lieben Kindes.

Der Thomas rückt auf seinem Stuhl hin und her. »Papi!?« sagt er schmelzend und ich ahne schon, daß er in so viel Scharm irgendwas eingewickelt hat. »Papi, jetzt, wo weit und breit keine Landschaft ist, die ich anschauen muß – da kannst Du mir doch sagen, wieviel Volt so eine Starkstromleitung hat?«

Das Affenhaus

Kein echtes Affenhaus im Zoo ist gemeint, der freundliche Leser muß nicht fürchten, mit den urkomischen Streichen der beim Publikum so beliebten Quadrumanen unterhalten zu werden. Freilich, ganz kommen wir um die Affen nicht herum, aber sie sind winzig klein und nur aus Plüsch, ungemein drollig und rührend, gewiß – aber das spielt weiter keine Rolle.

Die ersten Affen brachte das Christkind; sie saßen, aller Naturwissenschaft zum Hohn, auf einem Tannenbaum. Eigentlich hätte nur der zweijährige Stefan einen kriegen sollen, zum Ausgleich gegen den alten, vielumkämpften Bären des sechsjährigen Thomas. Aber dann hatten wir, nach zehn Jahren Ersatzschund, noch ein so herziges Äffchen im

Spielzeugladen gesehen, daß wir's auf alle Fälle mitnahmen. Es hat ja auch nur zwei Mark gekostet. Und als ich, wie immer knapp vor Ladenschluß, am Heiligen Abend noch einmal allein durch die Stadt raste, um die herkömmlichen Fehlkäufe zu machen, erwarb ich noch einen Bruder zu dem kleinen Affen, den ich in meiner tiefsten Hosentasche verbarg, denn ich dachte mit diesem Doppelgänger allerhand Zauberei und Schabernack zu treiben. Um es gleich einzugestehen: das ist mir mißlungen, ist schmählich an der unschuldigen Besitzgier von Thomas gescheitert.

Aber genug vorerst von den Affen, wir wollen ja vom Affenhaus erzählen. Infolge einer bei meiner Frau von Zeit zu Zeit auftretenden Großspurigkeit hatte ich mich als Hausherr (welch vermessenes Wort!) entschließen müssen, in das Mädchenzimmer ein neues Waschbecken legen zu lassen. Es war ein Übermut, der uns teuer zu stehen kam: nicht drei Tage, sondern, mit willkürlichen Unterbrechungen, drei Wochen waren die Handwerker im Haus und der Voranschlag stand in keinem Verhältnis zu dem tatsächlichen späteren Anschlag auf meinen Geldbeutel. Doch dies nur nebenbei.

Jedenfalls blieb uns nun ein abenteuerlich gebauter Waschtisch übrig, ein Gebild aus Menschenhand, Eichenholz und bunten Kacheln, das man unschwer als Modell zu einer römischen Villa hätte bezeichnen können. Zuerst wollten wir das zum Glück nicht allzu große Ungeheuer nachts auf einen Leiterwagen verladen und in der Gegend heimlich aussetzen. Dann aber siegte, wie so oft, die kleinliche Sparsamkeit, und meine Frau machte sich daran, das gute Eichenholz für die Heizung zu zersägen.

Bei diesem Zerstörungswerk wurde sie jedoch von Thomas überrascht, der sofort um Gnade für das prächtige Möbel bat und, als das nicht gleich half, die Demontage durch offenen Aufruhr zu verhindern suchte. Schon waren die Säulen gefallen, und die Schüssel war ausgebaut, aber der Rumpf, ein links einstöckiger und rechts zweistöckiger

Kasten, wurde von Thomas für das schlechthin großartigste Affenhaus erklärt.

Das Kind überzeugte die Mutter, die Mutter befahl dem Vater, das Gehäuse an einen geeigneten Platz zu tragen. Dieser schleppte den schweren Klotz vom Keller bis zum Dach, aber sooft er ihn irgendwo ab- oder gar endgültig aufstellen wollte, hieß es: »Hier? Ausgeschlossen!« Endlich war im Treppenhaus, dicht vor der Tür zu Vaters Schriftstellereigeschäft, der einzig mögliche, das heißt, einzig dem Vater unmöglich erscheinende Standort gefunden, und Thomas konnte mit viel Radau an die Inneneinrichtung des Hauses gehen.

So viele Zigarren, wie jetzt Kistchen benötigt wurden, hätte kaum Churchill rauchen können; es galt, Betten und Schränke herzustellen, damit die Affen, die Bären und zahlreiche andere Tiere entsprechenden Hausrat vorfänden.

Wir haben, seit die Zwangsmieter fort sind, ein geräumiges Haus, darin jeder sein gerechtes Teil hat. Aber es gibt nur einen Raum, in dem sich Thomas und Stefan wohl fühlen, das ist mein Arbeitszimmer; der liebste Platz, den sie auf Erden haben, das ist die Fensterbank – noch nicht am Elterngrab, wohl aber am Grabe meiner Schriftstellerei.

Meine Ruh ist hin, mein Herz ist schwer, ich finde sie nimmer und nimmermehr. Mein Arbeitsgeist geht verstört wie ein Gespenst umher; alles Ungemach bringen die Burschen in mein Gemach – herein, ohne anzuklopfen. Und auf meine erbitterte Frage, ob denn sonst weit und breit keine Stätte sei, an der sie sich aufhalten könnten, antworten sie mit einem unverfroren heiteren »Nein!«.

»Was meint Ihr, daß mein Vater getan hätte, wenn ich ihn so mir nichts, dir nichts überfallen hätte? Er hätte mich ungespitzt in den Erdboden geschlagen!«

»Jetzt sind aber auch andere Zeiten!« kräht Thomas frech, und Stefan ist begeistert von dem kräftigen Wort, das ich da eben gebraucht habe. Besonders der Thomas ist hartnäckig wie ein Witzblatt-Geschäftsreisender. Ich kann ihn belehren, hinauswerfen, mit Prügeln bedrohen: er ist lächelnd wieder da, mit neuen Gründen gegen meine Entrüstung gerüstet, meine Waffen entwaffnend und mir sogar das Federmesser abschmeichelnd, das er zur Herstellung eines Fensters oder einer Tür für die Affenwohnung braucht.

Und da ich nicht zusehen kann, wie er mit dem scharfen Messer herumhantiert, muß ich ihm wohl oder übel helfen; und da ich auch nicht viel geschickter bin, gehen wir gemeinsam zur Mutter, die kann alles; sie ist Buchbindermeisterin. Aber sie hat auch keine Zeit und jagt uns zum Teufel. Um Mitternacht freilich höre ich es dann in der Werkstatt rumpeln, da steht sie und bastelt, ein immer zuverlässiges Heinzelmännchen.

Nicht in jedem Fall geht Thomas geradewegs auf sein Ziel los, wenn er etwas will. Neulich bin ich, wir waren allein, mit ihm ins Wirtshaus zum Essen gegangen, und da fühlt er sich ganz wie ein Erwachsener. »Die Affen«, sagt er wegwerfend, »bilden sich ein, sie bekommen elektrisches Licht in ihr Affenhaus. Aber ich denke nicht daran, da könnte jeder kommen. Die sollen schlafen, wenn's finster ist, sonst verhau ich ihnen den Po, ich hab's satt!« Er selbst ist ungeheuer streng und mit den Strafen, die wir ihm – leider – meist nur androhen, rasch bei der Hand.

Er hat nicht falsch gerechnet; ich nehme für die Affen Partei und meine, es müßte doch sehr angenehm sein, wenn man das Affenhaus beleuchten könnte. Nun vertraut er mir an, daß er da vorn bei der Brücke in einem Laden ganz kleine Lämpchen gesehen habe – aber die Affen sollten sich nur ja nicht träumen lassen, daß sie Licht bekämen, wo doch heute alles so unverschämt teuer sei –, und er ergeht sich des langen und breiten in Sprüchen, die er den Großen trefflich abgelauscht hat. Endgültiges Urteil: die Affen kriegen nichts!

Infolgedessen erwerben wir an einem der nächsten Tage eine Batterie, zwei Lämpchen, ein paar Meter Leitungsdraht und einen Knipser. »Wenn Du besonders artig bist«, heißt es vor dem Mittagessen, »und auch bei den Kartoffeln keine Geschichten machst, dann kriegst Du heute abend etwas für Dein Affenhaus – rate, was!« Thomas ist kein Spielverderber; er rät höflich zuerst zwei ganz verrückte Sachen, ehe er sagt: »Ein Licht!«

»Aber nur, wenn Du ganz brav bist! Heute abend!« – »Bitte, gleich!« – »Nein, heute abend – oder überhaupt nicht!« Er verschiebt die Unterlippe ganz nach vorn: »Ich brauche kein Licht, ich mag Euch überhaupt nicht mehr!« – »Gut, dann nicht!« Die Form muß gewahrt werden, der Bösewicht wird am Abend ins Bett geschickt, mit der Festbeleuchtung ist es nichts. Vielleicht morgen früh! heißen wir ihn hoffen. Dann nach einigem Gemaule, hören wir ihn im Finstern beten: »Lieber Gott, laß meine Mammi gesund sein, denn sie will mir ein Licht ins Affenhaus schrauben!« Der Vater ist offenbar nicht mehr so wichtig, bezahlt ist die Sache schon.

Die Mutter macht sich, auf den Knien, an die Arbeit. »Laß es bis morgen«, sage ich, »bis es Tag ist!« Ich stehe unbehilflich-helfenwollend dabei. Wer meine Frau kennt, weiß: Wenn sie sich um drei Uhr früh entschlossen hätte, umzuziehen, wären wir um acht Uhr abends in einer anderen Wohnung (Behördengänge inbegriffen)! Jedenfalls: eine Stunde später knipst sie den Schalter an, und im Erdgeschoß und ersten Stock des Affenhauses brennt das Licht: Welch ein großer Augenblick!

Thomas hat natürlich nicht geschlafen, sondern mäuschenstill gelauert: jetzt ist er, weißes Nachthemdgespenst, dem Bett entstiegen, starrt ungläubig-verzückt in die zwei glimmenden Lichter, dann tanzt und schreit er wie ein Narr. Aus – an, aus – an, er drückt auf den schwarzen Knopf, bis wir ihn ins Bett zurückstampern.

Ein paar Tage ist Thomas glücklich – aber dann ergreift ihn der Fluch allen technischen Fortschritts: er möchte es noch besser, er braucht unbedingt eine elektrische Hausglocke. »Weil der Bär und der Wurstel«, sagt er, »einfach die Tür aufreißen, und vielleicht mögen die Affen gar nicht, daß sie auf Besuch kommen!« Wir schlagen vor, das Glöckchen des verspeisten Osterlamms mit einem Klingelzug im Affenhaus anzubringen. Aber da erkannten wir bald den klaffenden Zwiespalt der Geschlechter und daß es nicht gut ist, wenn der Vater um fünfzig Jahre älter ist als der Sohn und noch im neunzehnten Jahrhundert verhaftet ist, während dieser schon dem Jahr zweitausend entgegeneilt.

Hochmut kommt vor dem Fall. Eines Morgens liege ich noch im Bett, da höre ich verdächtigen Lärm und bald darauf schreckliches Wehklagen: unsere blonde Bestie, der zweijährige Stefan, hat das Affenhaus überfallen, ausgeräumt und bei seiner gewaltsamen Erkundung natürlich auch die Lichtanlage zerstört. Beide Arme voller Affen und Einrichtungsgegenstände, flüchtet er über die Treppe, zu spät jagt ihm Thomas die Beute ab.

Es ist fraglich, ob sich das Affenhaus noch einmal zu seinem alten Glanz erheben wird. Es fehlt zwar nicht an Wiedergutmachungsplänen, aber der Vater hat nichts dagegen, daß ihre Verwirklichung hinausgezögert wird.

Schneerausch

Ein alter Mann kann mit jungem Schnee nicht mehr viel anfangen; sogar wenn er sich kindisch freut, es bleibt eine platonische Liebe, eine Erinnerung an schönere Zeiten, Schneeballschlachten, Schneeburgen und Schneemänner, an Rodelbahnen, an Schiabfahrten, von denen die frühesten ein halbes Jahrhundert und länger zurückliegen. Schnee – was für ein vieldeutiges Wort: es kann der Schnee sein, der näßlich über die Straßen der Großstadt wirbelt und am Boden zerschmilzt, der Pulverschnee, in Eiskristallen blitzend im Winterwald, der Schnee, der zu Lawinen geballt ins Tal stürzt, der Schnee im Sturm, gegen den der einsame Wanderer kämpft – nun, heute vormittag ist es der fallende, der frischgefallene Schnee, flaumenweich, da und dort schon von den Wegen der Vorstadt geschaufelt und zu Bergen getürmt, so recht der lockere Schnee für lockere Buben, die es gar nicht mehr erwarten können, hinauszustürmen in das rieselnde Weiß.

»Du hast jetzt all die Tage her genug geschrieben«, sagt die Mammi zu mir, »Du könntest mit dem Stefan ein wenig in den Winter hinausgehen; es täte Euch beiden gut, wenn Ihr an die frische Luft kämt.«

Der Thomas sieht und hört unsere Vorbereitungen zum Aufbruch. Hätten wir ihn nur gefragt, ob er auch mitwill! Aus lauter Widerspruchsgeist wäre er daheim geblieben. So aber heult er uns so lange was vor, bis ich weich werde. »Sag: ›meinetwegen‹, Papi!« Also sage ich »meinetwegen!«.

Die Mutter warnt. »Du wirst mit den zwei Buben nicht fertig!« sagt sie kummervoll. Das geht gegen meine Ehre. »Leicht!« sage ich und nehme den beiden das heilige Versprechen ab, aufs Wort zu folgen und mir nicht von der Hand zu gehen.

Des freut sich das entmenschte Paar und zum Meineid finster entschlossen, leisten sie den Schwur, ganz brav sein zu wollen.

In voller Einigkeit treten wir unsere Polarexpedition an – aber das dauert nur so lang, als wir noch in Sichtweite der an der Gartentür nachblickenden Mutter sind.

Dann ist mit einem Wupps der winzige Stefan in einem der hohen, weichen Schneehaufen verschwunden – nur seine hohe Pelzmütze schaut noch heraus. Ich schimpfe – er aber, den Mund voller Schnee, behauptet listig, er sei nur hingefallen. Merkwürdig, daß er bei dem überdeutlich gezeigten Versuch, sich aus der weißen Flut herauszuarbeiten, immer tiefer hineingerät. Was bleibt dem braven Thomas übrig, als dem Brüderchen beizuspringen – mitten in den

Zauberberg hinein. Zwei Zirkusclowns, die einem vor Lachen berstenden Publikum ihre Scheinbemühungen vorführen, sich aus einer tragikomischen Lage zu befreien, könnten sich nicht täppischer anstellen als Thomas und Stefan. Ich merke die Absicht und werde verstimmt. »Wenn Ihr Euch jetzt schon durch und durch naß macht, wird es nicht viel werden mit unserm Spaziergang! Marsch jetzt, heraus – oder soll ich nachhelfen?!«

Die zwei Bösewichter gehen zum offenen Aufruhr über. Blitzschnell sind sie aus dem Haufen heraus, aber nur, um sich, rot vor Vergnügen und weiß von Schneepuder, in den nächsten, größeren zu stürzen. Sie waten hinein, sie baden im wunderbaren Element, sie balgen sich, sie spritzen sich an; bis ich komme, ist mindestens einer entwischt. Und bis ich den, der mir in die Hände gefallen ist, zur Rede und auf die Füße gestellt habe, ist der andre schon weit. Laß ich nun den Stefan, abgeklopft und einigermaßen zurechtgerückt, stehen, mit Donnerwetter moralisch auf seinem Platz festgenagelt – und eile dem Thomas nach, um ihn aus den wilden Wogen zu zerren, entläuft der Stefan mit hellem Jubel in die andere Richtung. Wohin der graue, erschrokkene Vater schaue, sieht er eins der Kinder im Schnee verschwinden. Ihr strategischer Plan ist, den alten Mann in der Weite des Geländes zu ermüden.

Eine dicke Frau geht vorüber, sie hat Verständnis für mich: »Tut's den Großvater net so ärgern!« ruft sie den beiden Missetätern zu, die sich soeben vereinigt haben, um aus der Schneewüstenei heraus einen Kosakenangriff auf mich zu machen.

»Nix Großvater!« sag ich zu der Frau, »ich bin der Vater!« »Ja, nachher!« meint sie – ja dann! Alles Mitleid ist aus ihrer Stimme verschwunden, Schadenfreude liegt darin: wenn ich grad noch jung genug war, darf ich jetzt nicht zu alt sein!

Ja, meine liebe Gattin hatte schon recht gehabt, mich zu warnen – diesem Zweifrontenkrieg war ich nicht gewachsen. In offener Feldschlacht siegte ich: als die beiden gegen mich anstürmten, Schnee werfend, hatte ich sie mit raschen Griffen ins Genick überwunden – aber es war ein Pyrrhussieg; alle drei wälzten wir uns nun im Schnee, in diesem wunderlichen Element, das halb Luft zu sein schien, aber doch überwiegend Wasser war, wie auch ich feststellen mußte, naß und kalt bis tief in den Halskragen und in die Ärmel hinein.

Ich sah, die Expedition mußte abgebrochen werden; meine heimliche Hoffnung, bis zum Zigarrenladen vorzustoßen und ein paar Virginier zu kaufen, war vereitelt. Ich blies teils zum Rückzug, teils mir und den Buben den Schneestaub fort; wir klopften ihn aus den Kleidern, bohrten ihn aus den Stiefeln – man glaubt gar nicht, wo frischer Schnee überall hinkommt.

Die Buben waren noch immer außer Rand und Band, jeden Augenblick konnte der Wahnsinn wieder ausbrechen. Ich durfte heilfroh sein, wenn ich die Kerle leidlich heim brachte. Gottlob, es zeigten sich erste Spuren der Erschöpfung, den Thomas fror es, wie vorausgesagt, jämmerlich an den Füßen. »Stefan, wo hast Du denn Deine Handschuhe?!« Die guten, von der Mammi neugestrickten, mit einer Wollschnur gesicherten Fäustlinge – weg waren sie. »Kinder, ohne Handschuh dürfen wir uns gar nicht nach Haus trauen!« rief ich. Der Stefan fing bitterlich zu weinen an, natürlich nützte kein hochnotpeinliches Verhör, er hatte keine Ahnung, wo sie ihm abhanden gekommen waren.

Dem Schneerausch folgte der Katzenjammer. Den frierenden Thomas ließen wir als Vortrab losziehen, die Gefahr, daß er noch einmal rückfällig würde, schien mir gebannt. Mit dem Stefan machte ich mich auf die Suche nach den Fäustlingen. Wir durchstöberten alle Lagerplätze und Schlachtfelder – vergebens; mit hängenden Köpfen, eine geschlagene Truppe, traten wir den Rückmarsch an durch den tiefen, weißen, flirrenden Schnee.

»Die Handschuhe«, sagte tiefsinnig der vor Kälte und Traurigkeit ganz zusammengeschnurrte, kleinwinzige Stefan – »die Handschuhe wissen genau, wo sie sind!«

Theologie

Der Thomas war ein frommes Kind und wir hatten viel Mühe mit ihm. Denn nicht nur, daß er es selbst genau nahm, er war auch unglücklich, daß seine Mutter nicht den rechten Glauben hatte. Später wurden auch Herr Doktor katechisiert und ich erwehrte mich nur mühsam der Gretchenfrage, wie ichs mit der Religion hätte. Denn immer wieder kam er, mit mir ein Wort unter Männern zu reden.

In sein Heft machte er wunderschöne Zeichnungen mit Farbstiften, ein rotes Herz etwa, in das er viele kleine Tupfen malte. Und darunter schrieb er mit ungelenken Riesenbuchstaben: »Herz, mit leichten Sünden befleckt!«

»Frühling, Sommer, Herbst und Winter
Sind des lieben Gottes Kinder« –

im Lesebuch der ersten Klasse stehts, der Thomas muß es auswendig lernen. Er schaut versonnen vor sich hin; und sagt, ohne Arg, wie wenn ihm eine Erleuchtung gekommen wäre: »Dann sinds also, mit dem lieben *Jesuskind*, fünf!«

Er hat die Geschichte von Adam und Eva gehört und sie beschäftigt sein Innenleben gewaltig; er ist empört darüber, wie leichtsinnig unsere Stammutter das Paradies verscherzt hat. Ein altes Fräulein ist bei uns zu Besuch, ein harmloses Wesen, das vermutlich noch nie vom Baum der Erkenntnis gegessen hat. Aber Thomas entlädt seinen ganzen Manneszorn ausgerechnet auf diese Unschuldige: »Du bist auch dran schuld! Hättet Ihr nicht in den Apfel gebissen, ginge es uns heute allen viel besser!«

Wer an Gott glaubt, der glaubt auch an den Teufel. Zitternd wirft sich der Thomas der Mammi in die Arme. »Wo warst Du?« »Im Keller!« »Was ist denn los?« »Der Teufel hat Brr! Brr! gemacht!« Und, in einem Strom von Tränen: »Ich habe auch vom Kompottsaft genascht!«

Der Herr Kaplan ist ein großer Eiferer im Herrn und oft haben wir Mühe, daheim das seelische Gleichgewicht wieder herzustellen. »Der kleine Großpapa« – im Gegensatz zum großen, meinem Vater, der Vater meiner Frau – »der muß in die Hölle, weil er sich verbrennen hat lassen! Und er hat mir doch den schönen Schubkarren gemacht!«

*

Der Stefan ist da leichter zum haben; auch wenn er schon früh schwierige theologische Fragen stellt: »Eigentlich tut alles, was wir tun, der liebe Gott, weil er uns so gemacht hat.«

Ich will meine Buben nicht mit fremden Federn schmükken, sonst könnte ich die Geschichte von einem Kirchenbesuch am Samstag nachmittag erzählen: »Es war sehr traurig; der liebe Gott war nicht zu Hause und seine Mutter hat den Boden aufgewischt!«

Auch der vierjährige Stefan ist ein eifriger Kirchgänger, nicht so sehr aus Frömmigkeit, sondern der Unterhaltung wegen. Der Priester bewegt sich bunt am Altar, die Orgel tönt und Glöckchen erklingen. Er scheint es für eine Art mechanischen Spiels zu halten. Heute, am Werktag, wo es wirklich kirchenstill ist im Gotteshaus, zupft er mich gelangweilt am Ärmel: »Komm, die Kirche geht heute nicht!«

Und später, als er zum Beichten gehen soll, tut ers mit einer heiteren Zuversicht. »Weißt Du«, erklärt er mir, »ich bin froh, wenn ich gebeichtet habe; da bin ich alle Sünden los. Ich brauche nur zu sagen, was ich getan habe, dann ist es so, wie wenn ichs gar nicht getan hätte.« Und dann spielt er seinen höchsten Trumpf aus: »Und der Herr Kaplan darf es nicht weitersagen, nicht einmal Dir!«

Unter Brüdern

Vermutlich haben Kain und Abel, als sie noch klein waren, oft ganz nett miteinander gespielt. Sie werden es begrüßt haben, daß ihren Eltern das Paradies verschlossen war, weil dadurch die faden Sonntagsspaziergänge ausfielen.

Feindliche Brüder sind ein finsteres Kapitel, von den Dioskuren bis zum Bruderzwist in Habsburg, von Fafner und Fasolt, Baldur und Hödur bis zu den Brautwerbern von Messina – jeder Fall liegt anders. Daß der Romulus den Remus erschlug, davon redet kein Mensch mehr; und sogar die Wölfin, von der die Buben doch wohl ihr wildes Blut hatten, steht ehern und ehrenvoll auf dem Kapitol.

Den Thomas und Stefan aber hat die Mutter mit der Milch ihrer frommen Denkungsart gesäugt und mit Alete großgezogen; da ist eigentlich nichts zu fürchten, wir können uns mehr an die freundlichen Brüder Grimm oder Humboldt halten. Zudem sind sie vier Jahre auseinander, das vermindert die Spannungen.

Eintracht und Zwietracht halten sich die Waage; anfangs freilich war Thomas nicht sehr begeistert; »das waren noch Zeiten«, meinte er, »als wir noch kein Brüderchen hatten! Ich habe gedacht, ich hätte was zum Spielen, aber nichts habe ich als Kummer und Sorge – wenn wir Hühner gekriegt hätten, gäbs wenigstens Eier!« Und später wachte er sorgsam darüber, daß Stefan, der »immer nicht« gehaut wurde, auch sein Teil bekäme. »Mich habt Ihr ganz gut erzogen, aber zu milde; das Brüderchen müßt Ihr strenger erziehen. Wenn ich in der Schule bin, dürft Ihr den Stefan am liebsten haben, sonst mich – und am Sonntag alle zwei gleich!«

Ströme von Liebe verteilen wir durch ein großartiges Kanalsystem auf die beiden Knaben, aber wir können nicht hindern, daß sich bald der Thomas »an den Rand der Familie gedrängt« fühlt, bald der Stefan finster erklärt: »Gut!

ich weiß schon, Ihr mögt mich nicht, weil ich die Zweitgeburt bin!«

Aber derselbe Thomas verkauft seine so betonte Erstgeburt um ein Linsengericht, er schenkt dem Kleinen seine sorgfältig geschonten Spielsachen und weint dann freilich bitterlich, wenn sie innert acht Tagen zerfetzt sind. In jüngster Zeit sind sie sich allerdings im Ausschlachten alter Radios einig; Stefan, als skrupelloser und unwiderstehlicher Unterhändler, wird zu allen Leuten geschickt, die noch solch einen verbrauchten Kasten besitzen – und dann ist wochenlang unsre ganze Behausung übersät von den Trümmern ausgedienter Volksempfänger, bis die Mammi draußen vor der Tür den großen Scheiterhaufen entzündet – das ist ja der Vorteil der Ölheizung, daß man nichts mehr in den Ofen werfen kann.

Am einigsten sind sie, wenn es gegen den Erbfeind, die Eltern, geht. Da erfahren wir oft zufällig, was wir unter Brüdern wert sind. »Du, die fahren heute nochmal fort, sonst stünde das Auto nicht heraußen!« mutmaßt der Stefan und Thomas rät, genau aufzupassen, wenn wir miteinander reden: »dann wissen wir alles!« »Kaum ist die Mammi erträglich, fängt der Papi an, unleidlich zu werden.«

Gelegentlich – es ist schon wieder lang her – rotteten sie sich auch zum offenen Aufruhr zusammen; das begann mit dem Absingen eines streng verbotenen, dem Heckerlied vergleichbaren Textes »Stinkulo und Stankulo...«, Wort und Weise von Thomas Roth. Doch vermochten die rasch zusammengezogenen Regierungstruppen bisher immer noch, die Revolte im Keim zu ersticken.

Jeder Mensch hat eine Sehnsucht. Thomas kann, wie Palmström, nicht ohne Post leben. Er beschwört das kaum die ersten Buchstaben malende Brüderchen, ihm zu schreiben. Und wirklich setzt sich Stefan heimlich an die Schreibmaschine und tippt den ersten jener berühmten »Briefe, die ihn nicht erreichten«. Der Wisch fährt im Haus herum und ist, zwischen zahllosen Fehlanschlägen, etwa folgendermaßen zu entziffern: »Lieber Thomas ich erzähle dir einne Geschichte das Russessen. es war einmal ein armer mann...« in einem schrecklichen Buchstabenwirrwarr erstickt der frühe Eifer.

In den ersten Weihnachtsferien aber – Thomas kommt aus der Klosterschule nach München, Stefan fährt an Neujahr in sein geliebtes Kinderheim auf dem Ingerlhof – bereitet Thomas alles für den erhofften brüderlichen Briefwechsel vor: er nimmt meine kostbarsten Umschläge (ein halbes Dutzend für die acht Tage der Trennung!), bemalt sie mit seiner sehr vorübergehenden Münchner Anschrift, frankiert sie ausgiebig und legt sie dem Stefan ans Herz und in den Koffer. Leider hat die Deutsche Bundespost wegen Nichtabsendung das gute Geschäft nicht machen können.

Ich habe mir zwar geschworen, keine rührenden Geschichten zu erzählen, aber eine sei doch erlaubt. Der Thomas ist wieder einmal besonders frech gewesen und obwohl ich aus der gelehrten Literatur weiß, daß Frechheit keine Charaktereigenschaft ist, sondern eine nach Zeit und Umständen begrenzte Art des kindlichen Verhaltens, bin ich böse mit ihm; ich verschließe mich der Einsicht, daß ein freches Kind nur ein leidendes Kind sei, ich fühle mich als leidender und beleidigter Vater; der kleine Stefan aber setzt sich für das Brüderchen ein: ich solle wieder gut mit ihm sein. »Gern«, sage ich, »aber da muß erst der Thomas...« – »Ich weiß schon«, flötet Stefan mit seiner süßesten Schmeichelstimme, »aber, gib ihm, bitte, Gelegenheit dazu!«

Was freilich nicht hindert, daß zehn Minuten später zwei erbitterte Boxer vom Ringrichter getrennt und in die Ekken verwiesen werden müssen.

Der Dichter als Maler

Zum Malen und Zeichnen bin ich, weiß Gott, nicht geschickt; aber der kleine Stefan verlangt jeden Tag ein Gemälde von mir. »Mal Er mir die ganze Welt!« heißt es in dem alten Schulbuch-Gedicht von Balthasar Dunker, und Stefans Anspruch ist nicht viel geringer: »Mal Er erst das ganze Dorf und die Kirche drinnen!« Und davor ein Haus, das genau wie unsres aussehen muß, wehe, wenn ein Fenster vergessen ist!

Denn aus jedem Fenster muß ein Mitglied unserer Familie herausschauen. Zuvor jedoch heißt es, die nötige Landschaft hinzuzaubern, hochromantisch natürlich, aber zugleich ein für allemal bis ins kleinste festgelegt.

Im Vordergrund links ist ein See-Ufer mit landendem Dampfschiff, rechts ein Bahnhof mit abfahrendem Zug. In der Nähe des Hauses hat ein Auto zu stehen, deutlich als unser neuer Volkswagen »Philipp II« zu erkennen. Hier ist Stefan mein strenger Lehrmeister, er kennt alle Autotypen und läßt keine Verwechslungen zu.

Den Mittelgrund bildet das Haus, sowie die in Bäumen halbverborgne Kirche; mein Auftraggeber hat mich Gottlob! noch nicht entlarvt, daß ich mit wucherndem Grün architektonischen Schwierigkeiten ausweiche. Immerhin, ein gotisches Fenster muß halb aus den Wipfeln lugen, damit man sehen kann, was im Gotteshaus vorgeht.

Der Hintergrund ist mit Tannenwäldern bedeckt, aus denen sich eine Alm mit Sennhütte und das wildgezackte Fels- und Eisgebirge erhebt. Ein Serpentinenweg darf nicht fehlen, er führt über die Alm hinaus zu einem Kapellchen, das von einem Glockentürmchen bekrönt ist. Auf den schroffen Alpengipfeln müssen Kreuze stehen. Und jetzt bricht eine strahlende Morgensonne, »aus technischen Gründen« genauso groß wie ein Zweimarkstück – wehe, wenn ich grad keins habe und auf Freihändigkeit angewiesen bin –, durch das Gewölke.

Stefan wendet kein Auge von all der Pracht, wie da sein schöpferischer Gott-Vater, freilich nicht ganz in der biblischen Ordnung, Himmel und Erde erschafft. Nun wird die Landschaft bevölkert: Ein Adler in den Lüften, Gemsen in den Klüften, Kühe auf der Weide, ein Hirsch am Waldrand, ein Hund auf der Straße, eine Katze auf dem Dach, ein Haifisch im See – ist auch nichts vergessen? Natürlich, das Pferd! Aber wohin mit dem Pferd? Es ist platterdings nirgends mehr Platz. Zum Glück ist da noch eine Lücke im Baumgrün, dahinter der Giebel eines Bauernhäuschens. Und da mache ich so was wie einen Stall hinein und stelle das Pferd auf – es mißglückt mir jämmerlich. Ich schließe daher mit kräftigen Strichen die Stalltür, Stefan ist einverstanden, wir beide wissen ja, daß das Pferd drin ist.

Nun erst kommt die Hauptsache: der Mensch tritt auf den Plan! Dampfschiffkapitän und Lokomotivführer, Eremit und Sennerin – und jetzt die Bewohner des Hauses! Da schaut der Pappi heraus und dort die Mammi, hier der Stefan, oben der Thomas, unten die Resi und ganz rechts der Landtagsabgeordnete Zillibiller, unser Hausgenosse. Noch sind ein paar Fenster frei, es muß also noch allerhand Besuch kommen. Mein Vorrat an Personal ist erschöpft – aber auf das Schiff, in den Zug, ins Auto und auf den Zickzackweg brauche ich auch noch Leute. Schließlich fange ich zu schwindeln an, wie weiland der Erfinder der »Toten Seelen«. Aber ich komme nicht weit, denn Stefan weist mir haarscharf nach, daß diese Figuren bereits an andrer Stelle untergebracht sind. Nur sich selbst nimmt er aus – da hat er nichts dagegen, daß er immer wieder auftaucht, daheim und unterwegs, in mancherlei Abenteuer verwickelt.

Denn, das muß wohl nicht eigens gesagt werden, die Zeichnung ist ja zugleich eine Art Tonfilm, und die Mahnung: »Bilde, Künstler, rede nicht!« wäre hier falsch am Platze. Wald und Wasser rauschen, Kühe brüllen, der Hund bellt, die Lokomotive pfeift, Glocken läuten ... bis uns die Mutter zum drittenmal zum Abendessen ruft.

Am andern Tag will Stefan ein andres Bild – vergebens schütze ich Zeitmangel vor und rate ihm, doch das Gemälde von gestern wieder anzuschauen. Oder ich schlage ihm ein Seestück, ein Stilleben, ein Porträt vor. Er ist begeistert – ich fange an. »Aber das Haus muß auch drauf!« ruft er. »Und die Eisenbahn!... Und das Auto...« Er ist der geborene Mäzen mit kleinen Anregungen... Es wird wieder das nämliche Bild, zu Dutzenden habe ich sie gemalt, ganze Wälder von Farbstiften sind dabei draufgegangen.

Irgendwann, kein Mensch kann eine Zeit sagen, wo er noch kommt, und eine, wo er nicht mehr kommt, bleibt Stefan mit seinen Bilderwünschen aus. Andere Dinge drängen sich vor. Und die Gemälde sind bald verschollen – kein Verlust für die Kunst.

Ein Irrtum

Der sechsjährige Stefan hat gewaltig gegen seinen sechzigjährigen Vater aufrebellt. Milde Worte sind wie Tropfen auf den heißen Stein seines verhärteten Gemüts, auch kräftiges Schimpfen verrollt nur wie Echo im starren Fels seines Trotzes. Da er sich weder bei seiner Ehre noch bei seiner Vernunft packen läßt, ergreife ich seinen Schopf, die sogenannten Schmalzfedern, und während ich ihn richtig beutle, öffnen sich die Schleusen seines Herzens meinen eindringlichen Ermahnungen, er schmilzt dahin, das Weinen stößt ihn, durch Tränen schaut er mich an und hebt die Arme gegen mich auf.

Ich bin gerührt, siehe, seine Seele ist gerettet, verzeihende Liebe darf nicht länger zögern, ich beuge mich zu ihm hinunter, ich weiß, er wird sagen, schluchzend sagen, daß er wieder brav sein will – und alles ist gut.

Gleich wird er mich umarmen. Seine lieben Händchen

sind schon an meinem Haupte, mein Ohr ist an seinem bebenden Munde... Da packt er mich an den Haaren – und auch er weiß, daß sie an den Schläfen am empfindlichsten sind –, und er reißt nicht schlecht an meinen ergrauenden Locken: »Meinst Du, daß das nicht weh tut!« keucht er mich zornig an, und ich bin so entgeistert, daß ich ihn noch eine ganze Weile ziehen lasse, ehe ich begreife, was da vor sich geht.

Meine Frau, die auch in Erwartung einer rührenden Familienszene daneben steht, lacht laut hinaus – jeder Erzieher wird mir beipflichten, daß das das Ungehörigste gewesen ist, was sie tun konnte. Aber, so entschuldigt sie sich später unter vier Augen, noch nie habe sie ein so dummes Gesicht gesehen wie das, das ich in jenem verworrenen Augenblick gemacht habe.

Und nun frage ich euch, meine grundgescheiten, unfehlbaren Meister der Kinderzucht: was hättet *ihr* getan?

Erzählungen

Der Gang zur Christmette

Seit wir einigermaßen erwachsen waren, haben wir Weihnachten schon immer am Abend des dreiundzwanzigsten Dezember gefeiert, also um einen Tag zu früh. Wir haben wohl gewußt, daß das eigentlich nicht recht war; und wir waren für unsere Sonderlichkeit auch gestraft genug, denn die wahre Stimmung hat sich nie richtig einstellen wollen. Es ist eben das Geheimnis solcher Feste, daß sie an den Tag und an die Stunde gebunden sind, auf die sie fallen – und Weihnachten gar. Da muß man das große Gefühl haben, daß jetzt in der ganzen Christenheit die Geburt des Herrn begangen wird, daß dies die Heilige Nacht ist, in der überall die Lichter strahlen und die Glocken läuten und in der Millionen Herzen, die sonst wohl kalt und verstockt sein mögen, um den Frieden bitten, den Gott den Menschen verheißen hat, die eines guten Willens sind.

Aber wir sind halt allzu leidenschaftliche Skifahrer gewesen, meine Brüder und ich, und die zwei Feiertage allein haben nicht ausgereicht, auch von München aus nicht, um tief in den Tiroler Bergen, wo es nicht so überlaufen war und wo man sich auf den Schnee hat verlassen können, eine große Gipfelfahrt zu unternehmen. Und eine solche ist unser Weihnachtswunsch gewesen, Jahr um Jahr; sogar mitten im Krieg haben wir daran festgehalten, wenn es uns mit dem Urlaub hinausgegangen ist, und schon im Oktober haben wir unsere Pläne geschmiedet und, mit dem Finger auf der Landkarte, die Freuden einer solchen schönen Abfahrt vorgekostet.

Oft freilich ist der Dezember föhnig gewesen und ohne Schnee; dann haben wir daheim bleiben müssen. Aber am dreiundzwanzigsten Dezember haben wir trotzdem gefeiert. Wenn es dann gegen Mitternacht gegangen ist, dann haben wir mehr als einmal ein frevles Spiel getrieben; der eine oder andre ist zum Schein aufgebrochen, um in die

Christmette zu gehen. Und einmal ist es meinen Brüdern wirklich gelungen, mich zu übertölpeln, und ich habe erst vor den fest verschlossenen Domtüren gemerkt, daß wir allein in der ganzen Stadt das Weihnachtsfest um einen Tag zu früh begangen haben.

In dem Jahr aber, in dem das geschehen ist, was ich jetzt erzählen will, hat es Schnee genug gegeben. In den Bergen ist er schon im November liegengeblieben, und in der Woche vor den Feiertagen ist er gefallen, lautlos, in dicken Flocken, schier ohne Aufhören. Fast zuviel Schnee ist es gewesen, zu viel neuer Schnee; und wie wir im Zuge gesessen sind, meine Brüder und ich, am Samstagmittag, hat es noch immer geschneit; wir sind dann gegen Abend in die Kleinbahn umgestiegen, und der Schnee ist weiter gefallen, weiß und still. Eine Abteilung Kaiserjäger ist aus Innsbruck gekommen und hat den Bahnhof ausgeschaufelt; und im frühen Licht der Bogenlampen haben sich wunderliche Berge überall aufgetürmt, rieselnd und glitzernd wie Plättchen von Metall, mächtige Haufen dieses wunderlichsten aller Stoffe, der Luft wie dem Wasser gleich verwandt, so naß wie trocken, so schwer wie leicht und lange noch dem Himmel zugehöriger als der Erde, bis dann doch das Irdische ihn zwingt, seinen Gesetzen zu gehorchen.

Das Züglein ist so recht wie aus einer Spielzeugschachtel gewesen; und ob es mit dem vielen Schnee fertig werden würde, hat ungewiß genug hergesehen. Mühsam ist es in das Zillertal hineingekeucht, die Lokomotive hat gefaucht und gepfiffen, sie hat Rauch und Feuerfunken in die schwere Luft gewirbelt, aber sie hat's dann doch geschafft mit Ächzen und Stöhnen.

Draußen ist es schon finster gewesen, aber blaß vom Schnee. In weißen Bauschen ist er auf den Dächern gelegen, jeder Zaun und jeder Pfahl hat eine verwegene Mütze getragen, die Bäume haben geseufzt unter der lockeren Last. Nach Schnee hat's gerochen, still ist es gewesen vor lauter

Schnee, die Luft hat geschwirrt von Schnee, von unersättlich fallendem Schnee.

Manchmal haben die Lichter eines Dorfes, eines Bahnhofs aus dem Zauberkreis dieses mattglänzenden Nichts geleuchtet, dann sind Bauern in den Zug gestiegen, vermummte Weiber und klirrende Knechte. Sie haben sich geplustert wie die Hennen, sie haben sich das Eis aus den Bärten gewischt und haben alle vom Schnee geredet, vom vielen, vom zu vielen Schnee, wie er seit den neunziger Jahren so nicht mehr gefallen wäre.

Endlich, am späten Abend, sind wir um den Tisch im Wirtshaus gesessen und haben, bei einem Schöpplein Roten, die Karte vor uns ausgebreitet, noch einmal unsere Bergfahrt überprüft.

Dieses Jahr hat es lange Feiertage gegeben, der Samstag, an dem wir abgefahren sind, ist der zweiundzwanzigste gewesen, morgen, am Sonntag, wollten wir in Hintertaxbach sein, am Dienstag, also am ersten Weihnachtsfeiertage, auf dem Gipfel und von da ins andere Tal hinunter. Am zweiten Feiertage talaus, weit zur Bahn, wo wir noch den letzten Zug erreichen mußten. Und weil die Nacht klar geworden ist und wir ein Anziehen der Kälte zu spüren gemeint haben, sind wir mit der Hoffnung auf Pulverschnee und schönes Wetter eingeschlafen.

Aber am Sonntag früh hat es schon wieder stumm und hartnäckig vom Himmel geschüttet, es ist lauer geworden, der Schnee ist in Klumpen an unseren Brettern gehangen, kein Wachsen hat geholfen. Nach drei Stunden haben wir es einsehen müssen, daß der Schnee zu mächtig gewesen ist, wir sind auf dem ungespurten Weg bis über die Knie eingesunken, auf einem Weg, der im Sommer ein bequemes Sträßchen ist, und auch im Winter sonst eine ausgefahrene glatte Schlittenbahn.

Kein Mensch ist uns begegnet, still ist es gewesen, geisterhaft still. Wir selber haben auch nicht mehr viel geredet, stumm sind wir hintereinander hergestapft, die Landschaft hing weich und weiß unter den warmen Bäuchen des unendlichen Gestöbers, Schnee hat sich uns auf die Wimpern gesetzt, Schnee ist uns in die Augen geflogen, Schnee hat uns jeden Blick verhängt, Schnee ist uns in den Hals geschmolzen, Schnee hat jede Falte unserer Kleider verklebt, Schnee ist blendend und schmerzhaft aus dem Nichts auf uns zugetrieben, in dem oben und unten, vorn und hinten zaubrisch vertauscht schienen.

Einmal haben wir uns in dem nebeldichten Getriebe verleiten lassen, eine vermeintliche Schneise hinunterzufahren; wir sind aber in verschneite Felsen und Jungfichten gekommen, und ich bin gar in eine Grube gefallen, zwischen die aufwippenden Äste des Dickichts, und nun ist der Schnee rings um mich und hoch über mich geflossen, wie Wasser oder wie Sand, und wenn ich auch heute lache in der Erinnerung an mein wildes Dreinschlagen und Nach-Luft-Schnappen, damals habe ich ein paar atemlose Augenblicke lang das würgende Gefühl gehabt, im Schnee zu ertrinken, und der Schweiß ist mir aus allen Poren geschossen, bis ich wieder, tief schnaufend, fest auf den Beinen gestanden bin. Und lange haben wir gebraucht, um die fünfzig, sechzig Meter verlorener Steigung zurückzugewinnen.

Jedenfalls haben wir eingesehen, daß wir so unser heutiges Ziel nicht erreichen würden, und wie, noch vor dem Abenddämmern, ein einsames, armseliges Wirtshaus am Wege gestanden ist, haben wir klein beigegeben und um Nachtlager gefragt.

Eigentlich hätten wir, nach altem Brauch, an diesem dreiundzwanzigsten Dezember unser Weihnachten feiern müssen; aber wir sind verdrossen gewesen wie nach einer verlorenen Schlacht, und in der kalten, unfreundlichen Stube hat keine rechte Frömmigkeit aufkommen wollen. So haben wir uns nach einem lahmen Kartenspiel frierend in die winterfeuchten Betten gelegt und auf den nächsten Tag gehofft. Der ist dann wirklich flaumenweich und rosig aufgegangen, die Kälte hat uns früh herausgetrieben, die Welt hat anders ausgeschaut. Tiefblau ist der Himmel geworden, glitzernd weiß ist der Schnee gelegen, wie mit blauen Flämmchen überspielt, als ob er brenne von innen her. Und von den knirschenden Bäumen sind stäubend die kristallenen Massen gerutscht, und die befreiten grünen Äste haben schwarzgrün im goldenen Licht geschaukelt.

Wir sind zeitig aufgebrochen, zügiger als am Tage vorher sind wir gewandert. Und jetzt haben auch Pflug und Schlitten von Ort zu Ort gegriffen, und am späten Mittag sind wir, schier unverhofft, in Hintertaxbach gewesen.

Das kleine Dorf, holzbraun, fast schwarz unter den riesigen Hauben von Schnee, hat sich am Berg hingeduckt, der in steilen, fast waldlosen Randstufen gegen Südwesten das Tal abschließt. Nur das Gasthaus ist stattlicher gewesen und aus Stein gebaut.

Heute stehen steinerne Häuser genug dorten, und die wuchtigen roten Postkraftwagen laden zwischen Weihnachten und Ostern ganze Scharen von noblen Sportlern aus, die mit großen Koffern von weither angereist kommen. Aber damals ist Hintertaxbach noch kein Fremdenort gewesen, höchstens ein bescheidenes Bad im Sommer. Im Winter ist es völlig verlassen gewesen, jedenfalls waren wir die einzigen Gäste. Die eigentliche Front des Hauses ist während der toten Zeit dicht geschlossen gewesen, aber der Wirt hat es sich nicht nehmen lassen, uns dreien ein Staatszimmer im ersten Stock einzuräumen. Wenn ich sage Staatszimmer, so meine ich das schon richtig. Es ist nämlich ein heilkräftiges Wasser dort geflossen, und in den siebziger Jahren hat es so hergeschaut, als ob man es mit dem weltberühmten Gastein aufnehmen könnte. Und eine Zeitlang ist eine echte Erzherzogin zu Besuch gekommen und hat eine verschollene kaiserlich-königliche Pracht zurückgelassen, die jetzt, im wachsenden Verfall, einen fast gespenstischen Eindruck gemacht hat.

Der Wirt selber hat auf der Rückseite des Hauses gewohnt, behaglich warm in zwei Stuben, aus deren einer uns der bunte Schimmer eines altmodisch und überreich geputzten Christbaumes begrüßt hat. Für die ebenso spärlichen wie sparsamen einheimischen Gäste, die Bauern, Holzknechte und Fuhrleute, hat er eine gemütliche Schenke eingerichtet, in die auch wir uns zu einem späten Mittagessen gesetzt haben, während unser wintermodriges Zimmer gelüftet und geheizt worden ist.

Wir haben dann droben unsre noch immer feuchten Überkleider aufgehängt, die Rucksäcke ausgepackt und es uns so bequem wie möglich gemacht. Denn unsere kühnen Pläne haben wir aufgeben müssen, weil ja doch ein ganzer Tag verloren gewesen ist und weil es auch bei dem vielen Schnee nicht ratsam geschienen hat, über die lawinengefährliche Platte zu gehen. Wir sind bescheiden geworden, höchstens zu der Scharte wollten wir noch aufsteigen, sonst aber für diesmal faul und gemütlich sein und am zweiten Feiertag auf dem Wege zurückkehren, den wir gekommen waren.

Wir sind dann durch den Ort geschlendert, der im frühen Dämmern schon still geworden ist. Vor den Haustüren haben die Bewohner den Schnee weggeschöpft, zwischen den riesigen weißen Hügeln sind von Haus zu Haus Wege gelaufen wie Mausgänge, und die Straße ist an mannshohen Mauern bis zum Gasthaus gegangen, dann ist die Welt zu Ende gewesen. Ein richtiges Kirchdorf ist Hintertaxbach nicht, nur eine Kapelle ist zwischen den schwarzbraunen Holzhäusern gestanden, ganz und gar eingeschneit, ein Kirchenkind sozusagen.

Unvermutet sind wir um eine Ecke gegangen und mitten in einen Schwarm spielender Buben und Mädel gestoßen; wie sie uns gesehen haben, sind sie kichernd auseinandergelaufen. Aber ein Bürschlein, von acht Jahren vielleicht, haben wir doch erwischt, und das hat sich jetzt zappelnd unter unsern Händen gewunden. Die Kinder haben nicht recht gewußt, ob es Ernst oder Spaß ist, was wir da treiben, sie haben aus der sicheren Entfernung neugierig hergeäugt, was wir wohl mit unserem Gefangenen anstellen würden.

Der Knirps ist schnell zutraulich geworden, wie wir ihn mit Schokolade gefüttert haben. Auch die anderen haben wieder Schneid gekriegt, und bald sind wir von Kindern umringt gewesen. Sie haben miteinander gewispert und getuschelt und immer wieder eines nach vorn gestoßen, daß es den Wortführer machen soll. Und das eine hat gefragt, woher wir kämen, und das andere, ob das wahr ist, daß man mit solchen Brettern, wie wir sie mitgebracht haben, auf den Berg steigen und wieder herunterrutschen kann? Und ein drittes hat ganz keck wissen wollen, ob das stimmt, daß in der Stadt die Häuser so groß sind wie die Berge und die Berge so klein wie die Häuser?

Wir haben ihnen Rede und Antwort gestanden, so gut es gegangen ist, und dann haben auch wir die Kinder ausgefragt, ob das Christkind heut abend kommt und was es wohl Schönes bringt. Aber da haben sie nur verlegen gelacht, und das eine hat gesagt, sie hätten ihr Sach schon vom Nikolo gekriegt, und ein andres hat eifrig berichtet, daß er ihnen Äpfel und Kletzen in die Schuhe gesteckt hat, und wieder eins hat uns eine goldne Nuß gezeigt, die es im Bett gefunden hat. Und ein ganz geschnappiges Dirndl hat uns erzählt, die Mutter hätte gesagt, daß das Christkindl nur dort hinflöge, wo ein Baum stünde, und einen Baum hätte nur der Wirt. Wir haben also die Wahrheit aus erster Quelle erfahren, daß tief in den Bergen, wo alles erst später hinkommt, das Gute wie das Schlechte, der Christbaum bis in die jüngste Zeit noch nicht Brauch gewesen ist.

Wir fragen die Kinder, ob sie ein Weihnachtslied singen können, aber sie kichern bloß; wir helfen ihnen drauf; ob sie in der Schule oder daheim nicht was gelernt haben, vom Stall in Bethlehem und vom Stern, von den Hirten oder den Heiligen Drei Königen. Sie winden sich geschämig, und eins versteckt sich hinterm andern. Und schließlich sagt die Gschnappige: Ja, singen könnten sie schon.

Also, sagen wir, dann singen wir am Abend, und wer mittun mag, darf nach dem Gebetläuten in die Wirtsstube kommen, und vielleicht bringt doch das Christkindl noch was, wenn sie alle schön brav sind. Die Kinder geben keine Antwort, sie drucksen an einem verlegenen Lachen herum und verschwinden in den Häusern. Es ist inzwischen völlig Nacht geworden, die Sterne sind aufgegangen, kalt, hoch und klar ist der Himmel gestanden nach all den wolkigen Tagen. Im ganzen Dorf ist kein Laut zu hören gewesen, und wenn nicht da und dort ein winziges Viereck geleuchtet hätte, wären wir ganz aus der Menschenwelt gewesen, mitten in dem ungeheuren Schweigen der starrenden Berge. Wir haben uns dann in die Wirtsstube gesetzt, haben gegessen und getrunken, wie man so nur im alten Österreich essen und trinken kann, heiß von der Pfanne und kühl aus dem Keller, wir haben gescherzt darüber, daß wir jetzt doch einmal Weihnachten am vierundzwanzigsten feiern, wie es sich gehört. Und der Wirt ist bei uns gesessen, ein verständiger alter Mann, wir sind ins Reden gekommen und haben eigentlich nicht mehr daran gedacht, daß die Kinder wirklich noch erscheinen würden. Aber auf einmal ist die Tür aufgegangen und die Kinder sind hereinspaziert, sechse, sieben oder acht, im Gänsemarsch, voran der Knirps, den wir am Nachmittag gefangen haben. »Jetzt samma da!« sagte er und pflanzt sich erwartungsvoll vor uns auf...

Der Glaube von Kindern ist unbestechlich, und es ist eine üble Sache, ihnen nicht zu halten, was man versprochen hat. Die Verlegenheit ist an uns gewesen, wir haben uns da selber, wie mein ältester Bruder lachend gemeint hat, eine rechte Bescherung eingebrockt, denn es ist gar nicht so leicht, mit einem halben Dutzend Bauernkindern was anzufangen, für Zwanzigjährige gar. Sie sind, Mädel und Buben, stumm auf der Bank gesessen und haben uns angeschaut wie die Schwalben. Es ist aber dann doch alles besser gegangen, als wir gedacht haben. Wir haben alle Süßigkeiten geholt, die wir dabei gehabt haben, ein Päckchen Kakao ist auch dabei gewesen. Milch hat's genug gegeben; und vor den dampfenden Tassen sind die Kinder immer munterer geworden. Wir haben ihnen Geschichten vom Christkind erzählt, so gut wir es gewußt haben – und haben, beschämt genug, gemerkt, wie arm der Verstand der Verständigen vor einem Kindergemüt doch ist. Aber dann haben wir ein paar bewährte, unfehlbare Zauberstücklein zum besten gegeben, die auf den Handrücken gelegte und heimlich in die Haut geklemmte Zündholzschachtel, die geisterhaft auf- und niedersteigt, das Geheimnis mit dem ausgerissenen und wieder anwachsenden Daumen, das jeder erfahrene Onkel kennt, und die mit zahnlosen Kiefern Brot mulfernde alte Frau, dargestellt durch die bloße Hand, der ein umgebundenes Taschentuch und ein mit einem verkohlten Hölzchen aufgemaltes Auge in der Tat ein beängstigendes Aussehen verleiht.

Immer mutiger sind die Kinder geworden, immer gesprächiger, immer seliger. Sie haben fest geglaubt, daß wir echte Zauberer sind, und wir haben uns durch ihre Begeisterung zu immer verwegeneren Künsten verleiten lassen, bis wir selber gespürt haben, daß es hohe Zeit ist, wieder in die Frömmigkeit des Weihnachtsabends umzustimmen. Von unseren Spielen verlockt, sind auch ein paar Knechte und Mägde aus dem Haus in die Stube gekommen, der Wirt selber ist ja ein einschichtiger Mann gewesen, ohne Frau und Kinder. Er hat drüben den Baum angezündet, wir sind hinübergegangen, ich habe meine Querpfeife mitgebracht, und mein Bruder hat die verstaubte Gitarre gestimmt. Mit dem Singen freilich ist es zuerst nicht viel gewesen, weil die Kinder herkömmliche Lieder nicht gekonnt haben; aber in dem Lichterschein ist es dann doch ein inniges Musizieren geworden, und zum Schluß haben sich gar der Wirt und die Köchin als Sänger alter Tiroler

Weisen gezeigt, so daß jetzt wir Städter die Beschenkten gewesen sind. Sie haben vom König David gesungen und seiner Weissagung, vom bösen Herodes und von den Hirten auf dem Feld, vom Kasper, Melchior und Balthasar, ich hab mir nur ein paar Bruchstücke merken können, vom frohen Getümmel, Schalmeien vom Himmel und daß die Hirten schon gemeint haben, ganz Bethlehem brennt, so stark ist der Schein gewesen und der Braus in der Heiligen Nacht. Die Lieder sind hundert Jahre alt gewesen und älter, von Mund zu Mund sind sie gegangen, und wie sie jetzt erklungen sind, von den zwei alten, brüchigen Stimmen, aber herzhaft und ohne Fehl, vor den Kindern und Kerzen, in der großen Bergstille, das ist schön gewesen, und ich schäme mich nicht zu sagen, rührselig, denn das ist ein gutes Wort, und erst wir haben es zu einem schlechten gemacht.

So pünktlich, wie er sie gebracht hat, hat unser Knirps seine Schar wieder fortgeführt. Jeder hat jedem Kind die Hand gegeben, sie sind, wieder im Gänsemarsch, hinausgetrippelt, ohne Dank und fast ohne Gruß, aber mit einem unvergeßlichen Leuchten in den Augen.

Der Seppei, sagt der Wirt, wie sie gegangen sind, wär ein armes Bürscherl, die Lahn hätte ihm vor drei Jahren den Vater verschüttet. Das ganze Häusl, sagt er, hätte der Schnee begraben, drei, vier Meter hoch wäre die Grundlawine gewesen. Die Mutter wäre mit dem Buben grade im Geißenstall gewesen, und den hätte der Schnee aufgehoben und auf den Rücken genommen und ganz sanft an die zwanzig Meter ins Tal hinausgetragen.

Wir sind in die Gaststube zurück und haben uns noch eine Weile über den Schnee unterhalten, der Wirt, nur noch flüchtig am Tisch stehend, hat uns erzählt, wie schier Jahr um Jahr die Lawinen sich ihre Opfer holen, die kleinen Holzhäuser und die Ställe überrennend, Fuhrleute mit Roß und Wagen in die Tobel reißend, im Auswärts gar, wenn die Berge in Aufruhr kommen und die schweren Schlaglawinen niederbrechen und sich rauschend und polternd bis in die Gassen des Dorfes wälzen.

Ein Wort hat das andere gegeben, wir haben auch noch allerhand Erlebnisse berichtet, von Schneebrettern und Eisbrüchen, lauter Dingen, die scheußlich zu erleben sind, aber gut zu erzählen, wenn man noch einmal davongekommen ist. Und zum Schluß haben wir den Wirt, der nur mit halbem Ohr zugehört hat, gefragt, ob er, seiner Erfahrung nach, auch jetzt, im Frühwinter, eine Lawine für möglich halte. Der Wirt schüttelt den Kopf und sagt: Ausgeschlossen! Und: ausgeschlossen nicht, sagt er gleich darauf, gar nicht ausgeschlossen, im Gegenteil, wahrscheinlich sogar bei dem vielen lockeren Schnee und der Kälte obendrein. Bis ins Dorf hinein wird wohl keine kommen. Aber, sagt er, und rundet das Gespräch mit einem Scherz ab, bei Weibern und anderen Naturgewalten weiß man nie, was sie vorhaben. Und, eine gute Nacht wünschend, fragt er, mehr beiläufig, ob die Herren vielleicht mit in die Christmette gehen möchten, nach Kaltenbrunn. Um halb elf Uhr würde aufgebrochen, denn eine Stunde Wegs müßte man bei dem Schnee rechnen. Ein Winterabend ist lang, wenn man sich um fünf Uhr schon an den Tisch setzt; und so ist es jetzt auf neun gegangen. Ich bin, wie das oft so geht, auf einmal bleiern müde gewesen. Meine Brüder haben nach kurzem Zögern zugesagt, sie haben die anderthalb Stunden noch aufbleiben wollen, und wie ich mich nun angeschickt habe, hinaufzugehen, um mich schlafen zu legen, haben sie mich einen Schwächling gescholten und einen faden Kerl, der keinen Sinn für Poesie hat. Beinahe hätten sie mich noch umgestimmt. Ich habe, einen seligen Augenblick lang, das liebliche Bild wie im Traum vor mir aufsteigen sehen, die Mitternacht im Schnee, das honigsüße Kerzenlicht, den Orgelbraus des Gloria und die vielen Wanderer auf dem Wege, Bauern aus allen Weilern und Einöden, heute so fromm wie die Hirten vor zweitausend Jahren. Aber der Teufel muß mich geritten haben in der gleichen Sekunde, ich habe nein gesagt, und um meiner Ablehnung einen scherzhaften Ton zu geben, sage ich, daß ich heute daheim bleiben will, für damals, wo sie mich vor die versperrte Kirchentür gesprengt haben. Und meinen Schutzengel, sag ich, will ich ihnen mitgeben, zum Schlafen brauch ich ihn nicht, und es ist dann einer mehr zum Hallelujasingen.

Vielleicht hätten meine Brüder gelacht und das lästerliche Wort wäre so ohne Wirkung geblieben, wie es im Grunde gemeint war. Aber der Wirt hat einen roten Kopf gekriegt, er hat ein feindseliges Gesicht gemacht und hat nachdrücklich gesagt, daß der Herr seinen Schutzengel so leichtsinnig in Urlaub schicke, möchte ihn am Ende gereuen. Halten zu Gnaden, sagt er, aber so was höre er ungern. Und ist ohne Gruß hinausgegangen. Nun ist die Stimmung verdorben gewesen, und wie ich jetzt, als Säckelmeister, unwirsch die Kellnerin rufe, um zu zahlen, erhebt keiner Einspruch. Sie lassen mich gehen, ohne Vorwurf, aber auch ohne Trost; und daß ich dem alten Mann innerlich recht geben muß, daß ich selber nicht weiß, warum ich so dumm dahergeredet habe, ist bitter genug, um mir das Herz bis zum Rande zu füllen.

Ich bin droben noch eine Weile in der Finsternis am offenen Fenster gestanden und habe mit mir gehadert. Die stille, heilige Nacht hat über dem lautlosen Tal gefunkelt, ein Licht, das von den Sternen gekommen ist, hat die weißen Tafeln des beglänzten Schnees und die bläulichen Schatten der Dunkelheit mit einem wunderlichen Feuer umspielt, und ich habe, wie es in seltenen Augenblicken geschieht, durch die Landschaft hindurch weit in mein Leben und ins Wandern der Planeten gespäht, viele Gestalten, verhüllt und schwer zu deuten, haben mich mit Traumesgewalt sprachlos angeschaut, und der Himmel hat mir erlaubt, das törichte und vermessene Wort zu vergessen. Ich bin dann versucht gewesen, doch noch hinunterzugehen und zu sagen, daß ich mitkommen wollte in die Christmette. Aber ich habe den Mut zu dem ersten, schweren Schritt nicht gefunden, und das Gute ist ungetan geblieben, wie es oft ungetan bleibt im Leben.

Es ist gewesen, als wäre ein Sausen in den Sternen, aber es hat wohl nur der Schnee leise gebraust und gesotten, der die Luft ausgestoßen und sich gesetzt hat. Morgen würde ein strahlender Tag werden.

Ich habe das Fenster geschlossen und das Licht angedreht, ich habe mich ausgezogen und in eins der großen, wiegenden Betten gelegt. Und noch einmal hat es mich getrieben, wieder aufzustehen und mitzupilgern zur Mitternachtsmesse. Aber ich habe trotzig das Licht gelöscht. Zuletzt habe ich noch die Berge gesehen, steil und schwarzdrohend im Viereck des Fensters. Ich habe weinen wollen, nachträglich, wie ein gescholtenes Kind, aber da bin ich schon eingeschlafen.

Eiskalt rührt es mich an; traumtrunken haue ich um mich: Blödsinn! will ich lallen, aus tiefem Schlaf tauche ich rasend schnell empor. Die Brüder, denke ich, Schnee, rohe Bande! Und ehe ich wach bin, höre ich rumpelnden Lärm, das sind die Brüder nicht! Das Fenster klirrt, ein Stoß geht durchs Haus, ein Schwanken und Fallen, ein Knistern und Fauchen. Ein geisterhaft weißer Hauch schießt herein, kein Hauch mehr, ein knatterndes Vorhangtuch, Sturm. Die Fenster platzen auf. Sturm, denke ich, noch immer nicht wach, Schneesturm? Aber da peitscht es schon herein, wilde, weiße, wogende Flut: Schnee – Schnee! Ins Zimmer, ins Bett, ins Hemd, ins Gesicht, in die Augen, in den Mund – ich schreie, ich fahre auf, ich wehre mich. Und jetzt erst, wo es wie mit nassen Handtüchern auf mich einschlägt, begreife ich: Die Lawine! Im gleichen Augenblick ist es auch schon vorbei. Nur noch ein Seufzen geht durch das Zimmer, es ist, als schwände eine weiße, wehende Gestalt. Von drunten höre ich es dumpf poltern, und noch einmal bebt und ächzt das Haus. Dann ist es dunkel und still.

Ich bin jetzt ganz wach. Eine heiße Quelle von Angst

schießt aus mir heraus. Ich habe das Gefühl, als ob bärenstarke Männer auf meiner Brust knieten und mich an Armen und Beinen hielten. Ich versuche, mich loszureißen, ich bekomme eine Hand frei, ich wische mir übers Gesicht, ich spucke den Schnee aus dem Mund. Ich bin völlig durchnäßt, ich schlottre vor Kälte und glühe zugleich vor Anstrengung, mich aus der Umklammerung dieser unbarmherzigen Fäuste zu befreien. Es gelingt, Glied um Glied, der linke Fuß ist wie in Gips eingeschlossen, ich zerre ihn mit beiden Händen heraus, des Schmerzes nicht achtend. Ich krieche aus dem Bett, ich tappe im Finstern, mit bloßen Füßen. Ich taste die Gegenstände ab, mit unbeholfenen, erstarrenden Händen, aber die Unordnung verwirrt mich noch mehr, ich kenne mich überhaupt nicht mehr aus; es ist für einen Schlaftrunkenen in einem vertrauten Raum schon schwer, Richtung zu halten, aber hier erst, zwischen umgestürzten Stühlen und queren Tischen, eingemauert im Eis, mit nackten Füßen im zerworfenen, glasharten Schnee! Natürlich habe ich den Lichtschalter gesucht, aber es ist eine sinnlose Sucherei, ich werde immer kopfloser.

Ich nehme mich plötzlich zusammen, ich sage laut vor mich hin: Nur Ruhe! Und jetzt finde ich den Lichtschalter wirklich. Ich drehe ihn mit klammen Fingern, aber es ist vergebens. Es bleibt stockdunkel. Ich kämpfe meine Erregung nieder. Ich werde doch zum Teufel eine Zündholzschachtel auftreiben. In der Rocktasche ist eine, im Rucksack. Ich wandre also wieder im Zimmer herum, meine Füße schmerzen mich, es ist nirgends ein trockenes Plätzchen zu ertasten. Aber auch nirgends die Spur von einem Kleidungsstück oder von einem der drei Rucksäcke.

Aber den Türgriff habe ich unvermutet in der Hand. Ich drücke ihn nieder, ich rucke und reiße. Oben geht wippend ein Spalt auf, aber unten weicht die Türe nicht einen Zoll. Ich fange an, scheußlich zu frieren, ich kann kaum noch stehen. Aber es ist wenigstens nicht mehr so undurchdringlich finster, die Augen gewöhnen sich an die Nacht, ich sehe gegen das matte Viereck des Fensters den grau-geballten Schnee und die schwärzlichen Umrisse der durcheinandergeworfenen Möbel. Ich stolpere also gegen den blassen Schein, und schon fahre ich mit der ausgestreckten Hand in die Glasscherben. Ich blute. Ich heule aus Verzweiflung, so herumzulaufen, wie ein blinder Maulwurf. Und mit einemmal wird mir klar, daß meine Lage weit ernster sein kann, als ich bedacht habe. Ich weiß ja nicht, wieviel Uhr es ist. Es kann elf Uhr sein, und die anderen sind ahnungslos auf dem Weg in die Mette. Oder ist es schon gegen Morgen – und die Lawine hat die Heimkehrenden in der Gaststube drunten überrascht, und sie sind schon tot, während ich hier oben auf ihre Hilfe warte?

Ich überlege, ob ich schreien soll. Es hat wohl keinen Sinn. Wenn die Lawine niemand wahrgenommen hat, dann hört auch keiner mein Rufen. Aber ich will doch nichts unversucht lassen. So wunderlich es klingen mag, ich muß erst eine drosselnde Beschämung überwinden, ehe ich mich richtig zu schreien getraue. Dann tut es freilich gut, die eigene Stimme zu hören. Ich rufe sechsmal, wie es die Vorschrift ist; dann schweige ich und horche... Lautlose, schwarze Stille. Der Vers fällt mir ein und geht mir nicht aus dem Kopf: »Wie weit er auch die Stimme schickt, nichts Lebendes wird hier erblickt!« Das ganze Gedicht rast in wirbelnden Fetzen durch mein Hirn, ich ärgere mich über den Blödsinn, es nützt nichts: »So muß ich hier verlassen sterben.« Ich bin nahe am Weinen und lache zugleich, ich setze zu neuem Rufen an – da höre ich irgendwo aus dem Hause eine Uhr schlagen.

Nie habe ich so bang auf einen Uhrenschlag gelauscht: Eins, zwei, drei – vier! Und dann voller und tiefer: Eins – zwei...

Und jetzt vernehme ich rufende Stimmen und sehe den huschenden Schein von Laternen draußen über den Schnee gehen. Meine Brüder haben mir später erzählt, daß ich immer wieder gebrüllt hätte: »Eine Lawine, eine

Lawine!« – als ob sie es nicht selber gesehen hätten, was geschehen war.

Sie sind dann von rückwärts ins Haus gedrungen und haben die Tür eingeschlagen. Ich habe meinen älteren Bruder noch mit erschrockenem Gesicht auf mich zukommen gesehen, dann hat mich das Bewußtsein verlassen.

Wie ich wieder aufgewacht bin, da bin ich auf den Kissen und Decken in der Stube des Wirts gelegen, und am Christbaum haben die Kerzen gebrannt. Das ist freilich nur so gewesen, weil das Licht nicht gegangen sei, aber für mich hat es doch eine tiefe und feierliche Bedeutung gehabt. Meine Brüder sind besorgt und doch lächelnd dagestanden, und jetzt ist auch der Wirt mit einem Krug heißen Weins gekommen, ich habe wortlos getrunken und bin gleich wieder eingeschlafen.

Am Vormittag bin ich dann überraschend munter gewesen, nur meine Füße haben mir weh getan und die Hand, die ich mir mit den Glasscherben zerschnitten habe. Ich bin in allerhand drollige Kleidungsstücke gesteckt worden, und wir haben lachen müssen über meinen wunderlichen Aufzug. Meine eigenen Sachen sind noch im Schnee vergraben gewesen. Beim Frühstück, das zugleich unser Mittagessen war, denn es ist schon spät gewesen, ist es dann ans Erzählen gegangen. Ich habe zu meiner Überraschung gehört, daß zwischen dem Losbruch der Lawine und der Heimkehr meiner Brüder kaum mehr als eine Viertelstunde gelegen ist. Die Pilger haben, fast schon bei den ersten Häusern des Dorfes, einen wehenden Schein gesehen und später noch ein dumpfes Poltern gehört. Sie haben daraufhin wohl ihre Schritte beschleunigt, aber keiner, auch der Wirt nicht, hat sich denken können, daß die Lawine so stark gewesen ist, wie sich nachher gezeigt hat.

Nach dem Essen haben wir die Verwüstungen angeschaut, die die Staublawine angerichtet hat. Im Erdgeschoß sind die Räume gemauert voll Schnee gestanden. Vom Gesinde, das hier schläft, wäre nicht einer lebend davongekommen. Sie sind aber alle in der Christmette gewesen. Im ersten Stock waren die Fenster eingedrückt, oft mitsamt den Fensterstöcken. In manche Zimmer hat man bloß von außen mit einer Leiter einsteigen können. Der Schnee, der leichte Schnee, der wie ein Geisterhauch hingeweht ist, jetzt ist er zu Eis gepreßt gewesen, der Luftdruck hat ihn mit Gewalt in alle Winkel geworfen.

Wir haben von dem geschwiegen, was uns zuinnerst bewegt hat. Wir haben sogar gescherzt, wie wir unsere Kleider und unsre Habseligkeiten aus dem Schnee gescharrt haben, soweit sie noch zu finden waren, oft genug an entlegenen Orten. Am Nachmittag sind wir talaus gewandert, der Wirt war in seinen Räumen beschränkt, ihm ist nur die leidlich erhaltene Rückfront seines Hauses geblieben.

Wie wir zu ihm getreten sind, um nach unserer Schuldigkeit zu fragen und um Abschied von ihm zu nehmen, hat er grad eine Scheibe in den Rahmen gekittet. Er hat angestrengt auf seine Arbeit geblickt, wohl nur, damit er mich nicht noch einmal hat anschauen müssen. Fürs Übernachten, sagte er mit brummigem Humor, könnte er billigerweise nicht was verlangen, denn übernachtet hätten wir ja wohl nicht. Aber wenn einer der Herren einen Stutzen Geld übrig hätte, könnte er gern was in den Opferstock von Kaltenbrunn legen, zum Dank, daß der Herrgott in der Christnacht so viele Engel unterwegs gehabt hätte: ein gewöhnlicher Schutzengel hätte vielleicht nicht genügt diesmal.

Er ist weggegangen, ehe wir ihm die Hand geben konnten. Am Abend sind wir in Kaltenbrunn gewesen und haben uns für die Nacht einquartiert. Die Kirche ist hoch über dem Dorf gestanden, kaum hat sich die weiße Wand vom weißen Schnee abgehoben in der Finsternis. Aber die Glocken haben gerade den Feierabend eingeläutet. Ich bin die hundert Stufen hinaufgestiegen und habe den Mesner gesucht; aber er ist nirgends zu finden gewesen, die Glokken waren still.

Da bin ich wieder, wie damals vor Jahren, an der verschlossenen Kirchentür gestanden; freilich nicht einen Tag zu früh, sondern einen Tag zu spät. Und doch inbrünstig diesmal vor der Gnade, daß ich so habe stehen dürfen und daß es nicht zu spät gewesen ist für immer.

Die Perle

Der junge Mann, genauer gesagt, der dreißigjährige, sogar ganz genau, denn heute hatte er seinen Geburtstag, ging an einem reinen Frühsommerabend des Jahres neunzehnhundertdreiundzwanzig durch die große Stadt. Er trug einen grauen Anzug mit einem leicht hineingewobenen grünen Muster, einen dieser feschen Anzüge, an die man sich wohl noch als Greis gern erinnert, wahrscheinlich nur, weil die schönen Jugendjahre mit in die Fäden geschlungen sind; er hatte ein rundes Hütlein auf, nach Art der Maler und Dichter – und so was wird er schon gewesen sein – und wippte ein Stöckchen, wie es damals, bald nach dem ersten Krieg, Mode war, schon ein bißchen lächerlich und stutzerhaft, aber nicht so völlig unmöglich, wie es heute wäre, kurz nach dem zweiten Weltkrieg und vielleicht nicht zu lang vor dem dritten, mit einem Spazierstöckchen herumzulaufen aus Pfefferrohr mit einem Griff aus Elfenbein.

Der also wohlgekleidete Herr war fröhlich, nicht immer, gewiß nicht, er konnte unvermutet voll schwärzester Schwermut werden, aber jetzt, bei seiner Abendwanderung, die Maximilianstraße hinauf, gegen den Fluß zu, war er vergnügt, denn zu Freunden ging er ja, und nichts Geringeres hatte er vor, als mit ihnen, in der kleinen Wohnung hoch über der Isar, seinen Geburtstag zu feiern, lustig und wohl auch üppig, an der tollen Zeit gemessen, in der die Mark davonschwamm in einem Hochwasser, in dem alles dahintrieb, in dem jeder unterging, der sich nicht zu rühren verstand und sich tragen ließ.

Morgen konnte auch er untergehen, aber heute hatte ihn die Flut getragen, wunderlich hatte sie ihn hinaufgehoben. Zwanzig Schweizerfranken war er am Morgen wechseln gegangen, ein Freund aus Bern hatte sie ihm geschickt. Die Taschen voller Papiergeld, hatte er zuerst den böhmischen Schneider bezahlt, den buckligen Verfertiger des flotten grauen Anzugs, den er trug. Dann hatte er noch ein Paar Schuhe gekauft, die jetzt neu an seinen Füßen glänzten; Zigarren hatte er besorgt, Schokolade, zwei Flaschen Schnaps. Und mittags, als er nach Hause kam, waren ein paar Leute beisammengestanden um einen blassen, ausländischen Burschen, der vier Dollars anbot und keinen Käufer fand. Wahrhaftig, mit dem Rest seines Geldes hatte er die vier Dollars erworben, der Jüngling aus Serbien oder Rumänien war mindestens drei Tage hinter der Weltgeschichte zurückgeblieben gewesen. Seine Schuld – *er* hatte ihm ja gegeben, was er verlangt hatte.

Alles geschenkt, Anzug, Schuhe – *heute*. Morgen vielleicht alles genommen, alles verspielt, bis eines Tages doch der ganze Wirbel ein Ende nehmen mußte, wie alles ein Ende nimmt, wenn man nur Zeit und Geduld hat, es abzuwarten.

Wie hätte der junge Mann wissen sollen, damals, daß der erste Zusammenbruch so viel schöner war als der zweite, den er erleben würde, nicht mehr jung und unbekümmert, nein, als Fünfziger, mit ergrauendem Haar und ohne Hoffnung; daß es nur die Hauptprobe war zu einer schrecklichen Uraufführung – oder sollte auch das erst das Vorspiel sein zu dem Schauer- und Rührstück: »Weltuntergang«, das zu spielen, bis zum schrecklichen Posaunen- oder Schweigensende zu spielen, der Menschheit von Anbeginn an vorbehalten ist, aber niemand weiß, wann es über die Bühne geht.

Jedenfalls, der junge Mann bummelte dahin, die Maximilianstraße bauchte sich aus zu einer grünen und rötlichen Anlage; grün waren die Beete und die Bäume, rötlich die steifen spitzbogigen Paläste, und grün und rötlich waren auch die Kastanienbäume, lachsrot all die tausend Kerzen; und weiß und rötlich war das Pflaster, der Asphalt, an sich war er grau und rauh wie Elefantenhaut, aber die Blüten, die abgefallenen, winzigen Löwenhäuptchen, bedeckten ihn, daß der Fuß im Schuh das Weiche spürte, es war ein glückliches Gehen in dem Schaum und Flaum, die Weichheit des Fleisches war darin und fleischfarben war ja auch dieser Schimmer, die ganze Straße entlang.

Die Sonne war im Rücken des Schreitenden, von hinten her schäumte das Licht, vor ihm, hoch überm Fluß, funkelten die Strahlen in den Fenstern des Maximilianeums – den Zungenschlag könnte einer kriegen bei dem Wort, dachte der Mann, es flog ihm nur kurz durch den Kopf, wie eines der Blütenblätter, die vorbeiwehten, an sich dachte er an etwas anderes und an was hätte er denken sollen, an was sonst an diesem Frühsommerabend, als an Frauen?

Denn Frauen auch wehten an ihm vorbei, Mädchen, in leichten und bunten Gewändern, sie kamen ihm entgegen, von der Sonne angeleuchtet, lichtübergossen; und wenn er sich umwandte, sah er ihre Beine durch das dünne Gewebe der Kleider schimmern, schattenhaft leise; das Erregende, die sinnliche Glut gab erst sein Blick dazu, die Begierde seiner Augen, der er sich ein wenig schämte und die er doch genoß, während er sich selbst ausschalt: eitel, lüstern, gewöhnlich. Zwanzig Jahre später, wir wissens, er wußte es nicht, wird er wieder, oder: noch immer durch die Maximilianstraße gehen, viele gehen dann nicht mehr, die jetzt noch dahineilen durch den glücklichen Abend und nach den Füßen der Weiber schielt keiner mehr, selbst die Jungen kaum, andre Dinge haben sie im Kopf, auf die Trümmer der geborstenen Häuser schauen sie, die zum erstenmal im unbarmherzigen Licht stehen, auf die ratternden Panzerwagen der Sieger, die von weit drüben gekommen sind, übers Meer, aus fremden Städten und die bald in München satter und fröhlicher daheim sein werden als die Münchner selber, die nur noch am Rande leben, hohläugige Schatten. Und sie erinnern sich, dann, im Jahr fünfundvierzig, daß, ein halbes Jahr früher, als noch der Schnee lag, zerlumpte Gestalten hier an offenen Feuern saßen, um die Weihnachtszeit, wie die Hirten auf dem Felde, in der Schuttwüstenei, Russen, Mongolen, Tataren – wunderlich, höchst wunderlich, in dem gemütlichen München... Aber getrost, an die Amerikaner wird man sich gewöhnen, man wird kaum aufblicken, wenn sie nun vorüberfahren, nicht mehr in rollenden Panzern, sondern in schweren, blechblitzenden Wagen; und die Russen sind nicht mehr da, die gefangenen Russen, schon lange nicht mehr, aber sie stehen als eine drohende Wolke im Osten und darüber, ob sie kommen, oder ob sie nicht kommen, werden die Menschen reden, fahl vor Angst und hungrig und matt, wie sie sind; sie werden nicht viel Lust haben, nach Frauen auszuspähen, die Jungen nicht und die Älteren erst recht nicht. Und die Zeit wird weiterwuchern, die Menschen werden morgen vergessen, woran sie sich eben erst schaudernd gewöhnten, durch den Urwald der Jahre werden sie gehen, und was der Dreißigjährige mit siebzig Jahren denken wird, das kann noch niemand sagen; und nur ein später Leser dieser Geschichte mag es noch hinzufügen, mit Lächeln vielleicht, wenn er noch lächeln kann.

An Frauen also dachte der Mann, und mit Lust obendrein, denn was mag schöner sein, als zu Freunden zu gehen, in Erwartung eines heiteren Abends, und im Herzen süße Gedanken zu schaukeln an eine Geliebte, oder, sagen wir es genauer, an diese und jene, die es vielleicht werden könnte für die nächste Zeit oder für immer.

Der Mann war jetzt am Fluß angekommen, an der Isar,

die sich unter dem Joch der schönen Brücke zwängte und dann weiß schäumend, kristallklar über eine Stufe hinunterstürzte, halb im Schatten schon und vom Licht verlassen, und die dann weiterzog, grün im Grünen, edlen und harten Wassers, noch einmal ins Helle hinaus, unter dem lavendelblauen, ja, fast weißen, rahmfetten Himmel hin.

Er stellte sich an die Brüstung, er schaute hinab auf den tosenden Fall, wie die Flut zuerst Zöpfe flocht und Schrauben drehte, alles aus Glas, das dann zerbrach, am Stein zerhackt, übereinander in Scherben stürzend, zu Dampf zermahlen, in Fäden triefend, von Luft schäumend aufgeworfen, bis es wieder hinausstieß, wie Tafeln Eises zuerst aneinandergeschlagen, zuletzt aber glatt, wie in kalten Feuern geschmolzen, in einer großen Begier des Fließens.

Das Wasser macht die Traurigen froh und die Fröhlichen traurig, mit der gleichen ziehenden Gewalt, mit dem Murmeln derselben Gebete und Beschwörungen; und der Mann, der ja leichten Herzens gewesen war, spürte das, wie er immer schwerer wurde; und da er unterm Betrachten des Wasserfalls nicht aufgehört hatte, an Frauen zu denken, so wurden seine Gedanken an Frauen dunkler, es schwand ihm die kühne Zuversicht, der Wille löste sich auf, zu werben und zu besitzen, laß fahren dahin, dachte er und gab so die Liebe selber dem Wasser preis und schickte sie hinab in das Vergängliche.

Sobald er den Blick wieder abwandte vom Rinnenden, erholte sich sein Gemüt, in den Sinn kams ihm, wie gut er hier stand, an der nobelsten Stelle von ganz München, und in bester Laune bog er nun in die Uferstraße ein, unterm schon dämmernden Dach der Ahornbäume schritt er dahin, mehr nun der Männer gedenkend als der Frauen, die Freunde vorschmeckend und ihre Heiterkeit, den Wein auf der Zunge spürend, übermütig spielend mit der Voraussicht, daß sie den Doktor, den Wirt, ein zweites, ein drittesmal gar in den Keller hinuntersprengen wollten, damit er, von ihren Spottreden gestachelt, mit saurer werdender Miene immer süßeren Tropfen heraufhole, mühsam genug, bis hoch unters Dach, wo sie sitzen wollten und zechen, bis die Sterne bleicher würden...

Der Dreißigjährige wippte jetzt wieder sein Stöckchen, er ging tänzerleicht, und an und ab schaute er auf den Boden, kindisch vor sich hin pfeifend. Da sah er ein glänzendes Ding liegen, bestaubt, aber doch von opalnem Schimmer. Sieh da, sagte er halblaut zu sich selber, welch ein Glück, eine Perle zu finden. Die Reichtümer Indiens legen sich mir zu Füßen!

Die Perle war groß wie ein Kirschkern, eher noch größer, wie eine Haselnuß, rund ohne Fehl. Kunststück, dachte er, mit dem Wort spielend, Kunst-Stück, Gablonzer Ware, Wachsperle, Glasfluß, was weiß ich... Und er setzte sein Stöckchen dran, es bog sich leicht durch und eh er sichs versah, flog die Perle, von der Schnellkraft des Rohres getroffen, in einem einzigen flachen Bogen davon, an den Ranken des wilden Weins vorbei, die dort in den Fluß hinunterhingen, hinaus ins Wasser.

Der Mann lachte, über solch unfreiwillige Golfmeisterschaft belustigt, er wünschte den Isarnixen Glück zu dem zweifelhaften Geschenk, sie solltens hinuntertragen bis zur Frau Donau, wenn sie sich nicht derweilen schon selbst im Wasser auflöste, die falsche Perle, die nun dahintreiben mochte zwischen Wellensmaragd und Katzengold, unecht, trügerisch alles miteinander, in bester Gesellschaft.

Er war nun auf der Höhe des Hauses angekommen, aber viel zu früh noch, wie ihm ein Blick auf die Uhr bewies, und so hatte er noch Zeit genug, in die Isar zu schauen, bis die andern kamen, er mußte sie ja sehen auf der noch hellen, fast leeren Straße.

An Frauen zu denken, lag heute wohl in der Luft und so wob auch er schon wieder an der alten Traumschnur, aber die Perle knüpfte er mit hinein, ein geübter, bunter Träumer, wie ers war, viele Perlen und je länger er ins

Fließende sah, kamen auch Tränen dazu, süße und bittere.

Wenn das Ding nicht so unglaubwürdig groß und ohne Makel gewesen wäre... Der erste Zweifel probte seinen Zahn an ihm: Ist da nicht neulich erst etwas in der Zeitung gestanden, von einem Platinarmband, das ein Arbeiter gefunden hat? Lachend hat ers für ein paar Zigaretten hergegeben. Wenn so was echt wäre, hat er gemeint, müßts ja hunderttausend Goldmark wert sein – also ists falsch: eine großartige Logik. Hat nicht Mazarin, der spätere Kardinal, kalten Herzens einem armen Amtsbruder einen kostbaren Schmuck für einen Pappenstiel abgehandelt? »Glas natürlich, mein Lieber, was denn sonst als Glas?« Und hat er, der Perlenfinder, nicht selbst ein riesiges Goldstück in der Tasche herumgetragen, wochenlang, und es aus Jux als Hundertmarkstück hergezeigt, bis es ihm ein Kenner als echte Schaumünze erklärt – und dann für einen Haufen Papiergeld abgedrückt hat?

Der Zweifel hatte sich durchgebissen. Das Blut schoß dem Mann in heißer Welle hoch: Die Perle war echt, sie konnte echt gewesen sein.

Natürlich waren das lächerliche Hirngespinste. Tatata! Er mußte ja wohl nicht gleich mit allen Neunen umfallen, wenn der Teufel sich den Spaß machte, auf ihn mit einem Glasschusser zu kegeln.

Gleichviel, der Traum ging weiter: Angenommen, die Perle war echt... Hätte er sie zurückgegeben? Selbstverständlich – nun, selbstverständlich war das nicht... Nach Berlin wäre er gefahren, noch besser, nach Paris... Im Schatten der Vendôme-Säule, die kleinen Läden ... er lächelte: ausgerechnet er, der Tölpel, würde sich da hineintrauen, um eine Perle von verrücktem Wert anzubieten; über die erste Frage würde er ins Gefängnis stolpern. Also doch besser: zurückgeben – aber wem? Wer konnte sie verloren haben? Herrliche Frauen stellte er sich vor; eine Engländerin, wie von Botticelli gemalt, würde des

Weges kommen, jetzt gleich, die Augen suchend auf den Boden geheftet. Wie ein Gott würde er vor sie hintreten. »Please!« würde er sagen, mehr nicht, denn er konnte kein Englisch. Trotzdem, es würde eine hinreißende Szene werden; die süße Musik aus dem Rosenkavalier fiel ihm ein – ja, so würde er dieser Frau die Perle überreichen. Wars nicht besser eine Dame des französischen Hochadels – wenn er sie sich schon heraussuchen durfte – eine Orchidee von einer Frau: und auf französisch würde er wohl einiges sagen können. »Voilà«, würde er sagen; und jeden Finderlohn edel von sich weisen. »Madame, Ihre Tränen getrocknet zu haben ist meinem Herzen genug.« »Avoir« – was heißt trocknen? »Avoir séché vos larmes...« Er lachte sich selber aus: solchen Mist würde er reden, da war es schon besser, die Perle war noch falscher als sein Französisch und seine Gefühle. Und wenn sie echt war, die Perle, die kirschengroße, untadelige: wem gehörte sie dann anders als so einem halbverwelkten amerikanischen Papagei – immerhin, ein paar Dollars auf die Hand wären auch nicht übel...

Und schon erlaubten sich seine Gedanken, in den alten Trott zu verfallen und ein paar Runden das schöne Kinderspiel vorzuexerzieren: »Ich schenk dir einen Taler, was kaufst dir drum?«, bis er sie unwillig aus dem Gleis warf.

Hanna war ihm eingefallen, auf dem Umweg über diese lächerliche Perle: und zwar das, daß er auch *sie* nicht geprüft hatte, mit liebender Geduld, sondern weggestoßen in der ersten Wallung gekränkter Begierde. Und hier und heute, hinunterblickend in den nun rasch sich verdunkelnden Fluß, gestand er sichs ein, daß er mehr als einmal erwogen hatte, ob sie nicht doch echt gewesen war, Hanna, die Perle – und ein kostbarer Schmuck fürs Leben. Und vielleicht – fing er wieder zu grübeln an – wenn sie geringer gewesen wäre und nicht so unwahrscheinlich makellos; aber das wars ja wohl, was ihn scheu gemacht hatte:

eine Blenderin, eine kalte Kunstfigur mußte sie sein, denn der ungeheure Gedanke, daß sie ein Engel sei, war nicht erlaubt. Grad so gut konnte die Perle echt gewesen sein. Ach was – Spiegelfechterei der Hölle, genug – dort kamen die Freunde.

Ja, die Freunde, sie kamen, und in einem Springquell von Gelächter stiegen sie alle zusammen zur Wohnung des Doktors empor. Der empfing sie mit brennender Lunte und vollen Flaschen, und im Trinken, Rauchen und Reden wurde es ein Abend, wie er so frei und schön selbst der Jugend nicht immer gelingt, wenn sie Wein hat und Hoffnung auf ein noch einmal gerettetes Leben.

Und bis die Mitternacht da war, hatten sie mancher Woge berauschter Lust sich überlassen und dann wieder manches tiefsinnige Wort still hinter den Gläsern gesprochen und angehört, und nun weissagten sie und redeten in Zungen und sie sahen vieles, was verborgen ist, und viele, die nicht mehr sichtbar sind nüchternen Augen. Sie witterten, ans Fenster tretend und hinunter spähend auf den schwarz und weiß rauschenden Fluß und hinauf in die wandernden Sterne, das Feuer über den Dächern, sie schwuren sich, daß der Tod sein Meisterstück noch nicht gemacht habe, und sagten einander mit der erschreckenden Klarheit des Trunkenseins auf den Kopf zu, daß er sie noch zu einem besonderen Tanze holen wolle.

Gegen zwei Uhr aber mußte der Doktor wirklich noch zum drittenmal in den Keller, und die wütenden Zecher bedrängten ihn, daß er vom Besten bringen sollte, er wüßte schon, welchen. Der Hauswirt wehrte sich lachend, er denke nicht daran, seine Perlen vor die Säue zu werfen.

Da fiel unserm Mann die Perle wieder ein, vom Spiel des Worts heraufgeholt, rollte sie in sein Gedächtnis, er hielt die flache Hand in die lärmende Schar, als könnte er das Kleinod zeigen, und: »denkt euch«, rief er, »eine Perle habe ich diesen Abend gefunden, groß wie eine Walnuß, rund wie der Mond, schimmernd und schön wie –«

– »Wo ist sie, wo ist sie?« schrieen alle auf ihn ein, nur, um ihrer Hitzigkeit Luft zu machen. »In der Isar!« lachte er, »bei den feuchten Weibern – den grüngeschwänzten Nixen hab ich sie geschenkt!«

»Großherziger Narr!« rief da der Doktor, der schon in der Tür stand und nun eilig zurücklief, einen fassungslosen Blick auf den Erschrockenen werfend. »Ja, Unseliger, hast du denn die Zeitung nicht gelesen?« Und er wühlte mit zitternder Hand ein Blatt aus einem Stoß Papiers, schlug es auf und las mit erregter Stimme: »Hohe Belohnung! Auf dem Weg vom Prinzregententheater zum Hotel Vier Jahreszeiten verlor indischer Maharadschah aus dem linken Nasenflügel...«

Sie ließen ihn nicht weiter flunkern, sie rissen ihm die Zeitung aus den Händen, suchten zum Scherz nach der Anzeige – nichts natürlich, keine Zeile, erstunken und erlogen das Ganze wohl, die dumme Perlengeschichte. »Aber blaß ist er doch geworden!« trumpfte der Spaßvogel auf und zeigte mit spottendem Finger auf den Perlenfinder; und der saß wirklich da, »als hätten ihm die Hennen das Brot genommen«, krähte einer, aber der war schon leicht betrunken. Und der Wein war wichtiger jetzt als die Perle, und der Gastgeber wurde in den Keller geschickt, mit drohenden Worten, und er ging auch und brachte vom Besten herauf, und der hielt sie noch beisammen, in ernsten, überwachen Gesprächen, bis die Morgenröte herrlich ins Zimmer brach und die erste Möwe weiß über den grün aufblitzenden Fluß hinstrich.

Von der Perle war nicht mehr die Rede und auch von den Frauen nicht, und so blieb es im Dunkel, ob die Perle echt gewesen war oder nur ein Glasfluß. Auch ob Hanna die Rechte gewesen wäre und ein einmaliger Fund fürs Leben, wurde nicht erörtert, wie es doch sonst oft besprochen wird, wenn Männer reden, in aufgeschlossener Stunde.

Nein, sie stritten über andere Dinge an diesem grauenden Morgen, um wichtigere, wie man zugeben muß, sie spähten nach dem Wege, den Deutschland, den die Welt gehen würde in den nächsten zehn, zwanzig Jahren, und bei Gott, sie kamen der Wahrheit so nahe, wie es ein denkender Mensch damals nur konnte, und es war eine schreckliche Wahrheit.

Daß aber ein Vierteljahrhundert später die satten Sieger durch das zertrümmerte, sterbende Reich fahren würden, in mächtigen, blanken Blechwagen, das war nicht auszudenken, auch für den schärfsten Verstand nicht, damals, nach dem ersten Kriege.

Ein solcher Wagen fuhr aber wirklich mit lautloser Wucht durch den klaren Sommerabend des Jahres sechsundvierzig den Fluß entlang und bog auf die Prinzregentenbrücke ab. Und es saß ein junges Ehepaar aus Chicago darin, der Mann, ein Offizier der Besatzungsmacht, steuerte selbst. An der Biegung aber, als der Wagen stoppen mußte, um andere vorbeizulassen, zeigte die Frau aus dem Fenster und sagte, hier irgendwo habe, vor Jahren, sie selber sei noch ein Kind gewesen damals, ihre Mutter auf dem Heimweg von einer Rheingoldaufführung – und sie habe durchaus zu Fuß gehen wollen in jener prächtigen Sommernacht – aus dem rechten Ohr eine Perle verloren, die Schwester von der, die sie jetzt als Anhänger trage. Und natürlich habe sich nie ein Finder gemeldet, denn um eine solche Perle habe man damals halb Deutschland kaufen können.

Heute, sagte der Mann und ließ den Wagen anziehen, denn die Straße war grade für einen Augenblick frei, heute würde man, soweit noch vorhanden, das ganze dafür bekommen; und lächelte ihr zu.

Am Brückengeländer aber lehnte ein Mann, er sah wie sechzig aus, er war wohl jünger, er trug ein rundes Hütchen und einen schäbigen grauen Anzug, der ihm viel zu weit war. Er schaute in den Fluß hinunter, er blickte in die leeren Fensterhöhlen des verbrannten Hauses gegenüber, und zuletzt ließ er seine traurigen, bitteren Augen dem glänzenden Wagen nachlaufen, bis der in dem Grün der Anlagen verschwand, über denen hoch und einsam der Friedensengel schwebt.

Die Hausiererin

Vor dreißig Jahren, so lange muß es her sein, denn ich war sechzehn damals, vor dem großen Krieg, im Urfrieden, wie wir ihn heißen wollen zum Unterschied von jenem trügerischen, nachher; vor dreißig Jahren also habe ich mit meinem Bruder eine Fußreise durch den Bayrischen Wald gemacht. Es ist Juli gewesen, glühender Sommer, so, wie es, meinen wir heute, gar keinen Sommer mehr gibt, kochender, weißhitziger, wälderkühler Juli, und die großen Ferien sind vor uns gelegen, endlos, kaum herumzubringen, schien es uns, ein tiefer Raum der Freude und der Bubenabenteuer, und die kleine Wanderfahrt stand am Rande des zaubrischen Kessels, viele Wochen noch waren hernach auszuschöpfen, der ganze August und der halbe September.

Wir sind von Passau mit dem Schiff bis Oberzell gefahren und dann über die Berge hinauf ins Böhmische, wieder heraus nach Eisenstein und an den Arber; zuletzt noch, weil wir nicht genug kriegen konnten und weil wir Füße hatten wie die Hirsche, sind wir noch in den Oberpfälzer Wald hinübergewechselt, bis Flossenbürg hinauf und Waldsassen, die gewaltige Burg zu sehen, gegen deren Wucht die Schlösser am Rhein, die ich später sah, nur Spielzeuge sind, und das herrliche Kloster, von dem mir freilich nur noch ein ungewisser, rosafarbener Schimmer von schwerem Prunk geblieben ist – aber dieses Verschmelzen macht ja oft die Erinnerung erst köstlich und gibt ihr den geheimnisvollen Goldglanz alter Bilder.

Nur in der Jugend nimmt der Mensch alles so lebendig

auf, wie wir's damals taten, wie hungrige Wölfe sind wir durch das Land gelaufen, schwere Wälder und düstere Seen, duftblaue Fernen und grüngrüne Wiesen, Felstrümmer und Ruinen voller romantischer Geschichten, bunte Kirchen und alte Städte, wie haben wir sie bestaunt! In den Bächen haben wir Forellen und Krebse mit der Hand gefangen, in Wirtshäusern sind wir nur sparsam eingekehrt, wenn es grad hat sein müssen, die Totenbretter haben uns einen unvergeßlichen Eindruck gemacht, wie sie still dagestanden sind an den Straßen der Lebendigen. Den Bauern aber und mehr noch den Köhlern und Pechbrennern im Wald, den Steinklopfern und besonders den Glasbläsern zuzuschauen, sind wir nicht müde geworden. Wenn die so im Feueratem ihrer Öfen standen und den zähen, rotglühenden Klumpen an ihren Rohren bliesen und schwangen, das war uns immer wieder ein Wunder, wie mir ja heute noch die kluge Dienstbarkeit dieses formwilligsten aller Stoffe ein unbeschreiblich holdes Geheimnis bleibt.

Im Grunde ist aber doch die ganze Fahrt zu einer schönen Wildnis der Erinnerung zusammengewuchert, aus blauem Feuerlicht und grüngoldner Dämmerung, mit all ihren Fichten und Granitblöcken und altem Gemäuer, mit Pilzen und Erdbeeren, mit Nattern und Faltern, mit Menschen und Märkten. Und nur, wenn ich Stifter lese, den ich damals kaum kannte und den ich seither, im zunehmenden Alter, erst liebgewonnen habe, dann wird der bunte Teppich, den ich mir damals wob mit Aug und Ohr und allen jungen Sinnen, wieder zu lebendigem Gewirk, ungeachtet der dreißig Jahre, die inzwischen vergangen sind, voller Waffenlärm, Not und zerreißender Schrecken, dieser dreißig Jahre, die mein und unser aller Leben geworden sind, seitdem.

Wunderlich, wie der Mensch nun einmal ist, zwei Erlebnisse sind mir besonders haftengeblieben, ungleich und drollig, wie nur je ein Paar gewesen sein mag: das eine nämlich, fast schäme ich mich, es zu sagen, daß wir in Eslarn das größte und beste Stück Rindfleisch bekommen haben, das ich je gegessen zu haben meine – und das andere jene Begegnung mit der Hausiererin und ihre Geschichte, die uns gleich darauf von der Lammwirtin in Schöllau erzählt worden ist und in die wir auf eine seltsame Weise einbezogen worden sind.

Wir waren schon lange unterwegs gewesen und sahen gewiß nicht mehr zum besten aus, als wir am Abend in Schöllau einrückten, verschmutzt und verstaubt nach einem langen, heißen Marschtag. Und da ein gewaltig drohendes Gewitter blauschwarz am Himmel stand, überredeten wir einander leicht, für diesmal auf sparende Abenteuer zu verzichten und wieder so etwas wie einen bürgerlichen Abend einzuschalten.

Auf dem Dorfplatz, vor dem Wirtshause, das mit Lichtern und einem feuervergoldeten Lamm über der Tür freundlicher als sonst oft im Bayrischen einlud, stand eine mächtige, wie von uralter Gicht knotige und gebuckelte Linde, um die eine Bank lief. Auf die stellten wir unsere umfangreichen, von Kochgeschirr und allerlei Gerät klappernden Rucksäcke und machten uns daran, unsere Schuhe abzustauben, die Haare zu kämmen und überhaupt ein wenig zu verschnaufen, damit wir nicht wie Stromer, sondern doch einigermaßen als fahrende Schüler in die Gaststube träten. In der tiefen Dämmerung, die von der einen Seite her durch die Lampen des Gasthofes erhellt wurde, während die andere in um so dunklerem Schatten lag, zählten wir auch unsere bescheidene, auf traurige Reste zusammengeschmolzene Barschaft, um uns vor der Überraschung zu sichern, einer vielleicht ungewohnt hohen Forderung nicht gewachsen zu sein. Mit anderthalb Mark auf den Kopf war, unserer Erfahrung nach, zu rechnen, und vier Mark waren es, die wir, wenn wir auch die kleine Münze zusammenkratzten, noch unser eigen nannten.

Der kommende Tag und der Ausgang der Reise machte uns wenig Sorge, da wir bis zum Abend leicht Tirschenreuth zu erwandern gedachten, wo ein entfernter Vetter als Amtsrichter wohnte, der uns wohl aushelfen würde. Für heute allerdings konnten wir keine großen Sprünge machen, und schier war es ein Wagnis, das Wirtshaus zu betreten.

Unterdes war die Wolkenwand hoch hinaufgestiegen, ein lauer Wind hatte sich erhoben, und ein Seufzen und Ächzen ging durch den großen Baum. Meinem Bruder hatte sich, da wir schon das Gepäck aufnahmen, das Schuhband gelöst, und als er es nun knüpfen wollte, zerriß es, und, wie aus seiner wüsten Beschimpfung des unschuldigen Dings zu vernehmen war, heillos und endgültig. Vergeblich mühte er sich, es noch einmal zu knoten, doppelt ungeschickt in der Finsternis und im Zorn über mein mitleidloses Gelächter. Da hörten wir dicht neben uns eine tiefe und harte Frauenstimme sagen: »Schuhlitzen hätt' ich gute, junger Herr!« Und wir gewahrten jetzt erst, daß auf der abgekehrten Seite der Bank eine alte Frau saß, wohl schon lange gesessen war, die nun durch ihre Worte und zugleich durch einen fahlen Wetterschein wie hergezaubert, ebenso rasch aber wieder ausgelöscht, einen gespenstischen, hexenhaften Eindruck auf uns machte. Vielleicht war auch sie es gewesen und nicht der Baum, was so geseufzt und gelispelt hatte, denn sie ächzte auch jetzt wieder im Dunkeln, als wäre ihr eine schwerere Last aufgebürdet als der mächtige, mit Wachstuch überschnürte Weidenkorb, den wir im jähen Licht neben ihr auf der Bank hatten stehen sehen.

Wir waren zuerst erschrocken, so nah, ohne es zu wissen, in eines Menschen Bereich gewesen zu sein, aber rasch faßte sich mein Bruder ein Herz und sagte, halb noch grollend über sein Mißgeschick, die Frau möge, wenn sie schon so wunderbarerweise als Engel in der Not geschickt sei, ihre Schnürbänder hergeben, zu einer solchen Ausgabe reiche zuletzt noch unser schmaler Beutel; und er fragte, was die Litzen kosten sollten. Wiederholte und stärkere Entflammungen des Himmels erleichterten den kurzen Handel, ließen uns auch die Greisin deutlicher erkennen. Sie war groß und hager, scharfen Gesichts und nicht unedler Züge, wie aus Luft und Feuer schien sie gemacht, die im Finstern Sitzende, von Blitzen Erhellte, schön mußte sie einmal gewesen sein, das war noch abzulesen von dürrer Stirn und welker Wange, und als sie sich jetzt erhob, war sie eine Riesin, eine Drude, gebieterisch stand sie da, aber ungewiß schien es, welchen Geistern sie geböte, guten oder schlimmen.

Mein Bruder fingerte zwei Zehner aus dem Geldbeutel, die Frau holte inzwischen ihre Senkel aus dem Korb, fünfzehn Pfennige, sagte sie und reichte die Ware herüber, fast gleichzeitig mit der anderen kralligen Hand das Geld fassend, Zug um Zug. Dann griff sie in ihre Tasche, offenbar, um den Fünfer herauszugeben, aber mein Bruder winkte ab und ging, die Bänder einzufädeln, gegen das hellere Haus zu, wo gerade ein vierschrötiger Mann mit lautem Schollern ein Bierfaß herauswälzte.

Ich schwang meinen Rucksack auf eine Schulter, nahm den meines Bruders in die Hand und war im Begriffe, ihm zu folgen, aber die Greisin, die magere Lederhand schier herrisch gegen mich ausgestreckt, tuschelte mir nach: Wenn der Große zu stolz sei, dann sei vielleicht der Kleine klug genug, und ich sollte das Geld nur nehmen, es laufe einem ohnehin selten genug nach in der Welt.

Ich habe damals vielleicht wirklich daran gedacht, es könnte, wenn es der Teufel wolle, auf jeden Pfennig ankommen, aber es war doch mehr Zwang und Verwirrung als der Wille, das Geld zu nehmen: unter ihrem herben, einschüchternden Drängen ergriff ich die Münze. Da merkte ich, daß es kein Fünfpfennigstück war, sondern eine blanke Mark, und erschrocken ging ich auf die Alte zu, ihr wiederzugeben, was mir nicht zukam. Aber sie wehrte ab, ängstlich zog sie die Hände an sich, nein, es sei kein Irrtum, aber ein junger Mensch dürfe doch wohl von einer alten Frau etwas annehmen, und Gott wolle es mir segnen, sagte sie und sagte es, eindringlich, ein zweites und drittes Mal, Gottes Segen auf diese Mark, sagte sie, daß es mir gar wunderlich vorkam.

Sie hob mit einem kräftigen Ruck ihren Korb auf den Rücken, seufzte tief auf und ging in die Nacht hinaus, ungeachtet der ersten, schweren Tropfen, die in diesem Augenblick, von einem stärkeren Blitzschein erfunkelnd, zu stürzen begannen. Mit der jäh wieder einfallenden Finsternis war auch sie verschwunden, wie in einer Verzauberung mich zurücklassend.

Sprachlos stand ich da, nicht einmal bedankt hatte ich mich für die Spende, die ich nicht zu deuten wußte.

Für einen armen Teufel bin ich späterhin noch mehr als einmal gehalten worden, und dann hatte es immer etwas Belustigendes gehabt in aller Beschämung. Aber damals, als Bub fast noch, war ich der Sache doch nicht recht gewachsen, sie war ja wohl auch geheimnisvoll genug. Jedenfalls, ich hatte die Mark in der Hand, zurückgeben konnte ich sie nicht mehr, so schob ich sie denn in die Tasche, und meinem Bruder sagte ich nichts davon.

Als wir jetzt in die Wirtsstube traten, in der an blankgescheuerten Ahorntischen nur noch ein paar Bauern saßen, wurde mir die Mark in der Tasche unversehens zu Fortunati Glückssäckel, und leicht bewog ich meinen knausernden Bruder zu kühneren Bestellungen, die freilich immer noch bescheiden genug waren und in einem Glas hellen Bieres für jeden gipfelten, das wir aus zinngedeckelten Gläsern tranken. Nach dem Essen, wie es so Sitte ist auf dem Lande, schlurfte die Wirtin herbei, einen guten Abend zu bieten und nach dem Woher und Wohin zu fragen, mit jener unverhohlenen Neugier, die dem Volke selbstverständlich ist. Mit Verlaub, sagte sie, das Strickzeug in der Hand, und nahm uns gegenüber Platz.

Wenn die Hausiererin vorhin aus Luft und Feuer gemacht schien, so waren Erde und Wasser die Elemente, denen die Wirtin untertan sein mußte. Breit und aufgequollen, saß sie da, viel jünger als jene Greisin, eine guter Vierzigerin vielleicht von einer etwas stumpfen Gutmütigkeit mochte sie sein, wie sie jetzt Bericht verlangte und selber gab, so, Studentlein wären wir, aus München, und dort wäre sie auch gewesen, vorzeiten, als Köchin beim Radlwirt in der Au, den müßten wir ja wohl kennen.

Indes sie so sprach, hub draußen das Gewitter, das lange verzogen hatte, in prallen Güssen, die ans Fenster schlugen, im wilden Rauschzorn der Bäume und im feurigen Huschen der Blitze sich zu entladen an. Unser beider Gedanke galt sofort der Greisin, und mein Bruder sprach es auch sogleich jammernd aus, wie die Frau zu bedauern sei, die jetzt bei solchem Sturmregen so spät über Land gehe, wer wisse, wohin und wie weit noch.

Mit der Frau, sagte die Wirtin, und ihr Gesicht wurde auf einmal abweisend und hart, mit der Frau brauchten wir kein Mitleid haben. Und wir hätten gewiß auch keins mehr, wenn wir sie so gut kennen würden, wie sie, die Wirting, die alte Höltlin nun einmal kenne. Die müßte gar nicht über Land gehen, mit ihren siebzig Jahren, denn die wäre reicher als alle miteinander, die da in der Stube herinsitzen. Und wie wir nun zu erfahren begehrten, was es mit jener wunderlichen Frau auf sich habe, fing sie an zu erzählen von der Höltlin, die draußen vorm Wald ein Haus hat und früher einmal weitum im Bayerischen und Böhmischen bekannt gewesen ist. Sie hat da die alten Sachen aufgekauft, Truhen und Holzfiguren und Schüsseln, Seidentücher und Meßgewänder, nur das Beste und Schönste. Da ist sie dahinterher gewesen wie der Teufel hinter der armen Seele, und alles hat sie aufgeschnüffelt, wie wenn sie es riechen hätte können. Wo keiner von den anderen Händlern mehr was gefunden hat oder wo es ihm die Bauern oder der Pfarrer rundweg abgeschlagen haben, die alte Hexe hat es geholt. Das heißt, so verbesserte sich die Wirtin, die Erzählerin, alt ist sie damals noch nicht gewesen, es sind ihr sogar die Mannsleut nachgelaufen seinerzeit, aber sie hat für nichts anderes Sinn gehabt als für ihren Handel. Die ist nur in die Kirchen gegangen, wenn sonst niemand drin war, und hat die Gebetbücher nach schönen Heiligenbildern durchgefilzt oder hat geschaut, ob nicht wo ein Barockengerl ein bißl locker hängt, auf das keiner aufgepaßt hat. Und wenn wo ein altes Leut gestorben ist, dann war die Leiche noch nicht kalt, bis sie gekommen ist, um den Nachlaß zu erschachern.

Jedes Jahr, im Mai, im Juli und im Oktober, so berichtete die Frau, ist sie mit ihrem Mann und ihrem Buben nach München hinauf, zur Auer Dult, und ihr Stand ist der reichste und schönste gewesen, und es sind wegen ihr allein Leute bis von Berlin auf die Dult gekommen.

Die Höltlin ist aber selber ganz vernarrt gewesen in ihre schöne Ware, und ein boshaftes Luder war sie obendrein. Sie hat die besten Stücke ausgelegt, aber wenn wer nach dem Preis gefragt hat, dann ist sie bloß grob geworden; das wär' schon für wen aufgehoben, oder, ein Prinz wär' grad dagewesen, der Prinz Alfons, der hätte es gekauft. Und wenn sie die Leute genug damit geärgert gehabt hat, dann hat sie die schöne Ware wieder in die Kisten verpackt und hat herumerzählt, das gehe weit fort, ins Amerika.

Manche Schnurre wußte die Wirtin noch beizusteuern, so, daß einmal ein reicher Herr sich einen Spaß mit ihr gemacht habe; der habe einen schönen Walzenkrug stehen sehen, ein Lieblingsstück von ihr, das sie nur als Lockvogel hingestellt habe und das ihr nicht feil gewesen sei. Was der Krug kosten solle, habe er sie gefragt, und sie habe höhnisch gesagt, hundert Mark, und sie hätte gradsogut sagen können, er solle sich zum Teufel scheren. Aber der Herr habe kaltblütig einen blauen Lappen auf die Budel gelegt, und weil grad ein paar andere Händler dabeigestanden seien, habe sie nicht mehr zurückkönnen, und der Herr habe noch recht spöttisch gesagt, sie solle ihm den Krug ja recht vorsichtig einwickeln. Am liebsten hätte sie ohnehin alle zwei in Scherben geschlagen, den Krug und den Käufer dazu.

Die Wirtin, als sie das erzählt hatte, lachte mit einer

bösen Heiterkeit, bei der uns nicht wohl war. Aber ehe wir wußten, was wir sagen sollten, fuhr sie schon in ihrem Bericht fort, von dem Mann redete sie jetzt, verächtlich, von dem lausigen Krisperl, das von dem bösen Weibsteufel nur so gepufft und herumkommandiert worden sei, wer weiß, warum sie grad den geheiratet habe. Der habe, auf der Dult draußen, nur so dabeistehen dürfen, und wehe, wenn er gewagt hätte, selber was zu verkaufen oder auch nur einen Preis zu nennen. Wie ein Hund habe der Höltl folgen müssen, und wenn ihn die Frau wohin gestellt und drauf vergessen habe, dann sei er am Abend noch dort gestanden, bei Schnee und Regen. Wenn es dann Nacht geworden sei, habe sie ihn laufen lassen, zwei Mark habe sie ihm gegeben, zum Vertrinken. Und einmal wären es statt zwei Mark fünfe gewesen, weiß der Teufel aus was für einer Laune heraus, und die habe der Mann genauso gehorsam vertrunken. In der Nacht habe er dann, in seinem Rausch, ein offenes Fenster für ein Abtrittbrett gehalten, und hinterrücks sei er aus dem dritten Stock gefallen. Und wie sie ihn am anderen Tag in der Früh gefunden hätten, wäre gleich die Frau geholt worden, aber die, so wurde berichtet, hätte nur gesagt, der habe sich ja sauber in den Tod gesoffen um die fünf Mark. Und daran, daß sie jetzt eine Witwe war, hätte sie nicht schwer getragen.

Mein Bruder und ich, wir sind damals noch fast Kinder gewesen, aus einem wohlbehüteten Elternhaus, und die rohen Schrecken schwerer Zeiten, die nachdem gekommen sind, hatten uns noch mit keinem Anhauch getroffen. Wir lauschten beklommen, es war uns, als blickten wir in einen Abgrund, aber um so begieriger waren wir, seine fremden, schaudernden Tiefen auszumessen. Die Wirtin, unsere Spannung gerne gewahrend, ließ den Strickstrumpf sinken, horchte einen Augenblick in das schon vertosende Wetter und rückte dann, in der völlig leer und still gewordenen Stube, näher zu uns her, das sei alles nichts, sagte sie, was sie bisan erzählt habe, jetzt aber komme die eigentliche Geschichte. Der Höltlin ihr Sohn, fuhr sie fort, ist ein Taugenichts gewesen aus den Windeln heraus. Mit dem ist sie nicht so leicht fertig geworden wie mit ihrem Mann. Das Geld hat er ihr aus dem Kasten gestohlen, und später hat er ihr die schönste Ware davongetragen und heimlich verkauft. Sie hat aber an dem Buben einen Narren gefressen gehabt und hat es vor den Leuten nie zugeben wollen, daß ihr Sohn stiehlt. Da hätten die anderen Lumpen sich lustig machen können, meinte die Wirtin, und damit prahlen, daß man von der alten Höltlin nichts kaufen kann, aber vom jungen Höltl kriegt man's halb geschenkt. Und ganz Unverschämte hätten ihr solche Erwerbungen gar unter die Nase gehalten, einen Enghalskrug oder ein Stück gotischen Samt, und scheinheilig gefragt, ob sie denn das nicht für gut und echt halte, weil sie es so billig habe losschlagen lassen durch ihren Sohn. Das sei die rechte Hölle gewesen für die Frau; sie habe immer zugetragen, und der Bub habe davongeschleppt, und es sei wie ein Faß ohne Boden gewesen. Oft habe einer hören können, wie sie ihren Sohn laut verflucht hat, die Hände sollen ihm abfaulen, wenn er noch einmal was anrührt. Aber das Früchterl, das sie mit der bloßen Faust hätte niederschlagen können, habe eine wunderliche Gewalt gehabt über die Mutter, die sonst den Teufel nicht geforchten hat.

Dem jungen Höltl, erzählte die Wirtsfrau, und sie sagte es so kalt und leise, daß uns schauderte, dem sind dann wirklich die Hände abgefault, wie seine Mutter es ihm angeflucht hat. Wie er es gar zu arg getrieben hat, ist sie doch auf die Polizei, und die hat dann zuerst einmal den Hehlern das Handwerk gelegt. Der Bub aber ist gleich ganz schlecht geworden, er ist unter die Schwärzer gegangen und hat aus dem Böhmischen ins Bayrische und von da wieder hinübergetragen und getrieben, was ihm unter die Hände gekommen ist. Aber nicht lang. Schon im Herbst drauf ist er verschollen gewesen, und ein Grenzer hat gemeldet, daß er in der Finsternis auf einen geschossen hat, der nicht hat stehenbleiben wollen; man hat gleich alles abgesucht, aber es ist nichts gefunden worden.

Im nächsten Sommer erst sind Kinder vom Erdbeerzupfen heimgelaufen, ganz käsig und verschreckt, im Holz draußen läge einer so still und hätte auch auf ihr Rufen keine Antwort gegeben. Wie sie ihn dann geholt haben, ist es der junge Höltl gewesen, die Leiche war noch gut zu erkennen, ein wenig eingeschnurrt von der Hitze; bloß die Hände waren im Feuchten gelegen und waren abgefault bis auf die Knochen.

Die Höltlin habe zwar laut gesagt, daß es um den Bazi nicht schad wäre, aber es sei halt doch ihr einziger Sohn gewesen. Sie hat in ihrem Haus herumrumort wie ein Geist, und man hat oft die halbe Nacht ein Licht wandern sehen von Zimmer zu Zimmer, da ist sie ohne Ruhe hin und her gelaufen, hat ihre schöne Ware angeschaut und geweint und geflucht dazu. Der Sohn, der sie ihr gestohlen hat, ist tot gewesen, aber sein Wort ist lebendig geblieben übers Grab hinaus. Denn wenn sie ihm angewunschen hat, es möchten ihm die Hände abfaulen, dann hat er dagegengeschrien, und die Nachbarn haben es mehr als einmal gehört, ihr solle dafür das ganze Haus überm Kopf verbrennen mit all dem Gelump und sie selber dazu.

Seit sie den Sohn so gefunden hätten, sagte die Wirtin, sei die Höltlin nimmer auf die Dult. Sie kaufe nichts mehr, nicht das schönste Stück, aber verkaufen tue sie auch nichts, in ihr Haus lasse sie keinen Menschen hinein. Oft hätten ihr früher hämische Leute einen ahnungslosen Fremden geschickt, er könnte dort, bei der Witwe, preiswert was erhandeln. Solchen ungebetenen Gästen werfe sie zornig die Tür vor der Nase zu, und einem ganz hartnäckigen sei sie einmal mit einem brennenden Holzscheit bis auf die Straße nach. Der Mann habe später erzählt, sie hätte das glimmende Scheit in die nasse Erde gestoßen und ein Sprüchel dazu gemurmelt, ein ganz grausiges und wildfremdes. Aber wer weiß, ob das wahr sei.

Seit der Zeit handle die Höltlin, um sich durchzubringen, mit Hausierkram. Wenn sie nur einen einzigen Rauchmantel oder eine Figur hergeben wollte, möchte sie mehr Geld kriegen als für einen Monat, ja für ein halbes Jahr Herumlaufen. Aber es sei, als ob sie nichts hergeben dürfte, als ob sie alles, Stück für Stück, aufheben müßte für den Tag, an dem der Fluch von ihrem Sohn auf das Haus komme, mit allem, was darin ist. Und daß der Tag komme, und wenn sie hundert Jahre alt würde, das wisse sie selber, und das wissen die Leute alle. Aber Mitleid, so schloß die Erzählerin, die böse, kaltherzige, Mitleid brauche keiner zu haben mit der alten Hexe, sie sei ihr Leben lang geizig und hart genug gewesen. Der Herrgott tue keinem mehr, als was er verdient – und was sie mit dem Teufel habe, das sei ihre Sache!

Ich war ergriffen von dem Schicksal der alten Frau, und meinem Bruder mochte es nicht anders zumute gewesen sein. Wir schwiegen und schauten ratlos auf die Tischplatte. Die wirkende Gewalt des Fluches war uns bisher nur in Sagen und Gedichten begegnet, hier aber war sie eine schier selbstverständliche Wahrheit, mächtig unter leibhaftigen Menschen, die daran glaubten.

Mochte die andere eine Natter sein, die Wirtin war dann eine Kröte, wie sie nun schwerfällig aufstand, nach ihrer unheimlichen Geschichte, die sie vielleicht oft schon erzählt hatte, wer weiß, ob nicht einzig darum, daß sie das Mitleid abgrübe in jedem Herzen. Ich mißtraute jedenfalls ihrer selbstgerechten Biederkeit.

»Sie haben uns, Frau Wirtin«, ergriff ich stockend das Wort, »mehr von Unheil berichtet als von Schlechtigkeit; wenn die Frau wirklich so bös ist, dann ist sie gestraft genug, daß sie so leben muß in Zorn und Ängsten; sie hat das Fegefeuer schon auf Erden, und die arme Seele wäre jetzt schon eher ein Vaterunser wert als ein so strenges Urteil.«

Ich war schon daran, ihr von unserer Begegnung zu erzählen, aber sie kam mir zuvor. Ich wäre noch ein junger Mensch, sagte sie, und würde es schon noch verlernen, jedem barmherzig zu sein, der es nicht verdiene. Gestern vielleicht hätte sie noch mit sich reden lassen über die Höltlin, aber heute nicht mehr. Und sie fing, erboster als zuvor, eine neue Geschichte an.

Die Hexe, sagte sie, sei ja grad da herin gewesen, hier bei ihr in der Stube, und wenn sie, die Wirtin, noch daran gezweifelt hätte, daß die Höltlin ein schlechtes Mensch ist, jetzt wisse sie es gewiß. Um eine Mark habe sie sie geprellt, das habgierige Luder, das habgierige, zum Dank, daß sie ihr was abgekauft habe von ihrem schundigen Kram. Um sechzig Pfennige seien sie handelseinig geworden, und sie, die Wirtin, habe ihr die Mark da auf den Tisch gelegt. Die andere habe ihr die vierzig Pfennig herausgegeben und dreist die leere Hand aufgehalten und behauptet, daß sie die Mark noch nicht gekriegt hätte. Sie, die Wirtin, habe gesagt, da habe sie ja die Mark hergelegt, und daliegen tue sie nimmer, also habe die Höltlin sie wohl eingeschoben. Da sei sie ganz fuchsteufelswild geworden und habe alle Heiligen zu Zeugen angerufen, daß sie von keiner Mark etwas wisse. Mit ihr streiten, habe sie, die Wirtin, gesagt, wolle sie nicht, da könnte eines genauso gut mit dem Leibhaftigen selbst streiten; und sie habe eine zweite Mark vor die Höltlin hingelegt, die habe sie gewiß nicht übersehen können. Da sei die Mark, habe sie zu ihr gesagt, aber einen Fluch tue sie drauf, daß sie dem hundertfaches Unglück bringen soll und einen unseligen Tod, der sie zu Unrecht einsteckt; und der Herrgott dürfe zuschauen bei dem Handel. Und da habe das Weib gewinselt und gebettelt, die, die Wirtin, sollte den Fluch wieder wegtun von dem Geld, sonst kann sie es nicht nehmen. »Höltlin«, habe sie gesagt, »ich verfluche ja nur meine Mark. Wenn sie rechtens dir gehört, kannst du sie ja ruhig einstecken, dann hat ja der Fluch keine Kraft über dich.« Und da habe sie das Luder richtig in ihrer eigenen Schlinge gefangen: sie habe die Mark nehmen müssen, wenn sie es nicht selber habe zugeben wollen, daß sie sie um ihr Geld geprellt habe. Viel Freude würde sie an der Mark nicht haben – so schloß die Wirtin mit einem hämischen Lachen.

Zugleich stand sie auf, sie habe, sagte sie, uns lange genug aufgehalten, und ihre Frage, ob wir noch ein Glas Bier wollten, war eher eine Mahnung zum Aufbruch. Wir dankten denn auch und fragten nach unserer Schuldigkeit, alles in allem, da wir vielleicht morgen recht zeitig aufbrächen. Die Wirtin schaute uns abschätzend an: ob uns, für alles, zwei Mark zuviel wären? Wir wußten nicht recht, und das war uns peinlich genug, ob sie das für einen allein berechne oder für beide zusammen. Für alle zwei wäre es eine Bettelmannszeche gewesen, für einen allein war es, vor dem Weltkrieg, im hintersten Bayrischen Wald, nicht gerade billig. Mein Bruder, der das Geld einstecken hatte, war wohl der Meinung, es heiße zwei Mark für den Kopf zahlen, und legte drei Mark auf den Tisch, die vierte fischte er aus dem Kleingeld zusammen. Er bekam einen roten Kopf, es schien nicht mehr ganz zu reichen. Die Wirtin sagte, aber sie sagte es um einen Ton zu patzig, wenn wir so schlecht gestellt wären, gäbe sie sich mit dem Taler auch zufrieden, sie sähe schon, daß sie heute nicht zu ihrem Geld kommen sollte. Aber da hatte ich schon die Mark aus der Tasche geholt und legte sie schweigend zu den übrigen. Je nun, meinte die Wirtin, indem sie das Geld einstrich, wenn es die jungen Herren so nobel gäben, solle es einer Wirtin nicht ungelegen sein. Und so komme sie wohl auch, setzte sie listig lächelnd dazu, doch wieder zu der Mark, die sie bei dem Hexenhandel eingebüßt habe.

Mein Bruder, der doch wußte, wie abgebrannt wir waren, machte große Augen, als er das Geldstück sah, aber fürs erste erleichtert, steckte er seinen Beutel wieder ein. Ich aber fragte, von den wunderlichen Fügungen dieses Abends zutiefst betroffen, zweideutig die Wirtin, ob sie denn, da es vielleicht wirklich die Mark sei, die sie verflucht habe, keine Angst spüre, sie wieder einzunehmen. Sie lachte verlegen zu dem schlechten Scherz. Ob ich, meinte sie unsicher, damit sagen wollte, daß sie uns übernommen hätte. Das müßte sie selber wissen, gab ich ausweichend zur Antwort, jedenfalls sei sie, die Wirtin, jetzt in der nämlichen Verlegenheit, in die sie die arme Hausiererin gebracht hätte. Ich könnte ja, sagte ich lauernd, insgeheim von ihr, der Wirtin, das Geldverfluchen gelernt und eine kräftige Verwünschung auf die Mark gelegt haben. Ich ließ bei diesen Worten alles in der Schwebe, so daß die Frau, so unbehaglich es ihr war, die Anspielung doch für einen Spaß nehmen mußte, auf den nicht ernsthaft zu erwidern war. Ich hatte aber das Gefühl, daß sie ursprünglich nicht mehr als zwei Mark für uns beide hatte rechnen wollen, daß sie aber, als mein Bruder Miene machte, vier zu bezahlen, von Habgier erfaßt, rasch ihre Meinung änderte und daß ihr jetzt meine Anzüglichkeit doch recht das Gemüt beklemmte. Ziemlich unwirsch bot sie uns eine gute Nacht und rief die Magd, uns auf unsere Stube zu führen.

Die Kammer droben stand im vollen Mondlicht, das Wetter hatte sich verzogen, ein leichter Nachtwind schüttelte Tropfen aus der Linde, die vor unserem Fenster stand. Rasch zogen wir uns aus und schlüpften in die ächzenden Betten. Woher ich die Mark gezaubert hätte, wollte mein Bruder wissen. Ich ließ ihn raten. Es sei, meinte er, wirklich die Mark gewesen, die die Wirtin zuerst der Hausiererin gegeben, die sich koboldig verschlüpft habe – und ich hätte sie, vielleicht unterm Tisch, gefunden. »Fehlgeraten«, sagte ich, und schon im Einschlafen erzählte ich ihm in wenigen Sätzen, wie es sich zugetragen hatte. Neugierig sei er, sagte mein Bruder, wie das hinausginge mit dem Fluche; und ob ich nicht auch fände, daß vier Mark unverschämt viel verlangt sei, bei so schlechten Betten obendrein. Und warf sich, ohne eine Antwort abzuwarten, auf die andere Seite. Ich blies das Licht aus und schwieg; noch vieles bedenkend, trieb ich ins Ungewisse hinaus, in die schwere Tiefe des Schlafes. Da erklang noch einmal unerwartet die Stimme meines Bruders: »Da steckt irgend etwas dahinter«, sagte er; »die zwei Weiber, und ich drehe die Hand nicht um, welche mir die liebere ist, streiten um mehr miteinander als um ein Markstück.« Und dann waren wir beide wieder still. Der Mond schien herein, kaum konnte ich mich bergen vor seinem fließenden Licht. Aber ich schlief schon, da rief mich noch einmal mein Bruder wach: Ob ich, fragte er, an den Fluch überhaupt glaube? Ich murmelte nur irgend etwas, ich wüßte es nicht, und ich wußte es wirklich nicht, ich weiß es auch heute noch nicht, nach dreißig Jahren.

Jedenfalls, von der Hausiererin haben wir nie mehr etwas gehört, der nächste Tag galt neuen Zielen, auch die Wirtin sahen wir nicht mehr, als wir, mit dem frühesten, aufbrachen. Aber sechs, sieben Jahre später, wir hatten schon den ganzen Krieg hinter uns, und die silberne Mark von damals war längst, wenn sie nicht die Wirtin im Strumpf versteckt hatte, dahingeschwommen im papiernen Strom, sechs, sieben Jahre später las ich ganz zufällig in der Zeitung, daß das Gasthaus »Zum Goldenen Lamm« in Schöllau abgebrannt sei bis auf die Grundmauern. Ich weiß nicht, ob das ein Zufall gewesen ist, denn es brennen ja schließlich im Laufe der Jahre oft genug Bauernhöfe und Wirtshäuser nieder, warum sollte nicht auch das »Goldene Lamm« einmal in Feuer aufgehen irgendwo da droben im Wald an der böhmischen Grenze...

Der Fischkasten

Zur Einweihung der neuen Innbrücke war auch der Regierungsrat Gregor Hauenstein von seiner Dienststelle beordert worden. Er war ein gebürtiger Münchner, aber seit vielen Jahren in Berlin beamtet; so freute er sich doppelt des Auftrages, der ihn, mitten im Juli, für zwei Tage in die alte kleine Stadt führte, an die ihn so manche Erinnerung seiner Knabenzeit knüpfte.

Lange nicht mehr hatte er sich so jung und vergnügt gefühlt wie an diesem Sommermorgen, als er in Rosenheim den Schnellzug verließ. Im Angesicht der Berge spazierte er auf dem Bahnsteig hin und her, wie ein Rabe im schwarzen Rock, die Schachtel mit dem hohen Hut schlenkernd an einem Finger, belustigt über seine eigene Würde, die es freilich erst morgen voll zu entfalten galt, beim festlichen Marsch über die neue Brücke, unter Fahnen und Ehrenjungfrauen.

Warum er den Hut so herumtrug, wußte er selber nicht. Er hätte ihn bequemer zu dem kleinen Koffer gestellt, den er schon in dem altväterischen Abteil zweiter Klasse untergebracht hatte, in dem er, nach einer halben Stunde Aufenthalt, die Fahrt fortsetzen würde.

Der Regierungsrat, seit dem Verlassen des D-Zuges wie um ein Menschenalter zurückverzaubert, war in wunderlichster Stimmung. Es gelang ihm heute nicht, sich und seine Sendung ernst zu nehmen, er spöttelte wider sich selbst, er stellte endlich die Schachtel mit dem Zylinderhut in das Gepäcknetz, turnte wie ein Schulbub am Wagen herum, bekam schwarze Finger und wusch sie sich am Brunnen.

Er ging wieder auf und ab, schaute über die Gleise auf den Wendelstein, der leichter und leichter ward im blaugolden steigenden Tag, sah auf die sommergrüne, warm werdende Straße hinaus, die zum Bahnhof führte, und erinnerte sich, daß er vor fünfundzwanzig Jahren wohl – oder war es noch länger her? – als Bub mit dem Radl da angesaust war, abgehetzt von drei Stunden verzweifelten Tretens, und doch um einen Augenblick zu spät, denn der Frühzug fuhr gerade an, ihm vor der Nase weg.

Ja, vor der Nase weg, und viele Anschlüsse hatte er versäumt seitdem, und wohl wichtigere, aber vielleicht war ein versäumtes Leben, aus den Sternen gesehen, nicht schlimmer als ein Zug; und sein Leben hatte er ja nicht versäumt, durchaus nicht, er hatte auch Anschlüsse erreicht, mühelos und pünktlich. Und nächstes Jahr wurde er wohl Oberregierungsrat.

Der Reisende kam unversehens dazu, darüber nachzudenken, wie es ihm denn gegangen sei in diesen fünfundzwanzig Jahren, die zusammen mit den fünfzehn, die er damals alt war, gerade vierzig machten, ein schönes Alter, in dem das Leben erst anfange, wie es jetzt so gerne gepredigt wurde.

Nein, dieser Ansicht war der Reisende durchaus nicht. Er hielt es mit der bedächtigeren Weisheit, daß ein Mann mit vierzig Jahren wissen müsse, wo er sterben wolle. Sterben, das war nicht so gemeint, daß er sich nun gleich hinlegen müßte, nein, gewiß nicht; aber den Platz aussuchen, das sollte einer, wenn er nicht ein heimatloser Glücksjäger war, den Rastplatz, von dem aus ein Blick erlaubt war auf das wirkliche Leben und auf den wirklichen Tod.

Jeder Dorfschreiner hier unten hat ihn und jeder Bahnwärter, dachte er, und er träumte sich fort von dem ruhelosen Schattenleben der großen Stadt; ein Jäger und Fischer hatte er werden wollen, wie er ein Bub war, und ein Aktenstaubschlucker war er geworden.

Noch einmal über seine Jahre hinschweifend, kam der Mann zu dem Ergebnis, daß es ihm, was das äußere Dasein anbelangte, schlecht und recht ergangen sei. Doch vermochte er sich selbst über sein eigenes, tieferes Leben wenig zu sagen; er mußte bekennen, daß er den gültigen Standpunkt verloren oder noch nicht gefunden hatte und daß er nicht wußte, was wohl überhaupt zu fordern und zu erwarten war.

Wenn es nichts mehr gab, wenn wirklich alles ausgeschöpft war, dann jedenfalls hatte er genug. Dann hatte er die Schicht durchmessen, innerhalb derer zu atmen erlaubt war; und weiter vorzudringen, hinauf oder hinab, hinaus oder hinein, war ein tödliches Wagnis. Denn an ein Ziel oder nach Hause würde er doch niemals kommen.

Der Regierungsrat, immer noch hin und her gehend,

wurde es müde, Fragen zu stellen, auf die noch niemand je eine Antwort erhalten. Ihm fiel das alte Wort ein, daß die Gescheitheit lebensgefährlich sei, weil man verdorre an ihr, und daß einer, der sich feucht und frisch erhalten wolle, von Zeit zu Zeit in die tiefsten Brunnen seiner Dummheiten fallen müsse. Brunnen wohl, dachte er weiter, aber in den reißenden Strom? Und er entsann sich der vielen Altersgenossen, die in den Wirbeln wild strudelnder Jahre versunken waren. Und wer weiß, wohin noch alles treibt. Vielleicht würde auch er noch einmal, sowenig ihn danach verlangte, beweisen müssen, ob er schwimmen könne.

Endlich polterte die Maschine an. Ein paar Leute waren noch zugestiegen, lauter Bauern und Händler; niemand mehr kam in das Abteil zweiter Klasse. Der Zug fuhr auf dem gleißenden Schienenstrang in die Landschaft hinaus, die nun schon weiß war vor Hitze. Die Berge wurden dunstig, nahe grelle Bauerngärten, wehende reifende Felder, gelb und schwer, dazwischen die graugrünen, moosbraunen Streifen Gebüsches, die den Fluß säumten, der mit schnellen, hellen Blitzen unter der zitternden Sommerluft hinschoß. Nadelspitze Kirchtürme, wie Minaretts, standen auf der jenseitigen Höhe, die warm im Walde wogte. Das war vertrautes Land; das mußte Griesing sein da oben. Und jetzt rollte auch der Zug schon in die letzte Biegung, seidiger Flatterwind umbrauste den spähend hinausgebogenen Kopf, dann war der Bahnhof von Oberstadt zu sehen und das Städtchen selbst, flußabwärts auf der Höhe. Der Zug hielt, niemand stieg aus als der Regierungsrat Gregor Hauenstein; niemand empfing ihn: der rotbemützte Vorstand gab gleichmütig das Zeichen zur Weiterfahrt.

Es war noch nicht Mittag. Der Regierungsrat überlegte, im prallen Licht des öden Platzes stehend, daß nicht nur der Weg in das Städtchen hinaus heiß und staubig sein müßte, sondern daß es auch unklug wäre, sich jetzt schon den ehrenfesten Männern auszuliefern, die ihm mit allerlei Bitten und Beschwerden auf den Leib rücken würden, da ja ein

Vertreter der höchsten Amtsstelle nicht alle Tage zu ihnen kam. Er blieb also unten, fand den Wirtsgarten des Gasthofs »Zur Eisenbahn« erträglich, aß, und nicht ohne wehmütigen Humor, das klassische bayerische Gericht, ein Kalbsnierenstück mit Kartoffelsalat, und trank, im Schatten der Kastanien, ein Glas hellen Bieres.

Er gedachte eine Wanderung zu machen und ließ sich von der Kellnerin erzählen, daß ein Stück flußaufwärts eine Fähre sei. Dort könne man übersetzen, finde drüben ein Wirtshaus und, hundert Schritte weiter oben, ein Kloster mit einer schönen Barockkirche. Von da aus führe ein Sträßlein über die jenseitigen Höhen wieder stromab, dergestalt, daß man bei der neuen Brücke drunten wieder an den Fluß komme. Sie selber sei da drüben noch nicht gewesen, aber die Leute sagten, es wäre ein lohnender Weg.

Der Regierungsrat machte sich auf und ging zuerst über die flirrenden, grillen-schrillen Felder und Wiesen. Sein Gepäck hatte er einem Jungen gegeben, der es in den »Goldenen Krebs« hinaufbringen sollte, wo ein Zimmer bereitgestellt war. Er konnte also ausbleiben bis in den späten Abend, und das wollte er auch. Ärgerlich war nur, daß er so gar nicht aufs Wandern und Herumstreunen eingerichtet war, im schwarzen, bis an die Kniekehlen reichenden Rock, wie der Herr Pfarrer selber mußte er aussehen; und heiß war es ihm, der Schweiß brach ihm aus, und das Glas Bier hatte ihn schläfrig gemacht. So schritt er unterm Feuerblick der Sonne hin.

Er überquerte das Bahngleis, das schnurgerade vom Süden heraufkam, den Damm, von Schabenkraut und Natternkopf dicht bewuchert. In einen Abzugsgraben sprangen viele Frösche, einer nach dem andern, so wie er das Wiesenweglein entlangging. Das war ein schöner, wahrer Bauernsommer, echter als da drüben im Gebirge, wo es kein Querfeldein mehr gab, sondern nur noch Straßen, Zäune, Gaststätten und Verbotstafeln.

Er kam wieder auf ein zerfahrenes Sträßlein, blau von Wegewarten. Eichen standen mächtig im Feld, im tausendblumigen, gräserstarren, lichtgekämmten, glühenden Feld. Und dann hörten die süßen Wiesen auf, und es begannen die sauern, mit Bärenklau und Weiderich; und schilfige Gräben zogen herein.

Sand war jetzt überall auf den Wegen, ganz feiner Sand; es roch nach Verfall und fischigem Moder. Die Auenwälder, die von weither im leichten Triller der Pappeln und Weiden weißgrün und bläulich geblitzt hatten, taten sich mit dumpfer schwärzlicher Schwüle auf, Erlen standen an finsteren Sumpflöchern, Brombeersträucher überwucherten den Sand, Minze wuchs in wilden Büscheln, Nesseln und Schierling waren da und viel Gestrüpp und Gewächs, das er nicht kannte.

Das Dickicht, von Waldreben geschnürt und übersponnen, ließ nur den schmalen Pfad im Sand, geil drängte von überallher das schießende, tastende, greifende Strauchwerk, von Lichtern durchschossen, von fremden Vögeln durchschwirrt. War diese Wildnis noch Heimat? Ja, sie war es und war es doch wieder nicht, tropisch schien sie dem erhitzten Mann, der im schwarzen Gewand, gebückt, von Dornen gepeitscht, durch diese kochende, brodelnde, flirrende Dschungel dahintrabte. Gestürzte Bäume verwesten in schwarzen Strünken, Morast, trügerisch und übergrünt, vergor altes Laub, nirgends war eine Stelle, um zu rasten. Ameisen krochen eilig über den Sand, Käfer kletterten im Gras, das Wasser bewegte sich von Egeln und Larven, Läufer ritzten die dunkle Fläche. Und die Schnaken, heransingend, stachen gefräßig dreist, in Wolken stoben die Mücken auf, schillernde Fliegen brausten flüchtend vom Aas.

Es war ein unsinniger Plan, in der vollen Hitze eines Julimittags hier einzudringen in das verruchte Gehölz, ein höllisches Vergnügen, mit steifem Kragen und im Bratenrock eine afrikanische Forschungsreise zu unternehmen. Aber nun mußte doch bald der Fluß kommen!

Der Weg stieß jedoch wieder tiefer in den Busch. Dann erst kam ein Altwasser, still, schwarz, schweigend, mit steilen Böschungen. Der Stand war niedrig, lange hatte es nicht geregnet, auf dem Sand war die Höhe der letzten Flut in einem Ring von Schlamm und Schwemmgut abgezeichnet. Der Regierungsrat war, sobald er des dunklen Spiegels ansichtig geworden, wie verwandelt. Die unterste Gewalt des Menschen hob sich empor. So wie er da hinstrich, das morsche Ufer entlang, im lächerlichsten Aufzug, war er ein Wilder, spähend, beutegierig, aufgeregt von der Leidenschaft: hier mußten Fische stehen! Gleich würde er einen Hecht erblicken, steif lauernd, unbewegt, das Raubtiergebiß vorgeschoben, mit leichten Flossen tückisch spielend – und dann würde der davonjagen, ein grüngoldener Blitz, ins schwankend fette Kraut.

Der wunderlich verzauberte Mann lief, sich eine Gerte zu schneiden; was, Gerte, einen Speer, eine Waffe wollte er haben, blinkend sollte die ins Wasser fahren, den Hecht zu treffen, und wär's nur, daß eine Schuppe sich silbern löste zum Zeichen des Sieges. Und er schnitt, nach langem Suchen, einen schlanken jungen Eschenstamm aus dem Unterholz, einen kühlgrauen, kerzengeraden.

Es stand aber kein Hecht da, und dort stand auch keiner, nirgends war die Spur eines Fisches zu entdecken. Und als der Lüsterne sich über das von Erlen bestandene Ufer beugte, ob unterm Wurzelwerk nicht stachlige, dunkelrückige Barsche auf- und niedersteigen wollten in den Gumpen, da wäre ihm ums Haar die Brieftasche entglitten. Waldläufer und Fischer, dachte er, noch den Schrecken im klopfenden Herzen, hatten keine Ausweispapiere und Geldscheine in der Tasche, sonst wäre auch ihnen die Tunke teurer zu stehen gekommen als der Fisch.

Indes kam aber ein leise zischendes Rauschen immer näher, und unversehens stand der Pfadfinder am Strom, der weiß herschoß, milchtrübe, denn in fernen Bergen hatte es wohl geregnet, und das Wasser ging hoch.

Der Inn war an diesem Ufer eingebaut in mächtige Blöcke, daran der Fluß seine Flanken rieb. Vom Grunde her scholl ein geheimnisvolles Klirren und Klimpern, der Kies zog mit im Geschiebe, und oft schien von unsichtbaren Stößen und Schlägen das Wasser zu bersten, und es blühten dann seltsame, mit Kraft geladene Wolken von Schlamm auf in der klareren Flut.

Zwei Fischreiher duckten sich, mit schweren Schwingen aufzufliegen. Der Anblick der schönen, mächtigen Vögel machte das Herz des Mannes jubeln. Engel, dachte er, mit ihren Fittichen zur Sonne steigend, könnten keines glückhafteren Paradieses Boten sein. Denn dies, in diesem Augenblick, war ihm Begegnung mit der Freiheit.

Gregor Hauenstein zog sich rasch aus, es war ihm, als bedürfe es nur dieses Kleiderablegens, um einzutreten in den Zauberkreis. Und wirklich stand er eine Weile nun nackt, von Lüften leicht berührt, von der Sonne kräftig getroffen, in der gläubigen Seligkeit, drinnen zu sein, einverstanden mit der Natur.

Aber es wurde rasch deutlich, daß er kein nackter Mann war, sondern doch nur ein ausgezogener Beamter, der auf dem rauhen Steingrund kaum zu gehen vermochte und der bei dem Versuch, ins Altwasser zu kommen, auf den erbitterten Widerstand dieser herrlichen Natur stieß. Was Sand geschienen hatte, war knietiefer Morast, von dornigem Strauchwerk und krummfingrigem Geäst tückisch durchsetzt, so daß er, nach wenigen schmatzenden und gurgelnden Schritten, sich zur Umkehr gezwungen sah. Auch fielen, sobald er die frische Brise am freien Strom verlassen, die Mücken und Bremsen mit schamloser Begierde über ihn her. In den reißenden Inn aber wollte er sich nicht hinauswagen, und schließlich begnügte er sich, an einen Pfosten geklammert, sich von den kalten, weißgrünen Wellen bespülen zu lassen.

Dann setzte er sich auf eine Steinplatte und gedachte noch lange zu ruhen und zu rauchen; alte Knabensehnsucht gaukelte ihm Wigwam und Friedenspfeife vor, Lagerfeuer und Indianerspiele im Busch; und die Squaw? erinnerte er sich mit leisem Lächeln, und es kam ihm in den Sinn, wie wenig Glück er bei Frauen gehabt hatte. Er war Junggeselle geblieben, ohne viel Bitterkeit, aber auch ohne viel Kraft zum Abenteuer; nicht so sehr frei, als vielmehr preisgegeben, hatte er gewartet, ohne etwas zu erwarten. Wartete er eigentlich noch? Die Unrast, die den Einzelgänger immer befiel, sobald er zu lange untätig mit sich allein war, trieb ihn auch jetzt wieder fort. Er schlüpfte in sein Gewand; nur den Kragen und den Schlips trug er nun in der Tasche. Seine Lanze aber wollte er nicht missen.

Näher als er hatte vermuten können, durch eine leichte Krümmung des Stromes verstellt, lag die Fähre vor ihm. Welch ein abenteuerliches Gebilde, urtümlich, eine vorweltliche, glückhafte Erfindung des Menschen – und doch aller Sünde Anfang, wie er zugeben mußte. Denn der Weg von ihr zu den kühnen und doch so verderblichen Bauten unserer Tage war nur ein kurzer und folgerichtiger, dem gleichen Willen entsprungen, die Freiheit der Natur zu knechten.

Hoch im Geäst einer einsam ragenden, zornigen Silberpappel war das Seil verschlungen, das hinüberlief zum andern Ufer, wo es in der Steilböschung verankert war. Bis an die heftige Strömung des Rinnsals aber führte ein hochgestelzter, nur aus schwankenden Stangen geknüppelter Steg, der mit einem Leiterchen endete, das zu einem Ländefloß hinabstieg, an dem die Fähre selbst anlegte. Drüben trat ein gebückter Mann aus einem Hüttchen, grauhaarig, bärtig, schaute herüber und nickte. Er nahm eine lange Stange von der Wand und ging zum Fluß hinunter. Der Wartende sah ihn in den Kahn steigen, doch erschien im gleichen Augenblick drüben ein buntes Mädchen und rief und winkte, daß der Fährmann warten solle. Der machte dann auch mit seinen langen, krummen Armen ungemein lebhafte Bewegungen, die alles andeuteten, was zu sagen und zu denken war: Entschuldigung heischend, zur Eile antreibend zugleich.

Dann war das Mädchen untergebracht, die Fähre glitt herüber und landete. Über das Leiterchen zu gelangen war offenbar nicht leicht; der Regierungsrat, der behilflich sein wollte, stand gefährlich im Wege, beinahe hätte das Mädchen ihn vom Stege gestoßen: er mußte sich mit den Händen an sie klammern, denn er schwankte schon. Sie erröteten beide unter der unfreiwilligen und doch derben Umarmung, Wange an Wange.

Dann aber, unter Lachen, endete die Begegnung; der Fahrgast stieg ein, und still löste sich die Zille vom Floß. Die Wellen kamen her, in Wirbeln ums schaukelnde Schiff, und der Ferge hob bedächtig die Stange. Das Fahrzeug trieb nun rasch, in der Mitte der Strömung, die Rollen am Seil blieben zurück, liefen wieder voraus, rasselten, sangen einen hellen Ton. Jetzt, gegen die Sonne, kam das Wasser leicht klirrend wie Scheiben Goldes.

Der Gast wie der Fährmann schwiegen; es war das uralte Geheimnis der Überfahrt zwischen ihnen. Dann stieß der Kahn knirschend an den Kies des seichten Ufers.

Nun, während er ihn reicher, als es seine Pflicht gewesen wäre, entlohnte, fragte der Fremde doch einiges, was man so fragt, aber mit besonderer Begierde, ob denn auch noch Fische im Inn wären und was für welche. Der Fährmann, mit der Hand wie verächtlich auswischend, meinte, Fische, ja, grad genug, Fische gäbe es im Inn, sehr viele, viele – aber, wie plötzlich sich besinnend, als hätte er von alten Zeiten geredet, schüttelte er bedenklich den Kopf: viele eigentlich nicht mehr, gegen früher. Da sei es noch ein gutes Handwerk gewesen, die Fischerei. Jetzt aber, nun, es wären noch Huchen da, Aschen, Weißfische und im Altwasser Hechte, armlange Trümmer, und der Loisl drunten – und er wies stromabwärts – habe erst gestern zwei gefangen, und einen mit dreizehn Pfund.

Der Regierungsrat ging den Waldhang hinauf, der von

einem Bach aufgespalten war, der hier in den Inn mündete. Das Wasser, schwärzlich und golden, von fetten Strähnen grellgrünen Schlinggewächses durchzopft, schimmerte herauf und war bis zum Grunde klar. Der Wanderer spähte unverwandt, aber er stellte bekümmert fest, daß auch hier keine Fische zu sehen waren.

Auf halber Höhe stand ein Gasthaus; drinnen war Musik, erhitzte Tänzer traten mit ihren Mädchen heraus, wo an laubüberhangenen Tischen ältere Männer tarockten. Er ließ sich ein Glas Bier bringen und sah dem nächsten schielend in die Karten. Der aber verlor und verlor, warf sogar bald verdrießlich das Spiel hin und ging davon. Und wunderlicherweise empfand auch der Zuschauer die widrige Laune des Glücks mit Mißbehagen, als hätte sie ihm selber gegolten. Er stand auf und streunte herum.

Das Rumpeln der Kegel zog ihn an, aber als er wie beiläufig in die Bahn trat, verstummte augenblicklich der muntere Lärm, um in schallendem Gelächter wieder hervorzubrechen, kaum daß er das luftige Häuschen verlassen hatte. So galt er denn hier für den komischen Kauz, den sie nicht mitspielen ließen.

Mehr Erfolg hatte er, als er kurz darauf, gegen den Bach und eine nahe Mühle gewendet, zwei Männer gewahrte, die mit Feuerstutzen nach einer Scheibe schossen, die weit drüben, über der Schlucht, matt schimmerte. Der Zieler wies gerade mit seinem Löffel einen Zehner auf, doch der Schütze schien nicht zufrieden, er schüttelte verdrossen den Kopf. Er fragte den gespannt zuschauenden Fremden, ob er auch vom Schießen was verstünde. Und reichte ihm ermunternd die Büchse, die er wieder geladen hatte, zum Ehrenschuß.

Seit dem Kriege hatte der jetzt Vierzigjährige kein Gewehr mehr in der Hand gehabt; nun ergriff er es mit Begierde, hob es an die Wange und suchte das Ziel. Schon aber hatte er den feinen Stecher berührt, der Schuß fuhr hinaus, verdutzt starrte der Schütze nach. Er wollte gerade einiges zu seiner Entschuldigung vorbringen, da scholl von drüben ein lauter Jubelschrei, und auf der steigenden Scheibe hielt der Zieler mitten ins Blatt. Mit schweigendem Lächeln gab der Regierungsrat den Stutzen zurück.

So belanglos dieser Treffer sein mochte, plötzlich erschien er ihm als kraftvoller, geisterstarker Widerhall des Glücks, als Antwort angerufener Mächte, die uns unvermutet ihre gefährliche und zugleich tröstende Gegenwart künden wollen. Und es war, als hätte der hallende Schuß letzte Nebel zerstreut vor einem bewußten und frohen Auf-der-Welt-Sein. Ein freier und freudiger Mensch, ging der Gast nun weiter, nicht ohne seinen Gertenspeer wieder aufgenommen zu haben, den er an die Wirtshaustür gelehnt hatte.

Er sah im Vorbeigehen Ställe, roch Pferde. Vom grellen Hof pirschte er sich, wie beiläufig, durch das nur angelehnte Gitter in die braune Dämmerung der Boxen. Ein mächtiger, starkknochiger Wallach stand in der ersten und wandte schwerfällig den alten Kopf. In den nächsten Ständen aber, kleiner als der ungeschlachte Riese, stampften junge Stuten, von gutem Schlag, glänzenden braunen Felles. Erregt witterten sie den ungewohnten Besucher. Der hatte kaum im Zwielicht sich zurechtgefunden, als auch schon ein mißtrauischer Knecht hinzutrat und unwirsch fragte, was der Fremde hier wolle. Der aber, statt einer geraden Antwort, wies auf das große, rotgewürfelte Tuch, das der Knecht um den Kopf geknüpft trug, und fragte dagegen, ob er Zahnweh habe. Aufgehellt von solcher Teilnahme, gab der Mann gern Auskunft über seine Schmerzen und ließ sich leicht in ein Gespräch über die Landwirtschaft und die Pferde ziehen. Ob sie fromm seien oder ob sie ausschlügen, wollte der Regierungsrat, wie nebenbei, wissen, indem er näher an die Stände trat. Der Liesl sei nicht zu trauen, meinte der Knecht, aber die Eva sei sanft wie im Paradiese.

Damit wandte er sich vorerst von dem Fremden ab, um seinem Stalldienst nachzugehen. Der Fremde aber, in einer unbeherrschten Lust, das schöne Tier zu liebkosen, ging auf das Pferd zu, das ihm als gutmütig bezeichnet worden war.

Rosse! dachte er voller Sehnsucht und träumte sich in eine heldische Landschaft, drunten, am Fluß, unter einem sonnenzerstoßenen, rauchenden Regenhimmel, im grünen Sprühen der nassen Bäume und Büsche dahintrabend, schäumend vor Lust, zu leben und schweifend hinzustürmen, fremden, edleren Göttern untertan.

Im gleichen Augenblick aber drängte die schlimme Liesl ungebärdig nach hinten und schlug mit beiden Hufen nach dem Vorübergehenden. Er konnte mit genauer Not noch zur Seite springen und stand nun, zitternder Knie, an den hölzernen Verschlag gedrückt. Der Knecht lief herzu und machte ein finsteres Gesicht. Kleinlaut, mit einem scheuen, wie verzichtenden Blick auf die Tiere, schlich der Eindringling hinaus.

Es war nichts mit dem Traum, höhnte er sich selber; die edlen Götter wollten ihn nicht in ihren Diensten sehen. Und während der Schrecken jetzt erst, in hämmernden Schlägen des Herzens, von ihm wich, überlegte er die Gefahr, die ihm gedroht hatte. Aber »Beinahe gilt nicht«, rief er kühn sich selber zu und schloß, ruhigeren Atems, den Kreis des Lebens über einem Abgrund von Gedanken.

Inzwischen war er an der Kimme des Hügels angekommen und sah flußabwärts, in Wiesen gebettet, das Kloster mit der Kirche liegen. Ich will nicht länger fremden Göttern dienen, lächelte er, dem sanften Gotte meiner Kindheit will ich mich beugen. Und schritt den Hang hinunter. Den Gertenspeer aber trug er immer noch in der Hand.

Jetzt lehnte er ihn an die Pforte und trat in die Kirche. Kühl, schweigend, in buntem Zwielicht lag der Raum. Etwas war darin, wie das Schwirren der vielen Instrumente eines großen freudigen Orchesters. Bist du bereit, o Seele? schien es zu fragen, gleich können wir mit der himmlischen Musik beginnen. Und er saß im Gestühl, und es begann das Spiel. Ohr ward in Auge verwandelt, und das Auge vermochte zu lauschen: wohin er sah, sprangen die Töne auf, jubelnd, in goldnen Kanten steigend, in eigenwilligen

Schnörkeln entflatternd, zu starken Bögen gebunden. Sie sprangen über das hundertfarbene Gewölbe der Heiligen; da sangen blasse Büßerinnen und durchscheinend Verklärte; und bärtige Bässe mischten sich in die Lobpreisung. Aus der höchsten Laterne aber, darin der Geist als Taube schwebte, fuhr der Klang wieder herab, in den fleischernen Jubel der Engel und Putten, in den schweren Prunk der gebauschten Baldachine, in die goldnen Strahlenblitze der Verzückung. Zimbeln, Flöten und Trompeten, in Bündeln in die Chorbrüstung geschnitzt, wie Kinderspielzeug an den Altären aufgehängt, fielen silbernen Klangs mit ein, und von den Lippen jubelnder Märtyrer brauste des Dankes klare Verkündung.

Nun aber ward solcher Wohllaut geheimnisvoll durchstoßen von wirklichem Orgelton. Und es erscholl ein leiser Gesang, aber so hauchend er schien, er erwies sich mächtiger als der jauchzende Braus. Es waren die Nonnen des Klosters, die sangen, hinter den weißen und goldenen Gittern, aus einer anderen Welt.

Die süßen Pfeifen der Orgel, die zarte, eintönige Trauer des Gesanges weckte auch in dem Lauscher das trunkene Lied, das in des Menschen Brust schläft, tief drunten bei den letzten Ängsten und bei der letzten Seligkeit.

Dies war freilich nur im Augenblick, daß seine zerspaltene Seele zusammenglühte zu einer brennenden Flamme der Liebe. Wir sind ja längst alle Waisen, dachte er, in schmerzlicher Ernüchterung; eine ganze Welt hat keinen Vater mehr. Dies ist ja Grabgesang und wehende Luft aus Grüften. Gesang und Orgelspiel endeten. Die Wände und Säulen waren stumm geworden, die Verzückung der Heiligen schien erstarrt. Blaugoldene Dämmerung füllte den Raum. Rasch brach der Einsame auf.

Auch draußen war nun schon später Nachmittag. Warmes Gold floß durch die Wälder her, die Bäume warfen lange Schatten auf die Wiesen. An der Kirchenpforte lehnte noch der Gertenspeer. Der Regierungsrat, veränderter Stimmung voll, war unschlüssig, ob er ihn mitnehmen sollte, denn er gedachte seinen Ausflug nun gesitteter zu vollenden, auf dem Sträßlein geradeswegs gegen die neue Brücke hin zu wandern und zum Abend im Städtlein zu sein; er sah sich schon beim »Goldenen Krebs« sitzen, im Wirtsgarten oder auch in der Stube, beim frischen Bier, und die Speisenkarte vor sich ausgebreitet, aus der er, gar wenn er rechtzeitig kam, nach Herzenslust wählen konnte. Nun griff er doch nach der Lanze, er war fröhlich, ohne recht zu wissen, warum, er sang ein wenig vor sich hin, dummes Zeug, die Speisenkarte setzte er in Töne, kräftig ausschreitend, leicht in der mild wehenden Kühle, einig mit sich selbst, gesund, in jener herrlichen Spannung des Hungrigen und Durstigen, der weiß, der ganz sicher weiß, daß sein Verlangen gestillt wird, ja, der seine Sinne schon reizen darf, um sie desto feuriger in den Genuß zu entlassen. So marschierte er hin und hatte rasch die Höhe erreicht, die ihm einen letzten Rundblick bot, ehe das Sträßlein, waldhinunter, gegen Brücke und Stadt sich wandte.

Die Brücke war auch von hier aus nicht zu sehen, eine schwarzgrüne Wand von Tannen verbarg sie. Aber die Stadt drüben hob sich schön und schier feierlich ins schräg einfallende Licht. Auch vom Flusse war nun die ferne Herkunft zu erblicken, gleißend, wie von verstreuten Waffen, lag es im Sand und Gebüsch. Das nahe Ufer aber, von schütterem Wald verstellt, blinkte nur ungewiß aus grünen Schluchten her.

Hügel um Hügel schwang sich im Süden den Bergen zu, die ihren mächtigen Bogen auftaten, zauberklar, nahe, wie sie den ganzen Tag nicht gewesen. So wie das Licht die Hügelkämme, die Wälderhöhen und die Gipfel traf, hatten sie ihren besonderen Widerschein, ihre eigene Verschattung. Im Sinken der Sonne blitzten, lösten sich Halden in sanften Dunst, glühten Felsenzacken in scharfen Kanten. Gegen Westen aber, in das Lodern des Gestirns hinein, hob sich, Welle um Welle, das Land in unbegreiflicher Überwerfung, in immer dünnere, zartere Gebilde aufgeblättert, in den Taumel der Verzückung, bis der letzte Scheitel, nach hundert wilden, ausgebrannten und wie von Rauch allein noch bewahrten Farben, veilchenblauen, eisenbraunen, weinroten, in den zartweißen Duft verhauchte, mit dem sich das Land an die flammende Schwermut des unaufhaltsam stürzenden Tages hing.

Der Wanderer, auf seinen Speer gebogen, genoß dies Schauspiel lange. Er stand, bis ihn, vom westlichen Hügel her, die Schatten trafen, bis die Ränder des Himmels, in giftigere Farben getaucht, einschmolzen, bleiern erkalteten, und bis hoch in den Lüften, auf blassem Federgewölk, die weiße Stille dahinfuhr.

Er riß sich los. Und morgen muß ich nach Berlin zurück, dachte er, und es war ihm wie damals vor vielen Jahren, als die Front ihn unerbittlich zurückforderte aus den seligen Händen der Heimat. Der Tag hier war ein Traum gewesen, Berlin hieß die Wirklichkeit. Aber noch einmal, wie ein Schläfer vor dem Erwachen, barg er sich in den holden Trug schweifender Gedanken: wie er hier hausen wollte im wilden Wald, ein Jäger, ein Schrat, ein Kentaur. Und zerwarf die gläsernen Gespinste mit wildem Gelächter.

Die Straße war inzwischen bis nahe an den Fluß herabgestiegen; doch blieb noch ein breiter Streifen buschigen Waldes zwischen ihr und dem Ufer. Es liefen aber kleine Steige hinaus, und einem von ihnen, an einem Wasserlauf entlang, folgte der Wanderer, in keiner anderen Absicht als der, noch einmal freie Sicht auf die Strömung zu gewinnen, ehe er an die Brücke kam und in den gebundenen Bereich der Menschen. Ja, in seinem Herzen schien die wilderregende Wanderung dieses Nachmittags bereits zu Ende; er war schon in Gedanken bei dem neuen Bauwerk, bei dem gemütlichen Abendessen, bei dem morgigen Fest.

Er ging den Graben entlang, der sich rasch zu einem Altwasser ausbuchtete. Es war wohl noch hell hier, außerhalb des Waldes, am weißzischenden Fluß; aber um noch

Fische sehen zu können, schien es doch bereits zu dämmerig. Trotzdem hielt er die Augen unverwandt auf die klardunkle Flut gerichtet. Er würde sich ja nun doch von seinem geliebten Wurfspeer trennen müssen, denn es ging nicht an, also gerüstet unter die Leute zu treten. Und welch würdigeren Abschied konnte er seiner Waffe geben, als daß er sie zu guter Letzt doch noch gegen ein geschupptes Untier schleuderte, einen Hecht, einen armlangen, dreizehnpfündigen, wie ihn der Fährmann geschildert hatte heute nachmittag. Er hatte sich doch wieder heiß gelaufen auf dem Marsch vom Kloster herab, und es tat wohl gut, das schwarze Staatsröckchen noch einmal abzutun und die Weste dazu und sich hier auszulüften in der Kühle des Abends. Aber der Regierungsrat mußte bemerken, daß die Schnaken auch abends stachen und nicht schlechter als am heißen Mittag und daß das Hemd sie durchaus nicht daran hinderte; er mußte auch einsehen, daß ein Mensch völlig wehrlos preisgegeben ist, der in der einen Hand seine Kleider hält, in der anderen aber eine zwecklose, kindische Gerte. Er überlegte eben, ob er besser diese fahren ließe oder aber seinen Frack wieder anzöge, als er einen Nachen sah, der am Ufer angekettet war.

Unversehens war er wieder völlig im Bannkreis des Wassers, und obgleich er sich selber einen alten Kindskopf schalt, war er doch schon entschlossen, sich an dem Kahn zu versuchen. Er legte Rock und Weste nieder und prüfte, wie das Boot befestigt sei. Die Kette war um einen Pfahl geschlungen, der im Morast des Ufers steckte, das in einer steilen Böschung abfiel. Es war nicht leicht, das Boot zu betreten. Es schwankte unter seinem Sprunge, und die schwarz klare Fläche schaukelte in weiten Ringen. Der Boden des Kahns stand voll Wasser, das unter dem Gewicht des Mannes rasch stieg, aus vielen Ritzen quellend. Doch mit dem Sinken mochte es noch eine gute Weile haben, und der Mann turnte bis zur flachen Spitze der Zille vor.

Das Unternehmen hatte sich gelohnt. Denn dort vorn

war eine Kiste an den Kahn gekettet, ein plumpes, viereckiges Ding, das unbewegt unterm Wasserspiegel schwamm: ein Fischkasten!

Der Regierungsrat warnte sich selber. Es war eine heikle Sache, wenn jemand kam und ihn zur Rede stellte, gerade ihn, einen Beamten, der in besonderer Sendung hier weilte. Aber wer sollte kommen! Es zog ihm alle Finger hin. Anschauen war ja noch kein Verbrechen. Der Kasten hing an einer rostigen Kette, deren Schlußhaken im Boot verankert war. Er zerrte an der Kette, der Kasten kam langsam in Fahrt, bis er dicht an der Planke der Zille lag. Ein altes Vorhängeschloß hielt den Deckel. Im Kasten rumpelte es geheimnisvoll. Der Frevler sah um sich, horchte. Niemand kam, es war alles still.

Er lachte, die Hände schon am Schloß. Es brach mitsamt der Öse, die es schließen sollte, aus dem morschen Holz. Der Kasten war offen.

Er hob ihn über den Spiegel. Das Wasser schoß weiß aus den runden Löchern. Das Schlegeln drinnen wurde lauter. Jetzt mußte er den Fisch sehen. Angestrengt hielt er mit der einen Hand die Kette, mit der anderen lüpfte er den Deckel. Und da sah er wirklich den Fisch, ungenau im Dämmern, wild schnalzend, bald schwarz, bald weißlichgrün. Es mußte der Hecht sein, der dreizehnpfündige, der gewaltige Bursche, der da hämmernden Schwanzes sich gegen die Wände seines Kerkers schnellte, als wittre er Tod oder Freiheit. Und jetzt tauchte gar der Kopf des Ungeheuers über den Rand des Kastens, ein spitzzahniger Rachen, ein grünschillernder Augenblitz – erschrocken ließ der Regierungsrat den Deckel fallen; der Kasten glitt in die Flut zurück.

In diesem Nu schwankte der Kahn, mit Wasser gefüllt, unter dem Erregten weg. Er erschrak, suchte nach einem Halt, griff mit beiden Händen den Fischkasten, der, von dem Stoß getrieben, sich nach vorwärts schob.

Der Regierungsrat, nach dem ersten Schock über das unfreiwillige Bad, faßte sich schnell. Er schalt sich selber einen Fischnarren, einen heillosen Tölpel, der seine Strafe verdient habe. Es fiel ihm sogleich ein, daß er Rock und Weste nicht anhabe, daß somit das Wichtigste dem Nassen entronnen sei. Die Hosen und die Stiefel aber würde er schon noch leidlich trocken laufen. Ja, bis an die Brust im Wasser stehend, lachte er schon des Abenteuers, des Schwankes aus seinem Leben, beim Wein erzählt, im Gelächter der Freunde. »Aber halt!« rief er plötzlich, dem leise abtreibenden Fischkasten nachblickend, »wenn ich schon deinetwegen ins Wasser muß, du Teufelsvieh, dann sollst du mir nicht entwischen!«

Er watete vorwärts; es wurde tiefer, er schwamm. Kaum zwei Armlängen vor ihm schaukelte der Kasten auf leichten Wellen. Er holte ihn ein; das schlüpfrige Holz war schwer zu greifen, der Zug nicht ohne weiteres zu bremsen. Es würde besser sein, das plumpe Ding mit der Strömung ans Ufer zu schieben. Dort, ehe das Altwasser in den Fluß mündete, mußte es gelingen. Mit kräftigen Stößen drängte er nach rechts. Aber da schoß schon von links her, kalt siedend, weißblinkend der Inn heran. In einem mächtigen Schwall, ruhig und gelassen, ergriff der Strom den Schwimmer. Der hatte den Fischkasten halten wollen, jetzt hielt er sich an ihm. Das Wasser war so kalt nicht, es war auch noch bläulich hell über den Wellen. Und so dahingetragen zu werden war, nach der ersten Angst, fast schön und feierlich.

Dem Regierungsrat fiel das Wort ein, das er schon einmal zu sich selber heute gesagt hatte, daß der Mensch, wenn er lebendig bleiben wolle, von Zeit zu Zeit in die tiefsten Brunnen seiner Dummheit fallen müsse. Und hatte er nicht auch an den reißenden Strom gedacht? So wahr, bei Gott, war noch selten ein Wort geworden. Und dieser ganze Tag, hatte er nicht Jahre des Lebens wettgemacht? Die Fähre, das Mädchen im Arm, der glückliche Schuß, das schlagende Pferd, die blühende Kirche, der Sonnenuntergang – und nun dies Abenteuer, ein würdiger Abschluß. Rock und Weste, sozusagen der eigentliche Regierungsrat, lagen wohlgeborgen am Ufer, hier aber trieb ein Mann dahin, vom Strom gewiegt, ein Mann, der schwimmen konnte.

Der Inn holte jetzt zu einer weiten Biegung aus. Der Mann mit dem Fischkasten kam nahe ans Ufer, aber die Rinne war hier tief und schnell. Da stand jetzt die neue Brücke, festlich geschmückt. Der Schwimmer sah hinauf; sie war menschenleer. Niemand würde ihn bemerken, das war gut so. »Hochansehnliche Festversammlung!«... Da würde er morgen stehen, die Hosen frisch gebügelt, kein Mensch würde etwas merken von dieser lächerlichen Geschichte.

Der Fluß lief wieder gerade. Unterhalb der Brücke sah der Schwimmer Sandbänke schimmern. »Dort werde ich an Land gehen«, sagte er. »Wenn mir nur der Bursche hier drinnen nicht auskommt, der an allem schuld ist. Ich werde den Kasten dort verankern; ich werde mit dem Fischer reden, heute noch, und ihm beichten. Und dann werde ich kurzerhand den Kerl da mitsamt dem Kasten kaufen, käuflich erwerben – ward je in solcher Laun' ein Hecht erworben?«

Die Brücke stieg jetzt ungeheuer hoch über das Wasser. Nun erst sah der Regierungsrat, wie reißend schnell der Strom ihn dahinführte. Links müßt ihr steuern! dachte er, kräftig rudernd, noch den alten Spruch belächelnd. Aber der ungefüge Trog gehorchte mehr der Gewalt des Flusses als den stemmenden und haltenden Kräften des schwimmenden Mannes. Der spürte den saugenden Drang des Wassers und erwog die Gefahr. Eine Stimme rief ihm zu, er solle doch den Kasten fahrenlassen, ja sich selber mit einem Ruck abstoßen, in die Mitte der Rinne hinein. Das rät mir der Hecht, lachte er und rührte kräftig die Beine. Das könnte dem Burschen so passen. Aber nein, mein Freund, wir bleiben beisammen! Da war schon der Pfeiler. Das Wasser, am Bug gestaut und gespalten, wich in einem Wirbel aus und gurgelte dann schräg nach rechts hinunter. Der Kasten, schwankend und halb kippend, streifte mit knirschendem Schrammen die Betonwand. Das morsche Holz wurde aus dem Gefüge gequetscht. Der Schwimmer sah noch einen schlagenden, leuchtenden Schein dicht vor den Augen. Der Hecht! Der Hecht! Er tappte, griff schleimige Glätte, drückte zu. »Hab' ich dich, Bursche«, jubelte er, da hob ihn die Woge und schlug ihn hart an die Mauer.

Aus den sich lösenden Händen des bewußtlosen Mannes schoß der befreite Hecht mit kräftigen Schlägen in den Strom hinaus.

Die Fremde

An die neun Jahre bin ich damals alt gewesen und in die dritte Klasse der Sankt-Peters-Schule gegangen, wo wir, Buben und Mädchen zusammen, nach den guten alten Grundsätzen mit reichlichen Tatzen und ohne viel Seelenkunde auf unsern Eintritt in die menschliche Gesellschaft vorbereitet worden sind.

Mitten im Schuljahr, vielleicht im November, denn ich weiß noch gut, daß wir die Gaslichter angezündet hatten, und das war immer sehr spannend, an einem solchen Tag ist noch etwas weit Aufregenderes geschehen. Die Tür des Klassenzimmers ist aufgegangen, und der faltenhäutige, nie ganz saubere Hauptlehrer Mundigl hat ein kleines Mädchen hereingeführt und hat gesagt: »So, Kinder, da bring ich euch eine neue Mitschülerin, Angelika Holten heißt sie und wird vorderhand in eurer Klasse bleiben. Ihr müßt recht nett zu ihr sein, wenn sie auch eine echte Berlinerin ist, aber sie kann ja nichts dafür!«

Das hätte ein Witz sein sollen, und der Oberlehrer hat seine wüsten Zähne zu einem Grinsen gebleckt, wie er wieder hinausgegangen ist. Wir haben es aber zu spät gemerkt, und auch die Lehrerin, das vergilbte Fräulein Vierthaler, hat mit ihrem Lachkrächzen ihren Vorgesetzten nur mehr unter der Tür erwischt.

Mitten im Zimmer aber ist ein hoch aufgeschossenes Mädchen stehen geblieben, nicht verlegen und nicht herausfordernd, sondern nur ganz fremd und kalt. Sie hat ein blasses, ja ein dünn-weißes Gesicht gehabt, freilich mit vielen Sommersprossen auf Stirn und Nase. Und dunkelrote Haare sind ihr fast zu schwer bis auf die Schultern gefallen. Und sie hat ihre Augen, seltsam kühle, graugrüne Augen, langsam über die ganze Klasse hingehen lassen, in diesen stummen Aufruhr von Zuneigung, Feindseligkeit und Neugier hinein. Und mir ist gewesen, als ob sie mich besonders lang und rätselhaft angeschaut hätte. Ich bin ja auch ganz dicht vor ihr auf der ersten Bank gesessen. Ich spüre heute noch den wunderlichen Geruch, der von ihr ausgegangen ist wie ein Geheimnis und den ich, angstvoll und tief verwirrt, die Augen in plötzlichem Erröten schließend, in mich eingesogen habe.

Diese innerste Begegnung hat nur einen Herzschlag lang gedauert. Die Lehrerin, ohne ein freundliches Wort der Einführung des Oberlehrers folgen zu lassen, sagte gleich mit ihrer teigigen Stimme! »So, Holten, setz dich einstweilen in die letzte Bank, neben die Fröschel Theres; und wir fahren jetzt fort.«

Wir hatten gerade Schönschreiben ins Heft, und ich war der Vorsprecher: »Haarstrich auf, Schattenstrich ab, Haarstrich auf, Schattenstrich ab, Haarstrich auf, U-Häubchen darauf!« Und die Stunde ging weiter, als ob nichts geschehen wäre.

Es ist aber nur die Angst vor der Lehrerin gewesen, wenn es die Kinder bei einem geheimen Wispern und Tuscheln haben bewenden lassen und bei halben und scheuen Blicken gegen die letzte Bank, auf der die Fremde saß, unbeweglich und blaß. Das Fräulein Vierthaler ist nämlich ein böses altes Mädchen gewesen, das den säuerlichen Bodensatz ihres glücklosen Lebens jahrelang in genauen und tückischen Löffeln an die Kinder verteilt hat.

Kaum aber war die Schule aus, ist schon ein wilder Bienenschwarm durcheinandergebraust, und jedes hat mit jedem das große Ereignis bereden wollen.

Aber in der ersten Aufregung der Schwätzer, in der Scheu, sich der Fremden zu nähern, oder in dem Bedürfnis, sich dazu erst Bundesgenossen zu sichern, ist eine Verwirrung entstanden, in der die, der all der Tumult galt, lautlos entkommen sein mußte. Denn als wir, zwischen Klassenzimmer, Treppenhaus und Straße schon verstreut, uns nach ihr umsahen, war sie verschwunden.

Ich bin dann, wie immer, wenn zum Herumstreunen vor dem Essen keine Zeit mehr war, mit Lisa heimgegangen, die den gleichen Weg gehabt hat. Auch Pips, der Sohn des Hausmeisters von nebenan, und die schmächtige, immer sanfte und sehnsüchtige Ursula Franitschek, die Tochter eines böhmischen Schneiders, waren mit dabei.

Lisa war das einzige Kind des Regierungsrates Anspitzer, sie ist ja später ihrer tollen und schließlich so unglückseligen Geschichten halber stadtbekannt geworden. Aber auch damals schon ist sie ein kleiner Teufel gewesen.

Sie hat über uns alle eine geheime Macht gehabt, und wen sie nicht durch ihre wilden Erzählungen und den Schimmer des Abenteuerlichen bezauberte, den zwang sie durch eine trotzige Kraft ihres herrischen Wesens, dem schwer einer entrann. Ich jedenfalls bin ihr ganz verfallen gewesen, und sie ist mir erschienen wie aus einem Märchen, freilich den schönen, funkelnden Kobolden näher verwandt als den lichten Elfen.

Ich habe sie geliebt, das weiß ich heute wohl, mit jenem süßen Grauen, das immer bereit ist zur Flucht und das immer wieder zurückkehrt, solange nicht eine andere, klarere und größere Gestalt uns Heimat gibt. Und niemand glaube, dies sei unter Kindern im Grunde anders als unter den Großen.

In diesem Mädchen von neun Jahren hat der Dämon schon gewohnt, der immer einen Aufruhr, ein Feuer, eine Vernichtung ins Werk setzen muß, nur damit er mit kaltem Herzen und voll geheimer Lust zuschauen kann, welchen Lauf das Unheil nimmt, und wenn es der eigene Untergang wäre.

Lisa hat es sofort wissen wollen, wie mir die Fremde gefällt, und sie hat es so drohend gefragt, daß ich gleich gespürt habe, daß sie den Eindringling fürchtete und haßte. Ich bin aber der klaren Entscheidung ausgewichen und habe wohl damals schon geahnt, daß ich mit allen Kräften Angelika zuwuchs. Und Lisa hat mich trotzig stehenlassen und ist mit den andern Mädchen gegangen. Ich bin dann mit Pips hinterdrein getrottet und habe zugehorcht, was die zwei über die Fremde reden.

Ich habe erst von ihnen erfahren, daß jene ein teueres, schwarzes Samtkleid getragen hat und, was noch weit beneidenswerter, ja geradezu aufreizend gewesen sein muß, schwarze Knopfstiefel, die weit über die Knöchel hinaufreichten.

Die sanfte Ursula stellte das mit einer träumerischen, neidlosen Beglücktheit fest, aber Lisa, schon entschlossen, eine unversöhnliche Feindin der neuen Mitschülerin zu sein, erklärte, daß schon der Name Angelika ein affiges Getue und eine freche Anmaßung wäre. Und als Ursula schwärmerisch diesen Namen vor sich hinsagte, wurde Lisa erst recht wütend und holte ohne weiteres jetzt Pips als Begleiter und Verbündeten.

Der Gassenjunge war gewiß kein Freund der hochmütigen Lisa, aber noch weniger gefiel ihm der rothaarige Berliner Fratz; der Zuwachs an Kindern feiner Leute paßte ihm schon gar nicht, und er drückte das in derben Worten aus. Es war verwunderlich, wie Lisa, nur um der gemeinsamen Feindschaft willen, diesen seltsamen Parteigänger und seine Beweggründe unbekümmert hinnahm, im

Augenblick ihre ganze Verachtung gegen den Sohn des Hausmeisters vergessend.

Schon in den nächsten Tagen ist es so ziemlich festgestanden, daß sich die schöne Fremde keiner allzu großen Beliebtheit zu versehen haben würde. Gerade die Mädchen, deren Träume selber nach Samtkleidern, Knopfstiefeln und eigenwilligen Vornamen zielten, zeigten sich am schroffsten in der Ablehnung Angelikas, die ihrerseits, ganz wie ihre erste Erscheinung es hatte vermuten lassen, in einer rätselhaft fernen und kühlen Haltung verharrte, wohl unvermögend, die Kluft zu überschreiten, in ihren knappen Antworten mißverstanden und selber die Zielscheibe billigen Spottes, wenn sie die noch mit Absicht in derbste Mundart verzerrten Redensarten nicht begriff.

Die ärmeren Mädchen hatten wohl eine schier verzückte Andacht zu der Geheimnisreichen, aber von so demütiger und scheuer Verehrung ging wenig Wirkung aus gegen die Gewalt der andern. Auch unter uns Buben fehlte es nicht an solchen, die sich Angelika in einer ehrlichen und treuherzigen Art als Beschützer anbieten wollten. Aber das seltsame Kind wußte seinen Vorteil nicht wahrzunehmen, oder auch, es wollte nicht, und in dem geheimnisvollen Kampf, der um sie entbrannt war, wurden gerade diese verschämten Ritter am ehesten abtrünnig.

Denn, wie wir ja erst als Erwachsene begreifen, ist Liebe niemals zarter, aber auch niemals spröder, niemals schneller bereit, in trotzige Abwehr umzuschlagen als in jenen ganz frühen Jahren der Kindheit, noch lange vor dem ersten sichtbaren Aufbruch zum Kampf der Geschlechter gegeneinander. Ich habe noch nichts über meine eigenen Gefühle für Angelika gesagt. Die Kindheit, noch brennend im ungelöschten, hellen Glanz der Unschuld, hält ja all das in reiner Schwebe, was später erst so körperhaft wird, daß es Namen verträgt. Mit solchen Worten, allzu roh gepackt, könnte ich jetzt sagen, daß ich in Lisas Kreis gebannt war als ein schwacher Trabant ihrer herrischen

Natur, daß aber unwissend und doch ahnungsvoll meine Liebe der rätselhaften Fremden gehörte, zu der ich mich freilich keineswegs offen zu bekennen wagte. Nur meine heimlichen Anstrengungen, mich in einer zwingenden Art ihr sichtbar zu machen, sind mir noch in deutlicher Erinnerung. So bemühte ich mich in jener Zeit, sehr zum Erstaunen meiner Mutter, wohlgekleidet, frisch gewaschen und gekämmt in die Schule zu gehen, und selbst den ungeheuerlichen Inhalt meiner Hosentaschen opferte ich meinem neuen Schönheitsgefühl.

Doch schien es ausschließlich Lisa zu sein, die diese Veränderung bemerkte, und die sagte mir auf den Kopf zu, was ich selber nicht gewußt hatte. So erfuhr ich durch sie, daß ich mich in den rothaarigen Fratzen vergafft hätte, und ich sollte doch hingehen zu dem Grasaffen und ihm meine Aufwartung machen – aber ich wäre ja bloß zu feige dazu.

Daß ich wirklich von ihr abfallen könnte, fürchtete Lisa offenbar nicht; meinen Wankelmut bestrafte sie dadurch, daß sie nicht mehr mit mir zusammen heimging und auch in der Frühe nie auf mich wartete, wie sie es oft getan hatte.

Inzwischen war Weihnachten gewesen, und den Tag nach Dreikönig war die Klasse wieder zusammengetroffen, die glücklichen Kinder der wohlhabenden Eltern im Glanz neuer Kleider und Anzüge, warmer Mäntel und bunter Wollsachen und mit Schlittschuhen bewaffnet oder mit einer Schachtel Zinnsoldaten im Schulranzen.

Das wichtigste Ergebnis der ersten Besichtigung war, daß Angelika ein grünes Kleid trug und daß Lisa, so reich beschenkt sie sich auch sonst zeigen mochte, keine Knopfstiefel bekommen hatte.

Noch kurz vor dem heiligen Abend hatte sie damit geprahlt, als wäre es eine Selbstverständlichkeit und nur ein Versehen gleichsam, daß sie bisher keine gehabt hätte.

Sie suchte uns auch jetzt noch weiszumachen, daß sie

nur vergessen hätte, ihren Wunsch auf den bunten Briefbogen zu schreiben, der nach damaliger Sitte von den Kindern in der Adventszeit vor das Fenster gelegt werden mußte. Aber ihre Verstellungskunst war doch nicht so groß, daß sie die tiefe Demütigung hätte verbergen können, die sie darüber empfand, auch jetzt, nach dem Fest, ohne Knopfstiefelchen in die Schule kommen zu müssen.

Die volle Wut des kleinen Unholds richtete sich nun gegen die Fremde, ja geradezu gegen ihre Schuhe, die, immer noch aufreizend neu und vornehm, ihr täglich in die Augen stechen mußten.

Ich weiß nicht, warum sie gerade auf mich verfallen ist, als es galt, ein Werkzeug ihrer bösen Lust zu suchen. Jedenfalls ist sie plötzlich verdächtig freundlich zu mir geworden und hat mir versprochen, daß sie mir zwei von ihren Kaninchen schenkt, die sie als schier sagenhaft kostbaren Besitz zu Hause sich hielt und die wir alle nur aus ihren Berichten kannten, denn keiner von uns war je würdig genug befunden worden, sie auch nur zu sehen.

Mitten in meine wilde Freude hinein hat sie dann ihren finsteren Plan entworfen: Ich sollte der Verhaßten die Stiefel auf irgendeine Weise verderben; so, als wäre es nur aus Zufall geschehen, auf die Kappe treten oder Tinte oder Wagenschmiere darauf zu bringen versuchen.

Ich war durch dieses Ansinnen, das mir Lisa in aller Heimlichkeit und mit einer erschreckenden Kunst der Verführung machte, auf das tiefste verwirrt. Im Innersten entschlossen, es abzuweisen, war ich doch zu verzaubert gewesen, mich sofort und mit Empörung von ihr abzuwenden.

Die lockende Vorstellung, daß ich zwei Kaninchen bekommen sollte, aus ihren Händen, eine Gabe, mit der sich geheimnisvoll eine Hingabe verschmolz, denn es waren ja Lisas Kaninchen, von ihr gehegt, von ihr geliebkost, ja, dieser Gedanke stürzte mich in einen Abgrund des Herzens. Als ich wieder zu mir selbst kam, haßte ich Lisa heftig und für immer. Sie aber höhnte mich nur, sie hätte sich gleich denken können, daß ich zu feige sei, es gäbe aber andere Buben genug, die dazu bereit wären, dem hochnäsigen Fratzen eins auszuwischen. Und als ich, grau vor Eifersucht, fragte, ob die auch die Kaninchen bekämen, sah sie mich nur groß an, und es war die letzte und gefährlichste Anfechtung, als sie sagte: »Nein, die müssen es umsonst tun!«

Auf dem Heimweg schlich ich in weitem Abstand hinter Lisa her und sah, wie sie heftig auf Pips, den Hausmeisterssohn, einredete. Da spürte ich, daß die böse Tat nun dennoch geschehen würde. Zweimal nahm ich einen Anlauf, mich von der schweren Verantwortung solcher Mitwisserschaft zu entlasten. Aber von Pips war auch gegen das Versprechen eines bunten Glasschussers nicht zu erfahren, und der Versuch, Angelika selbst zu warnen, scheiterte an meinem Ungeschick und an ihrer stolzen Zurückweisung. Sie zählte mich, als Lisas Gefolgsmann, ein für allemal unter ihre Feinde.

Ich faßte den verzweifelten Entschluß, ihr einen Brief zu schreiben; aber ehe ich mich zu diesem ungeheuerlichen Wagnis gefunden hatte, war das Unglück schon geschehen.

Der tückische Angriff der Kinder auf neue Schuhe ihrer Mitschüler war an sich nichts Ungewöhnliches. Es war damals bei uns der dumme Spruch im Schwang: »Mei' Mutter hat g'sagt, schwarze Käfer muß man tottreten!«, wobei der Angreifer zugleich einen kräftigen Stoß mit dem Absatz gegen die Kappe des neuen Stiefels zu führen suchte. Doch taten das mehr die Raufbolde unter sich.

Diesmal aber, gleich beim Verlassen des Schulzimmers im halbdunklen Gang, war es dem Pips mühelos gelungen, sich an Angelika herandrängen und ihr, die diesen Spruch nicht verstand – der ja zugleich eine Warnung war, wessen man sich zu versehen hatte –, mit einem rohen, blitzschnellen Hieb des eisenbeschlagenen Absatzes eine tiefe Schrunde in das glänzende Leder zu stoßen.

Angelika schrie nicht, sie weinte nicht. Sie stand nur da, in abgründiger Verachtung, noch ganz verwirrt von dem Unbegreiflichen.

Der Übeltäter suchte sich mit einem häßlichen und doch verlegenen Lachen davonzumachen. Die übrigen Kinder, auch Angelikas ausgemachte Feinde, standen in betretenem Schweigen und zollten diesmal der lästerlichen Tat den gewohnten Beifall nicht. Lisa stand ganz abseits, als ginge sie der Vorfall nicht das geringste an. Aber aus ihren Augen schoß ein grüner Blitz der Rache.

Ich war zu spät gekommen, den Frevel zu hindern. Jetzt aber stürzte ich mich voller Wut auf Pips; und mochte es die Überraschung sein, die ihn lähmte, oder das Gefühl seiner Schuld, daß er schier froh war, sie gleich bar bezahlen zu dürfen, jedenfalls schlug ich den weitaus Stärkeren in rasendem Zorn und ungeachtet der Püffe, die ich selber abbekam, bis er, aus der Nase blutend, das Feld räumte und im matten Gemurmel seiner Kumpane untertauchte.

Angelika dankte mir mit einem kurzen und scheuen Blick, dann zupfte sie sich zurecht, sah noch einmal betrübt auf ihren Schuh und ging, allein und fremd wie immer, ihres Weges.

Nun erwarteten wir alle insgeheim, Angelika, das reiche, vornehme Mädchen, würde des anderen Tages mit neuen, noch schöneren Stiefeln in die Schule kommen. Aber unsere Enttäuschung war groß, als sie die gleichen Schuhe trug, den häßlichen Flecken an der eingedrückten Kappe wohl so gut es anging ausgebessert, aber trotzdem deutlich sichtbar. Es war zu merken, wie sehr sie unter dieser Erniedrigung litt, und sie mochte wohl viel geweint haben, als niemand sie sah. Und wenn sie auch jetzt, vor den Augen der Kinder, sich aufs äußerste zusammennahm, sie war doch unsicher geworden, und der Zauber ihrer überlegenen, unnahbaren Haltung schien dahin zu sein. An seine Stelle war eine feindselige Verschlossenheit getreten, die schon im Laufe der nächsten Tage und Wochen sich zu einer kalten Gleichgültigkeit verflachte; Angelika wurde nicht mehr beneidet und nicht mehr beachtet. Sie lebte unter uns, fremd und schattenhaft. Andere Ereignisse traten ein, wir Buben waren ganz in die Wirbel des eben ausgebrochenen Burenkrieges gerissen, und nur der Umstand, daß schlechterdings niemand Engländer spielen wollte, verhinderte den Ausbruch blutigen Klassenzwistes.

Übrigens versäumte Lisa nicht, sich an mir zu rächen. Als einige Zeit später das Schwämmchen, das an unseren Schiefertafeln baumelte, in Wirksamkeit treten sollte, bemerkte ich mit Schrecken, daß ich vergessen hatte, es naß zu machen. Schon hoffte ich, unentdeckt auf natürlichstem Wege die Befeuchtung nachgeholt zu haben, als Lisa den Finger hob und mit gellender Stimme schrie: »Fräulein, der Roth hat auf den Schwamm gespuckt!« Ich bekam vier Tatzen, die ich aber, so gesalzen sie waren, vor Wut kaum spürte. Seltsamerweise dachte ich mit einem rasenden Gefühl an nichts anderes als an die zwei Kaninchen, die mir Lisa versprochen hatte, und es schien mir, als wäre ich erst in diesem Augenblick quitt mit ihr und berechtigt, für immer von ihr zu lassen.

An einem Sonntag zu Beginn des Frühjahrs war ich von meiner Mutter in einen Matrosenanzug gesteckt worden, der sehr vornehm war und zu größter Artigkeit verpflichtete. Vor mir hatte ihn ein echter kleiner Prinz in Griechenland getragen, und eine weitläufige Base, die dort Erzieherin war, hatte ihn für mich geschenkt bekommen.

So unglücklich ich mich zuerst, als ich nun mit meinen Eltern durch die Maximilianstraße ging, in dieser Zwangsjacke fühlte, so stolz machte sie mich, als ich, gleichfalls mit ihren Eltern, Angelika Holten auf uns zukommen sah. Ich tat ganz so, als wäre ich bisher nur im Alltag der Schule verkleidet einhergegangen, und dies also wäre meine wahre Gestalt.

Und wirklich sah ich, der ich schon seit meinem Hiebe

gegen den gemeinen Pips mich einer leisen Zuneigung Angelikas erfreuen durfte, ein huldvolles Lächeln auf ihrem Gesichte aufblühen.

Trotzdem wäre es aber wohl bei dieser flüchtigen Begegnung geblieben, wenn sich nicht im gleichen Augenblicke herausgestellt hätte, daß auch unsre Väter sich kannten. Wenigstens grüßte Angelikas Vater mit seinem großen weichen Hut ungemein höflich, ja, fast mit einer zu deutlichen Beflissenheit den meinen. Er hatte ein schlaffes, fahles und schwermütiges Gesicht und glich mit seinem Knebelbärtchen, wie ich damals schon sah, aufs Haar einem der Männer, wie sie in dem Niederländersaal der Alten Pinakothek zu finden waren, wohin ich erst den Sonntag zuvor einen durchreisenden Onkel hatte begleiten dürfen.

Die Mutter war das Urselbst Angelikas. Nur schien sie, bei aller Geziertheit, früh gealtert und von Kummer ausgebleicht. Sie hatte den gleichen rätselhaften Blick an allem vorbei, und es schien, als verberge sie sich selbst bei vollster Gegenwärtigkeit.

Es ist mir heute noch seltsam, daß mir diese beiden Menschen so klar und eigentlich über alle Betrachtung eines Kindes hinaus ins Bewußtsein traten. Es war etwas Geheimnisvolles in ihnen, sie waren gezeichnet, und vielleicht haben Kinder einen Blick dafür.

Die Erwachsenen kamen in ein Gespräch, uns Kinder hießen sie vorangehen. Es war ein beklemmendes Glück, an Angelikas Seite zu sein. Ich wußte nicht, wovon ich sprechen sollte, denn ich wollte etwas Besonderes sagen. Ich sah zu Boden, ohne etwas zu beabsichtigen, sie mißriet meinen Blick, wir schauten uns betroffen an; sie hatte auch heute, am Sonntag, die Knopfstiefel an mit dem unverheilten Schlag, den ihr der freche Bub versetzt hatte. Sie war nahe am Weinen, aus Scham, aus Zorn über mich – ich war voll hilfloser Angst, aber ich fand kein Wort, das jetzt hätte gesagt werden müssen. Da nahm ich ihre

Hand, sie wollte nach mir schlagen, aber ich hielt sie fest. Da wurde sie still und sah mich an, und diesmal war ein Glanz in ihren Augen wie noch nie; und jenen ersten Duft, der mich damals, als sie kam, so rätselhaft verwirrt hatte, spürte ich wieder.

Aber da riefen uns die Eltern zurück, und wir trennten uns. Bei Tisch sagte mein Vater, dieser Holten sehe sich auch in seinen Hoffnungen getäuscht, er habe sich von der Errichtung eines großen und neuzeitlichen Betriebes viel versprochen, aber die Münchner seien keine Berliner, und Herr Holten werde die Ohren steifhalten müssen.

Darüber brach ich in ein meckerndes Gelächter aus, denn ich wußte nicht, daß das eine Redensart sei, und ich konnte mir den weichen, schauspielerschönen Mann nicht mit steifen Ohren vorstellen.

Ich erfuhr dann übrigens, daß er Fotograf sei oder, wie er selbst sich damals schon nannte, Lichtbildkünstler, und meine Mutter machte den Vorschlag, wir sollten uns, da ohnehin keine guten Aufnahmen von uns vorhanden seien, doch der Kunst Herrn Holtens anvertrauen.

Das wurde auch, nicht zuletzt auf mein unaufhörliches Drängen hin, nicht viel später verwirklicht. Aber meine heimliche Sehnsucht, bei diesem Anlaß Angelika wiederzusehen, auf eine besondere Weise natürlich, denn ich sah sie ja täglich in der Schule, erfüllte sich nicht. Ja, ich hatte sie nicht einmal von unserem Kommen verständigen können; denn solange die Absicht meiner Eltern nicht feststand, wollte ich nicht damit prahlen. Und dann ging alles so schnell, daß ich Angelika vorher nicht mehr traf.

Herr Holten entwickelte, obwohl wir die einzigen Besucher seiner Kunstanstalt waren, eine freudig-schwermütige Betriebsamkeit. Er schien unablässig Gäste hereinzubitten und auf diese Räume zu verteilen, die wirklich ungewöhnlich weitläufig und von einer theatralischen Großzügigkeit waren. Meine Mutter flüsterte meinem Vater zu: »Recht schön, aber genau hinsehen darf man nicht!« und wischte verstohlen den Staub fort, der dick auf einem Gesimse lag.

Inzwischen rückte der Meister den großen, glasglotzenden Kasten zurecht und stellte unsere Geduld auf eine harte Probe, gar die meine, die schnell von dem ewigen: Noch ein bißchen rechts, Kopf höher, lächeln, bitte lächeln! erschöpft war.

So daß ich denn auch, nachdem wir vor verschiedenen Brokaten und Gobelins uns aufs grausamste die Hälse verrenkt hatten, das dümmste Gesicht machte und Herr Holten, wehleidig lächelnd, die Aufnahme wiederholen mußte.

Der Lichtbildner zeigte uns noch eine Reihe seiner Schöpfungen, seine Frau und Tochter hatte er ungezählte Male festgehalten, und er blätterte einen ganzen Fächer von Aufnahmen vor uns aus. Er wurde abgerufen, meine Eltern sahen gerade weg, und ich, in einem jähen Entschlusse, ja wie in einem Rausch, ergriff hochschlagenden Herzens eines der Bildnisse Angelikas und steckte es in die Tasche.

Zu Hause schien mir kein Ort sicher genug für meinen Raub, bis ich ihn endlich zwischen den Seiten meines Robinson verbarg. Ich habe später lange und schmerzlich danach gesucht, aber das Buch mitsamt dem Bilde ist längst verschollen.

Einige Tage später, ebenso unangemeldet, kam Angelika mit ihrer Mutter, um uns die fertigen Bilder zu bringen. Ich hatte unseligerweise gerade Versuche zur Herstellung von Schießpulver gemacht, die immerhin so weit geglückt waren, daß ich mit schwarzem Gesicht und versengtem Haar in einem Winkel des Hofes stand, als ich die Besucher die Treppe hinaufsteigen sah. Ich hörte sogar, wie Angelika nach mir rief, aber in grimmiger Verzweiflung mußte ich mich taub und blind stellen, denn es erschien mir nicht möglich, in solchem Aufzuge vor sie hinzutreten.

Anderntags, auf dem Heimweg von der Schule, faßte ich mir ein Herz und sprach Angelika, die schon wieder entschlüpfen wollte, prahlerisch daraufhin an: Ich hätte gestern nicht daheim sein können, weil ich eine große Erfindung gemacht hätte; und erging mich in geheimnisvollen Andeutungen.

Die Freundschaft mit dem immer noch scheuen und fremden Mädchen war in hoffnungsvoller Blüte, als die großen Ferien uns trennten. Ich kehrte von der übertünchten Höflichkeit eines Schülers in das ungebundene Dasein eines Wilden zurück und wurde wieder für den ganzen Sommer Fischer, Jäger und Waldläufer.

Als ich im Herbst wieder in die Klasse kam, war Angelika nicht unter den Schülerinnen. Wir hörten, sie sei sehr krank gewesen und würde vor Weihnachten kaum kommen.

Ich ging einmal, im November, in die Wohnung ihrer Eltern, mich nach ihr zu erkundigen. Die Mutter öffnete, sie sah zerfallen aus, wie ein Gespenst Angelikas, bleich, mit dem düsterroten Haare, so ähnlich der Tochter und so fremd und unheimlich, daß ich mich zwingen mußte, einzutreten.

Sie führte mich in ein Zimmer von verschollener Pracht, ödem Geschmack und grenzenloser Verwahrlosung. Der Vater kam aus der Werkstatt herüber, alt, abwesend, als hätte er sich dringendster Beschäftigung entrissen, schwermütig schön in seiner Samtjacke, dem wehenden Schlips und dem fast kecken Bärtchen um den traurigen Mund. Von Angelika, der ich im Namen meiner Mutter ein paar Süßigkeiten mitgebracht hatte, hörte ich nur durch den Türspalt eine matte Stimme des Dankes und der Versicherung, in acht Tagen dürfte sie wieder aufstehen und in vierzehn Tagen käme sie wieder in die Schule.

Sie kam auch wirklich in den ersten Dezembertagen, blaß, abgezehrt, mit einer Haut, so durchscheinend, daß ein bläulicher Schimmer von ihr auszugehen schien. Die

Augen brannten grün aus tiefen Schatten, und das rote Haar schien flammender geworden um das schmale Gesicht.

An einem dieser Tage brachte der Schuldiener eine Liste, brachte sie gleichmütig wie jedes Jahr, und die Lehrerin, es war auch heuer noch das böse und häßliche Fräulein Vierthaler, verlas sie ebenfalls so gleichmütig wie jedes Jahr: Die Schüler und Schülerinnen, die an der Christbescherung der Anstalt teilzunehmen wünschten, sollten sich bis morgen melden!

Und am andern Tag stehen die Kinder auf, auch sie so gleichmütig wie jedes Jahr, die Zipfler Anna, der Rucker Sebastian, die Eisenschink Walburga... Und dann steht Angelika auf. Sie steht da, schwankend wie in einer ungeheuren Anstrengung, geschlossenen Auges, die Hände flach auf die Schulbank gelegt.

Die Lehrerin, die gerade durch die Reihen gehen wollte, ist einen Schritt zurückgewichen: »Holten, du?!«

Da sehen erst die Kinder alle, daß Angelika steht. Und ich sehe es auch. Aber schon hat die Lehrerin den Irrtum begriffen: »Nein«, sagt sie, ärgerlich lächelnd, »da hast du falsch verstanden, es ist nicht wegen der Christbaumfeier, sondern welche Kinder aus Mitteln der Schule beschert werden wollen mit Wäsche, Kleidern oder Schuhen! Setz dich nur wieder!«

Angelika nickt nur mit dem Kopf, aus den geschlossenen Augen springen die Tränen, sie wankt in einem Sturm der Qual, aber sie bleibt stehen.

»Es ist gut, setzt euch alle!« krächzt die Lehrerin plötzlich aufgeregt und schlägt wie mit Flügeln um sich.

Aber schon kann sie das Getuschel und Gewisper nicht mehr niederschlagen, wenn sie nicht noch ärgeres Unheil anrichten will. Alle Kinder starren auf Angelika. Sie wissen noch nicht, was Trug und Wahrheit ist. Die aber schärfer schauen, sehen mit einem Male, daß die stolze Fremde immer noch das schwarze Samtkleid trägt, mit dem sie vor mehr als einem Jahr gekommen ist; wahrhaftig, es ist ein schäbiges Kleidchen geworden, täglich abgewetzt an der Schulbank. Und die bewunderten Knopfstiefel, wie schiefgetreten sind die Absätze, und die häßliche Delle in der Kappe sitzt noch unvernarbt.

Dies alles habe ich damals langsamer begriffen, als es geschehen ist. Denn in drei Minuten hat sich diese Vernichtung vollzogen. Noch weniger wußte ich, wie ich mich verhalten sollte. Wie würde ich Angelika gegenübertreten – oder sollte ich mich nach Schluß des Unterrichts feig davonschleichen?

Dieser peinlichen Entscheidung enthob mich und uns alle die Lehrerin, indem sie der wie gefroren dasitzenden Angelika bedeutete, sie sei offenbar noch nicht ganz wiederhergestellt und möge lieber heimgehen.

Das Kind gehorchte augenblicklich und wie im Schlafe. Traumwandelnd, ja, vielleicht wäre es richtiger zu sagen, traumverwandelt, ordnete Angelika ihr Ränzchen und ging zu dem Kleiderkasten, der an der Rückseite des Klassenzimmers stand.

Wir sahen alle zu, gelähmt von Hilflosigkeit und in schaudernder Ehrfurcht vor einem ungewiß erahnten Schicksal.

Und Angelika, die Fremde, die heimatlos geblieben war unter uns – und das will viel heißen, daß ein Kind einsam steht unter Kindern –, nahm ihren Mantel um, ihr Mützchen trug sie in der Hand, und das Haar leuchtete rot über ihrem bläulichweißen Gesicht, und sie brauchte alle Kraft, nur um zu gehen.

Sie ging, ohne uns anzuschauen, ohne irgend etwas zu sehen, mit erloschenen Augen quer durch das ganze Zimmer an uns vorbei, an jedem von uns vorbei, an mir vorbei, ohne Gruß, ohne Abschied. Sie klinkte die Türe auf und ging hinaus und ließ sie offenstehen. Die kaltze Dämmerung des Flurs verschluckte sie.

»Lisa, mach die Tür zu!« rief die Lehrerin, und Lisa,

die zunächst saß, stand auf und schloß die Türe hinter ihrer Feindin. Aber sie war blaß und freute sich ihres Sieges nicht.

Das nahe Weihnachtsfest nahm uns ganz in Anspruch. Angelika kam nicht mehr in die Schule, und ich besuchte sie nicht. Ich hatte freilich ein schlechtes Gewissen, und ich war öfter schon unterwegs, hinzugehen, aber ich kehrte immer wieder um, aus Angst vor der großen Vergeblichkeit.

Die Ferien begannen, die Bescherung und die Feiertage gingen vorüber.

Ich hatte, so streng es mir auch verboten war, einen unausrottbaren Hang zum Zeitunglesen. Die Zeitung war mein erster Gedanke in der Frühe, und ich schlich mich, noch ungewaschen und im Nachthemd, in die Küche, um begierig und wahllos in dem Blatt zu lesen, mit wachen Ohren, um nicht überrascht zu werden.

Am 30. Dezember, den Tag weiß ich noch genau, fiel mein erster Blick auf eine groß aufgemachte Nachricht mit der Überschrift: Grauenhafte Familientragödie. Ich durchflog sie mit der hemmungslosen Neugier eines Zehnjährigen, und ich weiß heute noch fast den Wortlaut des Berichtes: »Ein an der Marienstraße wohnender Fotograf hat in der Nacht zum Donnerstag sich selbst und seine Frau mit Zyankali vergiftet. Der Grund zu der schrecklichen Tat dürfte der unvermeidbare wirtschaftliche Zusammenbruch gewesen sein. Der Fotograf war erst vor anderthalb Jahren von Berlin gekommen und hatte sein gesamtes Vermögen in seinen hiesigen Betrieb gesteckt. Das schlechte Weihnachtsgeschäft hatte ihm die letzte Hoffnung geraubt, sich in München durchsetzen zu können. Ein zehnjähriges Mädchen, das auf so tragische Art zu Doppelwaise geworden ist, steht am Grabe der Eltern.«

Dies alles und noch viel mehr hatte ich gelesen, ohne zu merken, wie nahe mich dieses Unglück anging. Ganz plötzlich aber schoß dröhnend, aus dem untersten ahnenden

Bewußtsein die schreckliche Erkenntnis in den Text, dies sei Angelikas fürchterliches Schicksal. Und ich sah mit einem Male das gespenstische Bild, den Vater, wie er weich und traurig durch die nächtlichen Räume seiner verödeten Werkstatt strich, das kecke Bärtchen gesträubt um den hoffnungslosen Mund und die schönen Augen verschattet von Verzweiflung. Und die Mutter, schon verwesend in Gram und Zerfall, das rote Haar brennend über dem bleichen Wachs ihres Gesichtes. Und Angelika sah ich so, wie ich sie zuletzt gesehen, wie sie in das Nichts hinausging, traumtief und fremd, jenseits ihrer Demütigung und jenseits der Jugend; liebenswert und zugleich verzaubert, nie geliebt zu werden...

Jäh und süß von Tränen überschwemmt, schlich ich in mein Bett zurück.

Ich habe Angelika nie wiedergesehen. Meine Eltern wollten sich ihrer annehmen, aber Verwandte hatte sie schon am Tage nach dem Jammerfall nach Berlin zurückgeholt.

Es mag sein, daß vieles von dem, was ich hier erzählt habe, erst später die Deutlichkeit der Worte gefunden hat. Denn das Erleben eines Kindes ist noch ungebrochen und verträgt keinen Namen. Aber wie sehr wir uns auch im Leben verwandeln mögen, die innerste Erinnerung bleibt und ist nicht mehr zu verfälschen. Und in diesem Sinne ist alles wahr, was ich hier berichtet habe.

Inhalt

Mensch, Unmensch und letzter Mensch

Der Wunderdoktor

Gute Reise

Das Taschentuch

Die Frau in der Weltgeschichte

Das Oktoberfest

Tierleben

Rose und Nessel

Lebenslauf in Anekdoten

Unter Brüdern

Erzählungen